ATTRACTING ABUNDANCE

# CREATING MONEY

사람, 직업, 돈을 끌어오는 마음의 법칙

# 크리에이팅 머니

나 자신의 위대함을 인식하고,
삶에서 반드시 가야 할 길을 발견하며,
세상에 의미 있는 공헌을 할 수 있기를 바라며.
우리 내면에 이미 존재하는 풍요의 창조성을 믿습니다.

ATTRACTING ABUNDANCE

# CREATING MONEY

사람, 직업, 돈을 끌어오는 마음의 법칙

# 크리에이팅 머니

사나야 로만·듀앤 패커 지음
유지훈 옮김

물병자리

# 머리말

책에 수록된 구현의 원리를 수년간 활용해보니 결과는 실로 놀라웠다. 이 메시지를 처음 접했을 때만 해도 하루를 근근이 버티며 살았다. 그러다 영적 스승인 오린에게 조언을 구했다.

오린은 강좌를 개설하여 '구현manifestation' 가르치기를 제안했다. 나뿐 아니라 이웃도 풍요의 원리를 활용하여 부를 창출해내는 비결을 배울 수 있도록 모두를 배려한 것이다. 이 원리 덕분에 내 천직이 세상에 전파되었고, 하고 싶은 일을 마음껏 즐기며 자신감도 덤으로 얻게 되었다. 구현의 원리를 이해했기 때문이다.

듀앤도 영적 가이드인 다벤에게서 배운 풍요의 원리를 활용해왔다. 그는 지질학자이자 지구물리학자로 활약해도 보람이 있을 텐데, 에너지와 보디워크body-work, 인체의 촉감을 이용하여 통증을 감소시키는 것은 물론 손상된 근육을 회복시키거나 혈액 순환을 자극하여 전신건강을 증진시키는 치료법_옮긴이를 통해 인간의 발달에 기여하고 싶어 했다. 그는 생업에 활력을 주고, 몸소 섬기고 힘을 실어줄 수 있는 이웃을 만나며, 새로운 이력에 필요한 수단을 구현하며, 돈에 대한 모호한 비전을 구체화하기 위해 이 원리를 적용해왔다.

이 책은 오린이 가르쳐준 풍요의 원리를 담은 것이다. 초판본은 오린의 강좌 회원과 이를 요청한 독자에게 다수 배포되었다. 그러다 단행본과 강좌 수요가 급증하여 듀앤과 나는 부의 창출과 자성磁性뿐 아니라, 구현이라는 고급 기술을 다루는 워크숍을 추가로 개설했다.

수년간 창출해낼 수 없었던 무언가를 이루어 내거나, 장기간 염두에 두던 프로젝트를 실시하는 데 자금이 필요해서 강좌에 등록한 사람이 있는가 하면, 업종을 전환하거나, 사업을 시작하거나, 학업을 마치거나 혹은 여행을 위해 돈이 필요하다는 사람도 있었다. 상당수는 달라진 관심사를 반영하는 분야로 전업하기 위해 일자리를 찾거나 경력을 쌓고 싶어 했다. 직장을 옮기는 데 드는 돈도 창조할 수 있다니 그 비결이 궁금했던 것이다. 어떤 이는 영성에 좀 더 시간을 투자하거나, 저술과 연구에 매진하고 싶어 돈줄을 당기는 법을 배운다고 하거나, 돈이 많아도 만족과 평안을 누리지 못했다는 사람도 있었다.

필요한 도구나 돈을 구현해낼 줄 모르거나, 진로나 공적의 중요성을 믿지 못하는 사람들은 대개 천직과 무관한 일을 하고 있었다. 풍요를 창출해내는 저력이야말로 보람 있고 만족스러운 삶을 영위하는 데 보탬이 된다.

비전과 꿈, 희망과 공상을 그리고 이를 실현해 내는 것, 즉 구현하는 능력은 자신의 역량을 강화하고 세상을 비추는 등불이 되기 위한 주요 기술이다. 또한 부를 비롯하여, 활력과 자기계발에 필요한 도구라면 무엇이든 창조해내고, 돈을 둘러싼 불안과 혼란과 죄의식을 떨쳐버리게 해주는 비결이다. 일을 아끼고 사랑하며 존중할 뿐 아니라, 내면의 안내를 신뢰하고 그에 귀를 기울이며, 위대한 잠재력을 일깨우며, 무엇이든 창조해낼 수 있다는 자신감을 마음에 품을 수 있다.

이 책이 출간된 후, 수만 명에 달하는 독자가 세계 각처에서 성공 체험담을 들려주었고, 의문점도 기탄없이 제기했다.

듀앤과 나는 이 책에서 제시한 과정의 효과를 이미 알고 있었다. 부의 창조 과정은 오랜 세월 검증 단계를 거친 것이다. 그러므로 초판이 나온 지 수년이 흘렀어도 여전히 유익하다.

책에 수록된 실습을 삶에 적용해보고 결실을 맺은 사람들은 몰라보게 달라졌다. 그들은 구현이 성장과 생동감을 끌어올리는 과정이라는 것을 깨달았고, 삶의 책임을 감당하는 법도 배웠다. 직장을 옮기고도 수입이 크게 늘고 돈에 대한 불안과 염려를 벗어버린 사람을 많이 만났다. 얻고자 했던 물질을 끌어당기게 되자 결국 그들은 인류에 기여해온 '섬김service'에 좀 더 관심을 두었다.

또한 생업을 일구고 영적·물질적 필요를 충족시키는 요령을 터득하자 점차 삶의 주도권을 쥐고 있다는 확신이 들었다고 한다. 과거의 선택과 결정 덕에 무엇이든 가질 수 있었고, 마음만 먹으면 형편도 더 낫게 바꿀 수 있다는 사실을 깨달은 것이다. 자신도 어찌할 수 없는 막강한 세력에 휘둘린다는 생각은 버린 지 오래다. 그들은 비전을 실현하는 것이 특별한 사람에게만 찾아오는 행운이 아니며, 꿈을 이루는 도구는 누구에게나 있다는 것도 알게 되었다. 구체화와 요령이 몸에 배자, 가능하리라 생각했던 그 이상도 끌어당길 수 있는 능력이 생겼다.

풍요를 마스터하는 과정은 성장과 깨달음으로 이어지는 놀라운 지름길이다. 책에 담긴 원리를 삶에 적용한다면 소박함과 풍요를 이해할 수 있을 것이다. 창조력과 상상력을 발휘하고 삶의 재미를 만끽할 줄 알았을 때 소박함과 풍요가 단순한 진리라는 것을 알게 되었다. 실습을 '완벽히' 해내야 한다는 부담이 이를 복잡하게 만드는 것이다. 즐거운 마음으로 원리를 실천하고 항상 좋은 결과가 있을 거라고 믿어야 최선의 결실을 기대할 수 있다.

최근에는 일정 기간에 무언가를 창조한다는 것이 점점 더 어려워지는 추세지만, 결국 '모든 것은 적시에 완벽한 형상으로 구현된다.'는 명제를 항상 가슴에 새겼다. 듀앤과 나는 원하는 바를 구체적으로 밝히고, 초연한 마음으로 모든 것이 저 나름대로 작용하도록 둔다면 기대 이상의 결과를 얻었으나, 결과가 시원치 않을 때는 최고의 선이 아니었다는 것도 깨달았다.

이 책은 삶 속에서 풍요를 창출하고 구현해내는 과정을 깊이 있는 원리 설명과 구체적인 실천과제 제시를 통해 독자의 성장을 이끌어내는 데 목적을 두고 있다.

1부 '돈을 끌어당기는 원리'에서는 구현의 기술을 단계별로 제시한다. 독자는 원하는 것을 구체적으로 밝히는 요령을 비롯하여, 텅 빈 마음을 채우고 만족을 가져다주며, 기대한 것 이상을 끌어당길 뿐 아니라, '구현'이라는 고급 기술과 가급적 쉽고 빠르게 무언가를 끌어당기는 힘, 즉 자력과 에너지를 활용하는 비결을 터득하게 될 것이다.

2부 '부의 창조자가 되는 법'과 3부 '천직의 발견'은 각각 풍요를 삶에 끌어들일 때 부딪치는 걸림돌을 극복하는 원리와, 마음에 맞는 일을 하면서도 풍요와 부를 창출하는 비결을 설명한다. 꿈에 그리던 일을 끌어당기고, 천직을 찾고, 애착을 느끼는 일을 하기 위한 에너지 기술을 습득할 것이다.

4부 '그 돈으로 무얼 할까'는 부와 풍요를 누리고 배가 시키는 것에 대한 담론이다. 돈으로 기쁨과 평안, 조화, 명확성clarity과 자애self-love를 창출하며, 부가 마르지 않고 계속 차고 넘치게 하는 비결을 공개할 것이다.

끝으로 부록 '부의 창조 실습'은 원하는 것을 창조하는 과정을 숙달하는 데 보탬이 되는 '심화 기술play sheet'을 제안한다. 느긋한 마음으로 정신을 집중하는 것이 실습의 키포인트다. 답변을 적기 전에 편안히 앉아 몇 차례 심호흡도 하고 몸의 긴장도 풀고 나서 새로운 아이디어와 상념에 마음을 열면 된다.

아이디어에 몰입하다보면 그 동안 몰랐던 신념과 반발심을 발견하게 된다. 어떤 물음을 두고 답변하기가 내키지 않더라도 실은 그 아이디어에 '흥분charge'하고 있기 때문인지도 모른다. 풍요를 잇는 잠재력을 계발하기 위해 이를 '즐긴다면' 최고의 유익이 돌아갈 수도 있다.

옳고 그른 답은 없다. 다만 현실을 창조하는 과정을 체험하는 신선한 방식만이 있을 뿐이다. 답변을 적어두거나 머릿속에 그려봐도 좋으나, 글을 쓰면 마음을 명확하게 드러내며 정돈하는 장점이 있다. 글쓰기는 구현의 첫 단계에도 해당한다.

돈을 끌어당김으로써 어떤 유익을 누리고 싶은지 자문해보고 책을 펴는 것도 방법이다. 임의로 펼친 장chapter과 페이지 혹은 선언은 이상적인 자아가 번영의 진로를 바꿀 수 있는 영역을 귀띔해주는 메시지다.

특별한 사정이 있다거나, 부를 창출하고 싶다거나, 빚 걱정 없이 살고 싶다거나, 천직을 찾고 싶다거나, 혹은 사업이나 프로젝트에 보탬이 되고 싶은 바람 때문에 이 책을 선택했을 것이다. 무언가 새로운 것이 접근해온다는 것을 알기에 이를 좀 더 빨리 끌어당기고 싶어 전업을 고려하고 있는지도 모르겠다. 마음에 품은 것을 모두 가질 수 있으나 그러려면 무엇을 원하는지부터 명확해야 한다. 그래야 더 쉽게 끌어당길 수 있다.

매출액과 고객을 늘리고 싶은가? 더 높은 수입을 바라는가? 돈을 둘러싼 의문을 해결하고 싶은가?

이유야 어떻든 이 책은 에너지와 풍요라는 보편적인 원리를 담았으므로 여러분은 그 원리를 적용할 수 있다. 숭고한 선에 이바지하고, 우주의 무한한 풍요를 활용하는 것이라면 무엇이든 끌어당길 수 있다.

_사나야 로만

# 차례

부록_ 부의 창조 실습 Play sheet

1부

# 돈을 끌어당기는 원리

1장

# 나로부터 시작하는 확신

You Are the Source

갖고 싶던 무언가를 손에 넣었을 때를 떠올리며, 이를 소유하기 전후의 기분을 잠시 돌이켜 본다. '내 것이 된다.'는 긍정적인 마음과 '손에 넣게 되리라.'는 내면의 확신, 그리고 결국 그렇게 되었을 때 누렸던 즐거움을 다시 그려 보고 있다. 소원하는 바를 창조하겠다는 결심과 감정으로 자연스럽게 '구현'을 실행하고 있는 중이다.

'구현manifestation'이란 아이디어와 개념, 비전 및 꿈을 내면의 세계에서 오감을 통해 체험 가능한 현실로 꺼내는 과정을 일컫는다.

무언가를 손에 넣을 수 있다고 확신하면 긍정적인 영상이 그려지고, 주인이 된 자신을 볼 수 있게 된다. 그러고 나면 소유에 대한 염려는 잦아든다. 무언가 얻고자 하는 마음을 품을 때, 그것을 삶으로 끌어당겨야 할 필요성에 대한 동기가 생긴다.

소박하고 간단한 것을 창조하는 경위부터 관찰하자. 어렵지 않게 창조할 수 있는 것부터 시작해 창조력을 계발하고, 자신의 창조력을 확신한다면 한계를 뛰어넘으며 무언가를 구현해낼 수 있을 것이다. 우리가 창조하지 못할 것은 없다. 무한한 세계에 살고 있으니 무엇이든 가능하다.

풍요와 돈의 원천은 나 자신이다. 부의 원천은 직업도, 직장이나 투자처도, 아내혹은 남편나 부모도 아닌 바로 나다. 감정과 사상 및 의도를 잘 활용하면 무엇이든 창조하는 '달인'이 될 수 있다.

## 풍요의 원천은 바로 나다

돈과 물질의 주인이 되는 것보다 중요한 것은 이를 창조하는 과정을 익히는 것이다. 일단 그 과정을 숙달하고 나면 풍족한 삶을 유도하는 능력은 경제나 외부 환경에 좌우되지 않는다. 무엇을 바라든 그대로 창조해낼 수 있기 때문이다. 풍요를 창조하는 '크리에이팅 머니creating money'의 비결을 배우는 것은 성장의 과정이다.

당연히 누려야 할 풍요에 대한 사고방식을 바꾸고, 신념은 그 범위를 좀 더 넓혀야 할지도 모른다. 새로운 무언가를 — 자동차나 집, 혹은 더 높은 임금 등 — 손에 넣는다면 성장과 배움의 기회뿐 아니라 노련한 기술도 덤으로 얻게 될 것이다. 이 과정을 숙달하면 스스로 창조한 재산과 물질을 사용하여 의식을 계발하고 내면을 좀 더 완벽하게 표현해낼 수 있게 된다.

인간의 사고thoughts에는 실물real substance이 존재한다. 물론 과학적인 수단으로 이를 가늠할 수는 없다. 생각을 자석에 빗대도 좋을 것이다.

세상에 모습을 드러낸 자석은 저와 어울리는 물질을 끌어당겨 자신을 복제한다. 따지고 보면 주변의 모든 것은 누군가의 머릿속에 있다가 실상이 된 것이다. 이를테면, 차량과 도로, 주택, 빌딩, 그리고 도시는 모두 상상 속에 존재했다가 실체가 된 것이다.

장차 창조될 어떤 것의 모델을 그리면 감정은 그곳에 생기를 주입하여 내면에서 현실로 내보낸다. 감정이 강할수록 머릿속에 그리고 있는 바를 더 빨리 창조할 수 있다. 의사intent의 기능은 사고와 감정을 바로잡고, 목표가 성취될 때까지 거기에 정신을 집중하는 것이다.

애정이 가는 것에 몰입하면 그것은 끌려오기 마련이다

몸소 끌어당길 어떤 모델을 그리는 것이므로 원하지 않는 것보다 원하는 것을 떠올리는 것이 중요하다.

부정적인 면을 두려워하거나 혐오해서는 원하는 것을 얻을 수 없다. 가난한 삶을 싫어한다고 돈이 굴러 들어오지는 않는다. 에너지는 생각을 따라 흐르므로 무엇이든 집중하면 수중에 들어오게 마련이다. 부와 풍요를 만끽하고 싶을수록, 이를 마음에 그릴수록 그것이 끌려올 확률은 좀 더 높아진다. 또한 긍정적인 마음이 중요하다. 긍정적인 감정과 사고방식은 소원을 끌어당기지만, 부정적인 감정은 소원을 밀어내고 싫어하는 것만 잔뜩 가져온다.

나의 소욕所欲을 긍정적인 태도로 가만히 생각해 본다. 이 때 생각이 짧아 성가신 문제에 집착한다면 도리어 풍요를 물리치는 꼴이 된다. 부정적인 사고방식에 신경을 너무 곤두세우지 말자. 삐딱한 마음을 두려워하거나 혐오하면 그에 더 큰 힘을 실어 주게 된다. 부정적인 발상은 그냥 '철부지'라 여기고, 씩 웃어주고 나서 더 나은 방편을 모색하자.

예컨대, 은연중에 "돈이 쪼들린다."고 불평했다면 "아주 넉넉하다."고 고쳐 말해 보자.

긍정적인 사고의 위력은 생각보다 강하다. 한 가지 긍정은 백 가지 부정에 맞먹는다.

수준 낮고 삐뚤어진 생각이 성장에 보탬이 될 교훈을 제시할 수 없다면, 영혼은 아예 그 생각이 구현되는 것을 차단해 버린다. 좀 더 숭고하고 긍정적으로 생각할수록 영혼은 이를 더 자주 구현해낸다. 이런 생각이 꾸준히 진화할수록 현실을 창조하는 사고력은 하루가 다르게 강화된다. 더불어 이상적인 사고방식을 위해 감당해야 할 책임도 막중해진다.

긍정적인 사고방식을 배우기 위해 활용할 수 있는 수단은 많다.

예컨대, 마음의 그림에 빛 물리적인 빛의 이미지을 비추면, 부정적인 생각은 사라지거나 분해된다. 이 방법은 긍정적인 생각을 확장시키는 연습에도 유익하다. 또한 당장 손에 넣고 싶은 것을 떠올린 후, 여태 그러지 못한 이유 중 하나를 떠올리고 소리 내어 말해 보자. 그 이유는 입 밖으로 내뱉어지는 순간 서서히 사라져버린다. 칠판에 썼다가 지우는 것을 상상해도 좋고, 풍선에 넣어 날려 버리는 모습을 그려봐도 좋다. 부정적인 사고를 현실에서 제거할 수 있다면 뭐든 시도해 보자.

이제는 그것을 가질 수 있는 까닭을 생각해 볼 차례다.

'주인은 바로 나'라는 자신감을 종이에 적는다. 밝은 빛이 그 주변을 비추고 누군가가 고운 목소리로 이를 읽어주고 있다. 바라던 것을 이루거나 받는 자신을 그려 보자. 오감으로 느낄 수 있을 정도로 생생하고 그 속에 서 있을 수 있을 만큼 커다란 이미지를 상상하라. 이렇게 생동감 있는 긍정은 비전을 창조하는 능력을 배가시킨다.

비전을 반복해서 생각하면 엄청난 위력을 발휘한다. 평소 바라던 것을 손에 쥐었다면 애당초 이를 자주 떠올렸을 것이다. 반복은 잠재의식에 생각을 각인시키고 이를 이루기 시작한다. 생각을 명확하게 하고 조금도 흔들리지 않게 한다.

이 과정을 선명하게 해 주는 것이 바로 '선언'이다. 선언이란 끊임없이 반복하는 긍정을 일컫는다. 선언을 반복하면 이는 곧바로 무의식에 닿아 그곳에서 구현된다.

사랑스럽고 긍정적인 생각만 한다

"나는 매우 풍족하다."와 같이 소원은 현제 시제로 선언하자. 이처럼 긍정적인 말은 자주 반복하라.

친구와 주변 이웃이 부정적인 발상의 화근일지도 모른다. 즉, 그들의 의구심이 영향을 줄 수도 있다는 것이다. 경제적 형편에 만족하다가도 고충을 겪고 있는 친구의 사연을 들으면 나에게도 '그런 풍파가 닥칠 수 있겠다.'며 걱정하는 마음이 생긴다. 그러나 이는 단지 그 사람의 걱정일 뿐이다. 거기에 휘둘리고 있다는 사실을 깨닫는다면 바로 마음을 다잡을 수 있다. 나는 풍요로운 세상에 살고 있으며 만사는 완벽하다는 사실을 기억하자.

또한 막강한 위력을 가진 대중의 사고방식도 영향을 미칠 수 있다.

예를 들어, 불황이나 경기침체 상황이 되면 이를 불안해하는 사람들이 있는데, 내 마음이 편치 않다면 그들의 근심에 주파수를 맞춘 것이다. 그럴 땐 세상 시름을 제 것인 양 떠안게 된다. 그러나 가만 생각해보면, 어딜 가든 "경제가 어렵다."며 아우성치는 사람이 있는 반면, "지금보다 더 좋을 순 없다."며 낙관하는 사람도 있다. 경제 사정이야 어떻든 부를 창조할 수 있다. 나의 미래에 대해 장밋빛 전망을 품고, 남들의 말과 생각에 휘둘리지 않아도 된다. 최악의 불황에도 성공하는 사람과 회사는 있게 마련이다. 풍요의 원천은 바로 '나'다.

그러므로 경기나 환경에 관계없이 멋지고 넉넉하고 긍정적인 삶을 누릴 수 있다.

## 기회와 가능성은 매일 확장되고 있다

생각이 현실을 창조하므로 큰 뜻을 품고 사고력의 한계를 극복하는 법을 배운다면 훨씬 더 나은 삶을 창조할 수 있다.

제한을 두지 않는 사고방식은 창조력을 키우고, 가능성을 확장하며, 기회를 끌어당기고, 그 이상을 누릴 수 있도록 돕는다. 생각에 제한이 없으면 자신이 바라는 풍요를 실현했을 때의 기분을 미리 만끽할 수 있고, 그 기분은 풍요를 가져오는 수단이 된다. 원대한 가능성에 마음을 열기 위해 이 같은 비전을 활용하자.

제한 없는 사고방식은 더 크게 그려놓은 삶에 나를 연결시키고, 이상적인 자아라는 비전과 만나게 한다. 무한한 사고력은 잠재력을 실현할 수 있도록 도와준다. 위대한 일은 모두 비전에서 출발한다.

아이를 둔 부모는 자녀가 장차 어떤 사람이 되며, 어떤 업적을 남길지 비전을 품으면서 그들의 미래를 두고 무한한 상상력을 발휘하곤 한다.

무엇이든 최선을 창조해낼 수 있는 능력이 있다는 점을 아이들에게 일깨워주자. 누군가를 사랑하고 있다면 그에게 담긴 잠재력을 발견하고, 그가 몸소 이루어낼 수 있도록 도와야 한다. 제한을 두지 않은 생각이란 비전을 품고 잠재력을 찾아 이를 실현하는 과정을 두고 하는 말이다. 미래를 생각한다는 것은 바람직한 방향을 창조하고 있다는 방증이다.

잠재력을 발휘하려면 꿈이 실현된 결과를 그려봐도 좋을 것이다. 꿈과 공상이 잠재력을 일깨워주기 때문이다. 꿈을 꾸는 데는 이유가 있다. 꿈은 현실에서 이상적인 방향으로 인도하는 통로다. 성취할 수 있는 가능성을 점차 키우고, 원대한 포부와 꿈을 가져야 한다.

## 상상력을 사랑하고 신뢰한다

창업을 염두에 두고 있다면 자신의 역량과 타협해서는 안 된다. 관리하는 고객이 일주일에 한 명이라면 다섯 명까지 늘려보자. 일 년 후에 사업을 시작할 계획인가? 한 달 후에 창업한다면 어떤 결과가 나올지 예측해보라. 일 년이 지났다 치고 실적을 모두 돌이켜보자. 지난 일 년 간 무엇을 이루었는가?

사고력을 키우면 상상력도 계발된다. 상상력의 범위는 생각보다 훨씬 방대하다. 상상력은 영혼을 연결해주는 고리와 같으며, 과거의 고정관념과 믿음과 두려움에 제약을 받지 않는다. 상상력을 발휘하면 물리적인 세계를 초월할 수 있다. 자신의 한계를 벗어나 위대한 잠재력을 발휘하는 능력을 부여하는 것도 상상력이다. 상상력은 다른 차원이나 세계로 이동할 수 있으며, 무한한 미래의 진로를 창조할 뿐 아니라 다양한 선택의 결과를 미리 보여주기도 한다.

'그럴 리가 있나, 말도 안 되지.'라는 푸념은 접어두고, 상상력을 발휘하여 몽상과 환상을 마음껏 펼쳐보자. 또한 흡족할 만한 하나보다는 다양한 가능성을 열어두자. 바람직한 결과 한 가지에 우쭐해하지 말고 '최선의 결과에는 또 무엇이 있을까?' 자문해보자. 최선의 결과가 떠올랐다면 그보다 더 나은 것은 무엇일지 생각해보자. 무언가를 상상할 때마다 이미지를 확대하거나 세심하게 다듬을 수는 없는지 살펴보고, 사고의 폭을 넓히도록 하자. 이룰 수 있으리라 믿는 것 이상을 구하자. 상상력을 키우고, 좀 더 큰 그림을 그리며, 신선한 아이디어를 즐기는 것도 좋다. 더불어 스스로 정해놓은 한계를 넘을 수 있는지 확인해야 한다.

나는 한계가 없는 존재다
마음만 먹으면
무엇이든 창조할 수 있다

무한한 상상력을 연습하는 초기단계에서 과거의 고정관념 중 일부가 여전히 현실을 붙잡고 있다는 점을 깨닫게 된다. 한계를 두지 않고 기존과는 다른 생각을 표출하고 있는 와중에도 과거의 옹졸한 사고방식과 맞닥뜨린다. 그렇다고 당장 효과가 없다며 실망하지 말자. 해묵은 생각은 점차 사라지고 새로운 생각의 결과를 몸소 체험할 것이다.

사람은 성취하고픈 바를 떠올리고, 이를 재차 상상하고 나서 시도하게 된다. 그러고는 "이걸 바란 건 아닌데.", "다음에는 다른 일을 해봐야겠다."고 하소연한다. 스스로 창조한 것을 즐길 기회는 얼마든지 있다. 기대한 것보다 일이 더디 이루어진다고 불평하는 사람이 있을지 모르겠다.

하지만 소욕이 즉각 실현된다면 사람들은 대부분 불행해질 것이다. 사람은 무언가를 성취하는 동안, 자아의 성장과 더불어 진정 원하는 바가 무엇인지 명확히 알게 된다.

발상의 범위를 넓히는 과정에서 가능성을 창조할 만한 능력이 부족하다 싶어도 걱정할 필요는 없다. 사고가 확대된다면 꿈을 실현해내는 기술도 아울러 계발되기 때문이다. 상상력의 한계를 초월할수록 무한한 풍요로 이어지는 길목을 더 넓힐 수 있다.

'가능하다.'는 미미한 기대만으로도 이를 창조하는 길에 들어선 셈이다. 무언가를 이룰 수 있겠다 싶으면 정말 그렇게 된다. 꿈은 마음에 간직하고, 비전을 이룬 자신을 그리거나 그때의 기분을 미리 느껴보고, 꿈이 실현되었을 때 남들과 주고받는 말에도 귀를 기울이며 상상해보자. 헛된 희망이나 망상이라기보다는 정말 그렇게 될 수 있겠다 싶은 기분이 느껴질 만큼 상상력을 발휘하는 것이 중요하다.

또한 목표를 이루기 위한 간단하고 구체적인 절차에 정신을 집중해야 한다. 목표를 위해 즉시 밟아야 할 단계도 있는데, 이는 매우 쉽고 간단하다. 그렇지만 그 시작이 어떤 의미인지 정신을 집중해야 하는 것이다. 예를 들어, 교사가 꿈이라면 집을 청소하고 신문을 정리하는 일부터 시작해도 좋을 것이다. 단 그 꿈을 품고 생각하면서 시작해야 한다.

만족스러운 직업과 통장의 잔고 및 원만한 인간관계 등 부족할 것이 없는 자신을 상상해보자. 그러면 이웃에게는 어떤 유익이 있을까? 지인이 모두 경제적으로 넉넉하고 만족스러운 삶을 영위한다면 어떨까? 나와 이웃뿐만 아니라 전 인류가 그렇다면 어떨까 생각해보자.

더 나은 직업을 찾고 있다면, 다른 사람들도 마찬가지로 자신이 원하는 직장에 취직할 거라고 믿자. 더 많은 수강생을 유치함으로써 사회에 기여하고 싶다면 이를 바라는 사람 모두 성공하는 모습을 그려보자. 그러면 자신과 이웃의 풍요를 결합하게 된다. 아울러 지구촌을 위한 번영을 그린다면 나에게 돌아올 풍요도 증대한다.

무한한 사고란 원대한 야망을 꿈꾸는 것, 그 이상을 넘어선 창조적인 발상을 말한다. 무한한 사고를 발휘하면 가능한 것은 무엇이든 이루어진다. 그렇기에 뜻하지 않은 즐거움에도 마음을 열 수 있다. 이상적인 자아는 기대 이상으로 위대하고 바람직하게 꿈을 이룰 수 있게 하는 존재다.

## 나와 남을 위해 풍요를 그린다

상상 이면의 감정이 구현의 속도를 결정한다. 즉, 무언가를 진심으로 바라면 미적지근할 때보다 훨씬 더 빨리 이루어진다. 그때의 짜릿한 흥분을 만끽하자. 꿈이 오감으로 느껴지고 감정마저 달라질 것처럼 생동감 넘치게 상상력을 발휘해야 한다. 자주 상상하고 깊이 생각하되, 초연한 마음으로 바람직하게 실현되기까지 기다려라.

비전을 구현하려면 이를 창조하려는 분명한 의도가 있어야 한다. 비전을 성취하는 데 필요한 생각과 에너지를 흔쾌히 투입하겠다는 결의가 있어야 한다. 의도는 에너지를 목표에 집중시킨다. 무슨 일을 하든 머릿속 한구석에 목표를 간직한다면 비전을 창조할 수 있다.

비전에 정신을 몰입할 때, 의도가 분명하고 강할 때, 비전은 더욱 빨리 창조될 수 있다. 정신을 집중해야 기회를 포착할 수 있고, 비전을 쉽고 즐겁게 끌어당길 수 있는 것이다. 당장 갖고 싶은 것이 있다면 무엇인가? 정말 갖고 싶은가? 분주할 때도 이를 생각하는가?

무언가를 진심으로 이루고 싶어서 가치관과 도의에 어긋나지 않은 한도 내에서 최선을 다했지만 결국 실패한 경험이 있을 것이다. 숱한 걸림돌도 극복했고, 조만간 성취할 수 있을 것으로 믿기도 했으며, 긍정적인 암시로 정말 애타게 기다렸지만, 의도조차 확신할 수 없는 상황에 부닥쳐서 지레 겁을 먹고 포기했던 적도 있을 것이다. 이렇게 목표가 요원하게 느껴진다거나, 혀를 내두를 만큼 어렵다고 생각된다면 의도가 분명치 않았던 것일 수 있다.

의도가 뚜렷하면 레이저 빔처럼 집중된 에너지를 일으킬 수 있다. 의도가 있으면 그렇게 된다.

꿈은 이루어진다

EXERCISE

## 긴장을 풀고, 정신을 집중하며, 이미지를 그리는 법

시각화visualizing란 상상력을 발휘하여 비전을 미리 그리는 것을 가리킨다. 무한히 확장된 비전은 생생하게 그려낼수록 더 쉽게 창조할 수 있다. 상상력은 에너지를 창출하는 가장 효과적인 수단이다. 상상력을 발휘할 때 지켜야 할 궁극적인 원칙은 '창의력이 최대한 동원되어야 한다.'는 것이다. 시각화 능력을 항상 활용한다. 무엇이든 창조하기 전에 이미지를 그려본다. 이미 무언가를 손에 넣었다고 간주하면 그와 조화를 이루며 성취감을 구현하게 된다. 그런 감정이 비전을 끌어당기는 것이다. '생각이 잘 그려지지 않는다.'라며 염려할 필요는 없다. 무언가를 상상할 때 이미지를 볼 수 없는 사람도 있기 때문이다. 감각으로 이를 느끼는 사람이 있는가 하면, 생각만 하는 사람도 있다. 어떤 이는 명도와 채도를 달리해가며 이미지를 그리기도 하지만 정신적 이미지를 또렷이 보아야 비전을 창조할 수 있는 것은 아니다. 시각화는 대개 연습하면 쉬워진다.

집중focusing이란 한 가지 생각을 붙들고 있거나, 정신을 몰입하여 꾸준히 이미지를 그리는 것을 일컫는다. 한 번에 몇 분씩 소원에 집중하면 이를 끌어당기는 속도도 빨라진다.

다음에 제시하는 '연습'은 긴장을 풀고, 정신을 집중하며, 이미지를 그리는 데 도움이 될 것이다. 4장의 '자력을 키우는 기술과 에너지 활용법'의 기초 단계에 해당한다.

### 워밍업

최소 15분 정도 집중할 수 있는 장소와 시간을 정한다. 쾌적하고 느긋한 환경을 조성하기 위해 마음을 달래는 조용한 음악을 틀어도 좋다. 평소 아끼는 보석이나 수정 등을 손에 쥐거나 곁에 둔다.

### 단계

1. 10~15분간 편한 자세로 의자나 방바닥에 앉아 몸에 좋은 에너지가 흐를 수 있도록 될 수 있는 한 허리를 곧게 편다. 눈을 감고, 천천히 숨을 쉰다. 가슴 윗부분으로 리듬 있게 천천히 20번 정도 호흡한다.
2. 긴장을 풀고 점차 평온해지고 고요해지는 자신을 느낀다. 상상력을 동원하여 몸속 구석구석을 다니며 각 부위를 이완해본다. 발과 다리, 허벅지, 배, 가슴, 팔, 손, 어깨, 목, 머리 및 얼굴의 긴장을 푼다. 턱에 힘을 빼고 눈 주변 근육도 풀어준다. 좀 더 평온해지는 자신을 느끼며, 내면의 평안을 느꼈던 때를 떠올리고 당시 기분을 몸으로 가져온다.
3. 눈을 감고 집에 있는 방을 하나 생각한다. 이를 어떻게 그리고 있는가? 영화를 감상하듯 보고 있는가? 아니면 방 한가운데 서서 마치 현장에 있는 것처럼 육안으로 둘러보고 있는가? 방이 느껴지는가? 무슨 색인가? 가구를 다시 배치해볼 수 있는가? 주변을 서성이는 자신이 그려지는가? 약 1분간 방의 이미지나 분위기를 가급적 실감나게 떠올리고 난 후, 서서히 지워버린다.
4. 눈을 뜬다. 그리고 곁에 두었던 물건을 든다. 자세히 관찰하며 색과 모양, 무게, 촉감, 질감 등 될 수 있는 한 다양한 특징을 확인한다. 몇 분간 그런 다음 내려놓고, 물건을 들었을 때와 같은 곳에 손을 두고 눈을 감는다. 그리고 물건의 이미지를 가급적 구체적으로 떠올려본다. 눈을 감고도 색과 모양, 무게, 촉감, 질감을 그릴 수 있는가?
5. 갖고는 싶었지만 그러지 못한 물건을 하나 생각한다. 초심자는 본 적이 있는 것을 떠올리는 편이 낫다. 눈을 감고, 될 수 있는 한 실물과 똑같은 물건을 그린다. 촉감은 어떤가? 색상과 모양새는 어떤가?

6. 이번에는 앞서 상상한 물건보다 훨씬 더 좋은 것을 그려냄으로써 상상력을 키우는 연습이다. 바라던 것과는 족히 비교할 수 없는 무언가를 가졌을 때 기분은 어떤가? 물론 첫 번째 것이 가장 낫다면 굳이 더 좋은 것을 찾을 필요는 없다. 단, 상상력은 꾸준히 확장시키는 것이 바람직하다.
7. 삶에 끌어오고픈 물건을 떠올린다. 정신을 집중한다. 1~2분 간 잡념은 버리고 몰두한다. 엉뚱한 생각이 나면 이를 풍선에 넣어 날려버린다.
8. 마음이 가라앉고 느긋해지면 다시 방으로 주의를 돌린다. 평온하고 고요한 분위기를 마음껏 즐긴다. 더 밝고 뚜렷해진 시각으로 세상을 둘러보자.

### 평가

마음이 느긋해지고 차분해졌다면 자력을 발휘하는 데 필요한 의식을 찾은 것이다. 4장에서 자력을 발휘할 때, 마음이 평온하고 정신이 집중되며 사고의 수준이 높아질수록 좋은 결과를 기대할 수 있을 것이다. 흐트러진 마음을 다잡거나 집중하기 어렵다면 될 때까지 이 명상법으로 연습한다. 시각화의 과정을 면밀히 관찰한다. 이를 느끼거나 볼 수 있는가? 색상이 있는가? 얼마나 또렷한가? 원하는 것을 그리거나, 오감으로 느낄 수 있을 때까지 꾸준히 연습한다. 시각화 능력에 만족하거나, 손에 넣고 싶은 대상에 몇 분간 집중할 수 있다면 다음 장을 읽자. 집중하기가 어렵다면 다음 장을 읽으면서 집중하는 횟수를 늘린다.

2장

# 풍요는 이미 넘치도록 있다

Becoming Abundant

의식을 하고 있든 그렇지 않든 사람은 성장과 활력을 지향하고 있으며, 잠재력을 최대한 구현하고 싶어 한다. 기쁨과 사랑, 안정감, 창조적 자기 표현, 즐겁고 의미심장한 활동 및 자존감으로 가득한 삶을 추구하고 있다. 이런 사람이 많을수록 세상은 더 만족스럽고, 우리의 삶은 풍성한 잠재력을 더 자주 실현해낼 수 있다. 구현의 핵심은 가장 궁극적인 필요를 채우고 최고의 삶을 누리며 자기계발에 보탬이 되는 도구를 창조하는 법을 습득하는 것이다.

구두나 집 혹은 어마어마한 수입 등 새로운 무언가를 창조하고픈 욕구가 솟구치는 것은 성장과 더불어 원대한 잠재력을 성취할 준비가 되었다는 방증이다. 대개는 돈만 쥐면 불만이 해소되어, 지금은 누리지 못하는 감정이나 삶의 질 혹은 환경을 경험할 수 있다고들 생각한다. 지갑이 두둑해야 살맛도 나고 복리나 자긍심, 평안, 사랑, 힘이나 안정 등을 누릴 수 있다는 사람도 있다. 그들은 돈만 있으면 근심이 사라지고 인생을 느긋하게 즐길 수 있으며 싫은 일은 하지 않을 거라고 이야기한다. 그러나 돈과 물질이 저절로 만족감을 주거나 공허한 가슴을 채워주지는 않는다. 돈을 더 벌어야 평안을 논할 수 있다고 생각한다면, 내면의 평안을 삶에 구현하는 것이 더 많은 돈을 끌어당기는 열쇠라는 것을 깨달아야 한다. 더욱 두둑해진 지갑이 해결할 수 있다는 활력과 평안과 자긍심 등은 물질과 풍요를 유인하기 위해 계발해야 할 자질이다. 돈과 물질은 부족한 것을 채운다기보다는 그저 자신을 표현하고 잠재력을 실현하는 수단인 것이다.

10억 원을 벌고 싶어 안달하는 사람이 있었다. 그는 왜 그런 생각을 하게 되었는지는 관심이 없었고, 다만 10억 원만 있으면 완벽한 삶을 영위할 수 있으리라 확신했다. 자신은 깨닫지는 못했지만, 실은 살맛나는 인생을 위해 돈을 바랐던 것이다. 돈이 있어야 하는 이유를 몰랐기에 그는 '살맛나는 인생을 위해 뭘 할 수 있을까?'보다는 '썩 마음에 들지 않지만 열심히 해야지. 당장 하고 싶은 일은 접어두고라도 돈이 되는 일에는 시간을 투자해야지. 좀 고생스러워도 돈을 벌고 나면 인생을 즐길 수 있을 테니까'라고 생각했다. 아니나 다를까, 그는 날이 갈수록 출근하기가 싫어졌다. 일에 애정이 없었기 때문에 최선을 다할 수 없었거니와 승진도 기대할 수 없었다. '돈벼락 전략get-rich-quick scheme'에 솔깃해진 그는 이곳저곳에 돈을 몽땅 쏟아붓고는 카드까지 긁어가며 투자에 매진했다. 그러나 불행하게도 결과가 좋지 않아 막대한 손해를 보았다. 20년 후에도 그는 여전히 불평을 늘어놓으며 같은 직장에 다니고 있었고, 부와 넉넉한 삶이라는 기적을 이뤄낼 돈벼락 전략을 찾아다녔다. 돈을 번 다음에 인생을 즐기겠다는 마음마저도 변하지 않았다. 하지만 따지고 보면, 살맛나는 인생에 보탬이 되는 일을 하지 않은 탓에 목표한 돈을 얻지 못했다.

돈이 생긴다면 무엇이 달라질까? 생각해보자.

돈벼락을 맞으면 어떤 욕구와 필요가 채워질까? 안정을 찾고, 근심에서 해방되고, 좀 더 소박한 삶을 살 수 있을까? 하기 싫은 일은 그만둘 수도 있고, 문제는 모두 해결될 것이고, 마음 내키는 대로 살 수 있는 자유를 누릴 수 있을까? 지금보다 더 자주 느끼고픈 이상적인 자질이나 감정내적인 평안이나 사랑, 자긍심, 안녕 혹은 행복 등에는 어떤 것이 있는가? 돈보다는 물질이나 아이템에 더 마음이 간다면 그것이 어떤 필요를 충족시킬 수 있는가? 물질이 아니라, 이상적인 자질이나 기분을 바란다면 자주 체험하고 싶은 것은 무엇인가?

나는 풍성한 우주에 살고 있다 필요한 것은 항상 얻게 되어 있다

이 같은 욕구는 당장에라도 충족시킬 수 있다. 창조하고픈 물질이 없어도 잠재력을 실현하면 즐겁고 만족스러운 삶을 누릴 수가 있다. 이상적인 선을 이루는 본질은 자신 안에 있다. 우주는 10억 원을 벌어들인 다음에나 행복을 누릴 거라고 말하지 않는다. 선한 것이라면 무엇이든 지금 가질 수 있다. 돈으로 무엇을 성취하고 싶은지 자문해본 다음, 그것의 본질을 터득할 수 있는 법도 생각해보자.

어떤 사람은 돈이 있으면 소박하게 살 수 있을 거라고 믿는다. 하지만

평안이나 안녕 혹은 평정 등 소박한 삶을 이루어내는 자질을 계발하고 표출할 수 있다면 얼마든지 그렇게 살 수 있다. 돈은 소박한 삶을 가져다 주지 않는다. 사실, 소박한 삶을 이루는 자질을 삶에 적용할 줄 모른다면 인생은 더 꼬일지도 모른다. 소박한 삶을 꿈꾸고 있다면 이를 위해 내가 할 수 있는 일은 무엇인가?

돈이 있어야 싫어하는 일을 그만둘 수 있을 거라는 사람도 있는데, 애정이 가지 않는 일에서 손을 떼고 싶다면 우선 자신을 존중하는 법을 배워야 한다. 초심자라면 작은 일을 그만두는 요령부터 배워도 좋을 것이다. 자신을 존중하게 되면 즐길 수 있는 일만 할 수 있다.

한편, 어떤 이는 고난과 문제를 속 시원히 해결해줄 거라는 생각에 부지런히 돈을 벌기도 한다. 그러나 이 땅에 발을 붙이고 살면서 고난을 피할 수 있는 사람은 없다. 그 앞에서 전전긍긍하기보다는 오히려 이를 타산지석으로 삼는 편이 나을 것이다. 내면의 지혜와 평안을 계발한다면 눈앞에 닥친 문제나 고난은 도리어 성장의 기회로 보이게 마련이다. 그러면 돈으로 해결하는 것보다 훨씬 쉽게 고난을 이길 수 있다.

안정을 누린답시고 돈을 버는 사람이 있을지도 모르겠다. 안정은 부를 쌓는 데서 비롯하는 것이 아니다. 매출이 수십억 원인 기업을 설립하고도 불안해하는 사람도 있지 않은가? 사실, 안정을 누리는 법을 터득하지 못한 사람은 돈이 많아질수록 불안과 두려움이 증폭될지도 모를 일이다.

어떤 이는 '어깨에 힘이 들어간다.'는 이유로 돈을 번다. 진정한 힘이란, 남을 조종하고 지배하는 '에고 파워ego power'가 아니라 자신을 고양하고 내면의 평안을 누리며 잠재력을 구현하며, 인격이 아닌 영혼의 빛을 동력으로 삼는 것이다. 경험자라면, 어떤 자질이 힘을 실어주는데 도움이 되었는지 돌이켜보고, 그런 자질과 활동을 표현하고 자주 실천할 수 있는 방도를 찾아보자.

돈이 가져다줄 거라고 믿는 이상적인 자질을 구현하고, 말과 행동 및 존재로써 이를 세상에 발산한다면, 돈과 물질을 끌어당기게 될 것이다.

이상적인 자질사랑이든 내적 평안이든 안녕과 행복, 용기, 자신의 힘 혹은 자존감이든을 계발한다면, 그와 동조同調하는 것은 무엇이든 유인할 수 있다. 돈뿐 아니라, 새로운 차원으로 성장한 자신을 표현하는 것은 모두 끌려올 것이다. 마음에 두었을 성싶은 것은 물론, 무언가가 필요하다는 사실을 깨닫기도 전에 찾아올 것이다. 애당초 바라던 것보다 더 나은 것을 끌어당기고, 주변의 모든 것이 자아와 조화를 이룰 것이다.

나는 자긍심과 내면의 평안, 사랑, 안녕 그리고 행복을 발산한다

15년간 10억 원을 벌어, 퇴직 후 편안한 삶을 누리겠노라 다짐했던 사람이 있었다. 어느 날, 그는 해가 바뀔수록 목표와는 점점 더 멀어지고 있다는 것을 깨달았다. 부자가 될 수 있다는 노하우란 노하우는 모두 써봤다. 투자도 적잖이 해보고, 둘째가라면 서러울 만큼 직장에서도 열심히 근무했고, 퇴직을 위해 저축도 해두었다. 그러다 문득 10억 원이 무엇을 가져다줄지 고민해보니, 느긋한 삶과 마음에 맞는 일을 할 수 있도록 자유를 주리라는 결론을 내렸다. 마침내 그는 돈부터 벌려 하지 않고 느긋한 여유와 적성에 맞는 일부터 찾기로 했다. 돈을 기다리다가는 평생 그렇게 살지 못할 것만 같았다. 잠시나마 여유가 생겨 막상 좋아하는 일을 하려면 온갖 책임과 의무가 그를 막아섰기 때문이다. 몇

가지 요령에 따라 긴장을 푼 뒤, 그는 자아존중이라는 자질을 길러야겠다고 마음먹었다. 자아존중이 자신에게는 무슨 의미가 있을지 묵상하고 나니, 덕분에 혼자만의 시간을 갖고 취미를 즐길 수 있다는 것을 깨달았다. 그는 소싯적 좋아했던 악기를 연주하기 시작했다. 혼자만의 시간이 늘자, 아름다운 멜로디와 가사 몇 편이 불현듯 떠올라 이를 쪽지에 적어두었다. 음악에 정을 붙이면서 삶의 다른 영역에서도 창조력의 물꼬가 트였다. 자신을 좀 더 존중하게 되었고, 회사에서 승진한 이후에는 높은 연봉을 제시한 타사로 직장을 옮기기도 했다. 결국 그는 영화 회사에 자작곡을 팔아 돈방석에 앉았다. 자아존중이라는 자질을 계발함으로써 물질뿐 아니라, 멋진 많은 일 궁합이 맞는 직장과 만족스럽고 넉넉한 삶과 잠재력과 특기를 살릴 수 있는 기회 등을 창조해냈다.

나는 즐거움과
생동감과 자애로써
부와 풍요를 창조한다

무언가를 손에 넣었음에도 실현하고픈 심오한 소욕이 무엇이며, 이로써 표출하고 싶은 이상적인 자질이 무엇인지 깨닫지 못한다면 소욕을 이루더라도 만족할 수 없다. 여느 때보다 돈을 많이 번다해도 수입이 더 적었을 때와 비교해 넉넉하거나 부유해졌다는 기분이 들지 않을 수도 있다. 즉, 내면의 욕구가 충족되지 않으면 돈이 아무리 많아도 부족할 뿐이다. 이웃을 존중하지 않고 자기 배만 채우려는 심사나, 만족스러운 삶을 영위하는 데 전혀 보탬이 되지 않는 동기로도 돈은 얼마든지 벌 수 있다. 막대한 부를 축적하는 데 꼭 성숙해야 한다거나 잠재력을 계발해야 한다는 법은 없다는 뜻이다. 돈과 물질을 어떻게 창조하느냐에 따라 앞으로 겪게 될 성장과 교훈이 결정된다. 제 욕심만을 위해 돈을 번다면, 남이 그에 눈독을 들이거나 돈을 금세 잃을 수도 있다. 그러면 두려움과 근심뿐 아니라, 탐욕을 통해 뼈저린 교훈을 얻게 될 것이다. 해결하려던 문제를 도리어 돈이 키울지도 모른다.

돈이 채워줄 거라고 기대하는 내면의 소욕과 몸소 표현하고 싶은 이상적인 자질이 무엇인지를 파악한다면, 여러 방면으로 욕구를 해소하고 자질을 표출해낼 수 있을 것이다.

바람직한 감정을 표현하는 데 보탬이 되는 활동을 머릿속에 그려보고, 이를 자주 하리라 결심하는 것도 좋은 방법이다. 활기가 넘치는 삶을 기대한다면 활력소를 느낄 수 있도록 가족과 친지와 단란한 시간을 보내거나, 공원을 걷거나, 영화를 관람하거나 혹은 창의적인 취미를 살리면 어떨까? 활력소를 불어넣을 만한 활동을 찾아냈다면 그것을 더 자주하자. 돈이 삶의 활력을 일으키는가? 그렇다는 이야기는 활력소가 되는 일을 하면 돈과 풍요를 끌어당기는 힘이 강화된다는 뜻이다. 활력과 평안을 느끼고, 좀 더 만끽하고픈 기분이 뭔지 가물가물하다면 예전에 그 같은 기분이 들었을 때를 기억해보자.

내가 하는 일은 모두
활력과 성장의 발판이 된다

무엇을 하고 있었는가?

아무리 돌이켜봐도 '사는 것 같지가 않았다.'면 지금의 삶을 되짚어보며 활력소가 되는 상황과 활동을 떠올려보자. 거창하지 않아도 좋다. 살아 있음을 느끼던 순간에 정신을 집중하고 당시 무엇을 하고 있었는지 주시해 보자. 그것을 평소보다 더 자주하면 생동감을 느낄 수 있는 비결을 알아낼 수 있을 것이다.

당장 할 수 있는 것부터 시작하자. 요령이 생길 때까지 주저해서는 안 된다. 비전을 구현해내는 능력은 적절한 단계를 거쳐 계발되기 때문 이다. 모든 일을 단번에 이루겠다는 욕심은 버려야 한다. 한 발짝씩 차근차근 밟아나가면 성공이 보일 것이다. 살맛이 나면 날수록무슨 자질이든 활력은 성품의 일부가 될 것이다.

생동감 있는 삶을 누리고 싶어 하는 여성이 있었다. 제 나름대로의 결론은 대학에서 강의를 듣고, 주당 몇 번씩은 한 시간쯤 책을 읽고, 온수에 푹 몸을 담그는 삶이었다. 한편, 내면의 평안을 찾던 어느 남성은 운동을 자주하고, 주말에는 낚시를 즐기며, 연장과 공구를 둘 수 있는 조촐한 작업실을 꾸미는 것이었다.

내면의 평안과 기쁨, 활력 혹은 그 밖의 이상적인 자질을 몸소 체험할수록 더 높은 단계로 진화하게 된다. 그러면 자신에 대한 만족감과 희열도 배가될 뿐 아니라, 창조적인 자기표현과 즐겁고 의미 있는 활동, 자기애와 자존감 및 자긍심이 충만한 삶을 영위할 수 있다. 돈이 가져다줄 수 있는 이상적인 자질이 무엇이든 이를 자주 표현한다면, 일상의 각처에서 돈과 풍요를 끌어당기는 힘을 키울 수 있을 것이다.

우리는 엄청난 저력을 발휘할 존재며, 최고의 삶을 누릴 자격이 있다.

어느 경지에 이르는 과정은
그곳에 다다른 상태와 본질이 같다

EXERCISE

## 숭고한 자질을 보여라

다음은 이상적인 자질을 갖고, 그와 합일한 자신을 상상함으로써 이를 더 자주 표현하는 법을 기르는 데 도움이 될 것이다.

### 워밍업

혼자 느긋하게 명상할 수 있는 시간과 장소를 마련한다. 긴장을 푼다.

### 단계

1. 눈을 감고 좀 더 누리고 싶은 이상적인 자질이를테면, 용기나 평안, 행복, 안녕 혹은 사랑 등을 떠올린다. 돈이 많아지면 어느 정도 해소될 성싶은 자질을 꼽는다. 이를 마음에 그리면서 지금 느끼고 있다고 상상한다. 어떤 느낌인가? 몸으로 느껴지는가? 이때 자세나 호흡은 어떻게 달라지는지 확인한다.
2. 이 같은 기분을 느끼고 표현하는 미래의 상황을 그린다. 그 중에서 한 장면을 머릿속에 떠올린다그런 자질을 몸소 체험할 경위를 보여주는 장래의 사건. 예컨대 내면의 평안을 바란다면 흔히 겪는 상황을 설정하고 나서, 같은 입장에 처했을 때 평안을 느끼는 자신을 투영한다. 영상은 단순해야 좋다. 이를 반복해서 그려본다. 현실에서도 그런 것처럼 이 상황에서 원하는 기분을 실감나게 느낀다.
3. 이 장면을 어떻게 그려내고 있는지 면밀히 살펴본다. 다른 사람도 등장하

는가? 입고 있는 옷과 무대는 어떤가? 될 수 있는 한 세밀하게 그린다.

4. 그 장면을 다시금 관찰한다. 배경은 밝은가, 어두운가? 영상의 조도를 높여 자질이 어떻게 느껴지는지 확인한다.
5. 마치 극장 스크린을 보듯 눈앞에 펼쳐진 영상처럼 감상하고 있는가? 영상에 내가 있는가? 영상은 큰가, 작은가? 눈앞에 있는가, 멀리 떨어져 있는가? 스크린에 들어선 것처럼 영상을 생생하게 그린다.
6. 누가 말을 건네면 듣기도 좋고 성량도 풍부한 목소리를 설정한다. 기분을 띄워주는 아름다운 음향을 영상에 담는다. 자연이나 바다, 혹은 선율이 고운 배경음악도 좋다.
7. 무대를 좀 더 멋지고 아름답게 꾸며본다. 색은 짙게 칠한다. 등장인물도 더듬어보고 냄새도 맡아본다. 영상을 사방으로 넓혀 주변과 위, 아래에 닿게 하고 내 몸의 일부로 설정한다. 내면의 평안 등 이상적인 자질을 더욱 실감나게 느낀다.
8. 영상이나 자질은 생생하게 그리고 느낄수록 좋다. 그런 기분과 자질을 즐기는 자신을 상상해본다. 영상은 촉감을 느끼고, 듣고, 볼 수 있을 만큼 실감 나게 그리고 감정을 최대한 구사한다.
9. 영상을 차차 희미하게 감춘다. 자질을 원 없이 만끽한 후에 눈을 뜨고, 심호흡을 한 뒤에 현실에 눈을 돌린다.

### 평가

자신을 외부의 대상으로 보는 것이 아니라 영상에 투영시켜야영화를 감상하듯 바람직한 자질을 쉽고 빠르게 느낄 수 있다. 뇌리의 영상과 자질의 느낌은 생생할수록 자주 경험하게 될 것이다. 영상을 떠올릴 수 없다면, 이상적인 자질을 자주 생각함으로써 이를 유도할 수 있다. 지금도 느끼고 있다고 생각해본다. 그 기분을 몸에 가져와 가급적 실감나게 그린다. 숭고한 자질은 자주 체험하고, 느끼고, 표현할 때마다 진화한다.

3장

# 바라는 것의 본질을 비춰야 한다

Discovering What You Want

어떤 물질과 돈의 액수, 그리고 기타 대상에 대해 저마다 생각이 다를 것이다. 이상적인 자질을 좀 더 온전히 표현하는 데 도움이 되는 것이 있는가 하면 그렇지 않은 것도 있을 것이다. 바라던 무언가를 이루었는데도 여전히 만족스럽지 못할 때, 비로소 만족이란 그런 데서 오는 것이 아니라는 사실을 이해하게 된다. 이상적인 자질을 표현하고, 내면의 욕구를 해소하는 대상만을 끌어당겨 만족하는 법을 깨달아야 한다.

원하는 것을 끌어당길 수 있도록 에너지와 끌어당기는 힘인 자력磁力, magnetism을 사용하는 요령을 습득하기에 앞서 무엇을 원하는지부터 명확히 규정해야 한다. 대상이 가져다줄 본질essence과 그것이 채워줄 욕구,

그리고 이를 위해 우리가 표현할 수 있는 이상적인 자질을 분명히 파악해야 한다.

아이템의 구체적인 모양새나 규모나 형상을 알든 모르든 끌어올 수는 있으나, 본질은 확실히 알아둘 필요가 있다. 사물의 본질이란 그것이 작용 해주기를 바라는 기능이나 사용되는 목적, 혹은 기대하는 것을 일컫는다. 머릿속에 그리던 바와는 다른 것들 중에도 본질을 제시하는 경우도 적지 않다. 가장 적절한 형상과 크기로 실현되도록 마음을 열어둔다.

나는 욕구의 본질을 알고 이를 성취한다

본질을 알면, 원하는 것을 이루어내는 방편은 얼마든지 있다는 사실을 알게 된다. 새 자동차를 사는 본질적인 이유가 안전한 교통수단이라면, 이를 창조해낼 방법은 자동차를 구입하는 것 말고도 아주 많다. 원하는 것의 본질을 모른다면 지금 몰고 있는 차량보다 더 안 좋은 새 자동차를 살 수도 있다.

새 자동차를 뽑고 싶어 하는 어느 여성은 고장이 잦아 밤에 운전하기가 두렵다고 하소연했다. 차가 마음에 들지 않았지만 그렇다고 돈을 쓰고 싶은 것도 아니었다. 그러나 안전을 위해 차량 구입이 불가피하다고 마음을 굳혔다. 그녀는 정신을 집중하여 차를 그리며 본질안전성을 끌어당겼다. 그랬더니 아니나 다를까, 차가 말썽을 일으키지 않더라는 것이다. 차는 몇 년 후에 바꿨다고 한다. 예상은 빗나갔지만, 비전의 본질은 금세 그녀를 찾아왔다.

코트를 사고 싶은가? 원하는 특징을 구체적으로 밝힌다면 코트가 제시할 본질에 근접할 수 있을 것이다. 코트라면 당연히 따뜻하고, 맵시와 내구성도 좋아야 한다. 마음에 그려둔 것의 본질을 분명히 파악하면 소욕을 충족해줄 코트가 아주 많다는 점을 깨닫게 된다. 이를테면 코트뿐 아니라, 스웨터나 두툼한 셔츠를 사도 무방하다는 데 수긍한다. 염두에 둔 본질을 명확히 알면 유인될 형상이나 방편의 범위가 확대되지만 본질을 잘 모르면 눈이 올 때 별로 따뜻하지 않거나 비를 맞으면 쉽게 젖는 코트를 사게 될지도 모른다.

물론 욕구에 가장 부합하는 특징을 정확히 짚어내지 못할 때도 있다. 이를테면, 집은 마련하고 싶은데 주소는 어디며 방은 몇 개나 될지 모를 경우가 말이다. 그럴 땐 집이 인생에서 감당할 역할은 무엇이며 이를 어떻게 사용할지 밝히면 된다. 아침햇살이 잘 들고, 조명기구가 많고, 근방에 숲이 있고, 취미공간이 있고, 사생활이 보장되고, 가슴이 탁 트이는 집을 찾는다면 이 같은 특징이 바람직한 집의 본질이다.

창조하는 것은
모두 만족스럽다

새 집의 외관이나 영상을 아주 구체적으로 떠올리려 하지만 그것이 채워줄 기능이 명확하지 않다면, 외형을 세밀하게 파악했어도 결국은 필요한 집이 아닐 수도 있다.

용도친구를 초대하거나, 야외 장비를 보관하거나 혹은 작업실을 삼는 등는 고려하지 않고 겉모습이 그럴듯하다는 이유로 구매한다면 실망할지도 모른다. 너무 좁아 친구와 파티를 즐길 수 없다거나, 방이 생각보다 적다면 어떻겠는가? 집의 특징은 아주 구체적으로이를테면, 벽의 색상까지 조목조목 상상하는 것이 좋지만 그것을 바라는 이유도 염두에 두어야 한다. 욕구의 본질을 알면 끌어당기는 대상은 기대한 바를 채워줄 것이다.

욕구의 형상을 안다면 그 본질도 분명히 파악할 필요가 있다. 본질을 알아내고 싶다면 이미지를 가급적 자세히 그려야 한다. 텔레비전을 바꾸고 싶다면 색상과 외관상의 특징 및 옵션 등을 심사숙고하여 '그것이 아니면 안 되는 이유는 무엇인지' 자문해본다. 구체적인 영상을 머릿속 스크린에 투영하다보면 욕구의 본질을 발견할 수 있다.

## 창조하는 것은 모두 상상을 능가한다

지금 행복하다는 것을 어떻게 알 수 있을까? 통장 잔고는 얼마나 돼야 부자라는 생각이 들까? 월수입은 어느 정도라야 하며, 쇼핑에 쓸 여윳돈은 얼마나 들고 다녀야 할까?

부나 행복 등 손에 잡히지 않는 무언가를 꿈꾼다면 위와 같은 질문을 염두에 두어야 한다. 여윳돈이 있으면 좋겠는데 정확한 액수를 규정할 수 없다면 고작해야 몇 천 원만 쥐게 될지도 모른다. 딱히 얼마인지도 모른 채 머릿속에 아련히 담아둔 돈은 손에 넣기 어렵다. 쓰고 싶은 액수를 확정해야 그 이상을 끌어당길 수 있다. 돈이 이루어줄 수 있는 결과의 본질과 내가 표현할 수 있도록 본질이 도와주기를 바라는 이상적인 자질도 아울러 떠올리자. 특정한 대상을 끌어당길 때는 이렇게 물어야 한다.

'이를 통해 얻고자 하는 본질이나 기능은 무엇인가? 그것을 어떻게 사용할 것인가? 다른 방식이나 형상은 바람직하지 않은가? 최선을 이루기 위해 마음을 열어두고 있는가? 같은 기능을 다르게 충족시킬 만한 대상

이 있는가? 염두에 둔 물건을 구입하거나, 돈을 손에 넣지 않고도 당장 필요한 본질을 이룰 수는 없는가?'

자력을 발휘할 때는 특정한 대상을 그리거나, 그것이 만족시킬 기능과 조건을 떠올리거나, 혹은 조건을 시각화하여 최선의 형상이 실현되기까지 기다려도 된다. 어느 편을 선택해도 좋다.

소욕의 본질이 분명해지면 그것이 접근할 때 눈치 채는 요령을 배워야 한다.

아파트에 입주하고 싶어 하던 한 여성은 외관을 구체적으로 염두에 두었다. 발코니가 있고, 햇빛이 잘 들고 주변에 공원이 있는 아파트에 살고 싶었던 것이다. 이런 조건에 기대할 수 있는 효용도 감안하고 있었다. 발코니가 있으면 조촐한 정원을 꾸며 채소를 가꿀 수 있고, 공원이 있으면 나무도 많고 공기도 신선해서 소풍을 즐길 수도 있을 듯싶었다. 그녀는 그런 아파트뿐 아니라, 그것이 가져다줄 본질을 끌어당기기 위해 노력했다. 그러자 며칠 후 농산물 유통업체 직원과 교제하게 되어 신선한 야채를 원 없이 먹을 수 있게 되었다. 또한 둘 다 소풍을 즐기는 편이라 주말이 되면 어김없이 쾌적한 곳을 찾아 등산과 캠핑을 즐겼다. 어느 날, 그녀는 아파트를 통해 이루고자 했던 본질을 누리고 있으며, 상상한 것보다 훨씬 더 바람직한 방향으로 실현되었다는 사실을 깨달았다.

무언가를 갖고 싶지만 아직 손에 넣지 않았다면 필요한 본질을 찾아보자. 설령 형상이 기대했던 바와는 다르더라도 영혼은 욕구의 본질을 깨닫게 할 것이다. 본질은 이미 우리를 기다리고 있어 이를 의식하기만 하면 될지도 모른다.

자력을 제대로 발휘하고 싶다면 원치 않는 대상을 제거하는 것보다 원하는 대상을 창조하는 데 주안점을 두어야 한다. 사람들은 대개 원하는 것에는 어둡지만, 그렇지 않은 것에는 아주 밝은 편이다. 무엇을 바라는지 잘 모르겠다면 주변에서 원치 않는 환경을 찾아보고 그 반대가 실현되기를 기대해보자. 지인을 만나면 행복의 조건이나 소원이 무엇인지 한번 물어보면 놀랍게도, 대개는 소원보다 불만스러운 형편을 하소연하기 시작할 것이다. 불평을 꺼내는 형편 대신 어떤 환경을 누리고 싶은지 될 수 있는 한 구체적으로 묘사하자. 그리고 "공과금을 걱정하고 싶지 않다."거나 "공과금 내는 것쯤이야 누워서 떡 먹기지."라고 선언하듯 현재 시제로 말하자.

끌어당기기의 또 다른 핵심은 상상할 수 있는 것을 구해야 한다는 점이다. 10억 원을 만져보고 싶다면 그런 거액을 가진 자신을 상상할 수 있어야 한다. 집세를 제때 내는 것도 벅찬데 10억 원이 입금된다니 실감이 나지 않을 것이다. 자력을 써서 성공의 순간을 만끽할 수 있는 시간 내에 그만한 돈을 끌어당길 정도로 믿음이 강하지 않을지도 모른다.

결과를 상상할 수 있는 대상부터 시작하는 것이 좋다. 창조할 수 있다고 믿는 대상에서 출발한다면 자력과 에너지를 통해 성공적인 결과를 얻을 수 있기 때문이다. 그러면 창조력에 대한 믿음도 더 강해진다.

성공은 이전의 것을 발판으로 이루어지는 것이다. 그럴 때마다 무의식은 욕구를 구현해내는 능력을 좀 더 신뢰하게 되고, 그런 자신감이 싹트면 풍요를 창조하는 능력도 배가된다. 성공의 맛을 알수록 불가능해 보이던 대상도 창조해낼 수 있을 거라는 믿음과 내면의 확신이 점차 깊어진다. 대상을 끌어당길 준비가 되었다면 내면의 확신꿈이 이루어진다는 가능성을 의식하는 것이 매우 중요하다.

진심으로 바라고, 가질 준비가 되어 있으며, 가슴이 설레는 대상에 자력을 발휘하자. 그러나 욕심은 나지만 그럴 준비가 되지 않아 정신을 집중 하지 못할 때는 소욕을 버리고, 진심이 닿는 곳에 에너지를 쏟는 편이 낫다. 동기와 의도가 분명치 않으면 무엇이든 이루어낼 수 없다.

현실과 타협한 것이 아니라 진정 가슴이 시키는 것을 끌어당겨야 한다. 타협점을 찾은 대상은 필요한 일을 감당케 하는 자극제가 되지 못한다. 창조력을 발휘하는 데 자신이 없더라도 흥미나 동기를 일으키지 않는 것은 아예 구하지 말자.

사람들 머릿속에는 '지금은 없지만 언젠가는 손에 넣고야 말겠다.'는 아이템 목록이 있는데, 이를 떠올리면서 불평만 늘어놓게 되어 창조력을 제대로 발휘할 수 없다. 그럴 때는 목록을 작성하여 깊이 묵상해보자. 정말 바라는 것인가? 그래야 할 것 같아 옛날부터 담아둔 것은 아닌가? 몇 개 안 되더라도 정말 창조하고 싶은 중요한 아이템만 남겨두고 다 삭제해야 한다.

가슴을 설레게 하는 대상단지 위안을 삼을 만한 것이 아니라은 창조할 의욕을 불러일으킨다. 그러나 "빚도 갚고, 차도 수리하고, 살 것도 많으니 돈을 벌어야지 별 수 있나."라며 푸념하는 사람도 참 많다. '별 도리가 없다.'는 의무감shoulds은 풍요를 창조하는 정서적 에너지를 공급하지 못할 뿐 아니라, 이상적인 자아에서 비롯한 것도 아니다. '부채를 갚아야 한다.'는 마음처럼 즐거움이 동반되지 않는 생각으로는 충분한 의욕을 기대하기 어렵다. 따라서 진심이 담긴 비전에 집중하고 싶다면 별로 중요치 않은 희망사항도 목록에 있다는 점부터 시인해야 한다.

목표가 이룰 만하고 에너지를 투입할 만한 가치가 있다고 확신한다면 이를 최우선으로 삼아야 한다. 목표를 달성하는 데 에너지를 쏟지 않을 수도 있지만 필요하다면 흔쾌히 투입하자.

일상에서 창조해내고 싶은 것 중 한두 가지를 골라 그에 집중하고 '지금 삶에 창조할 수 있을 만한 것 중 가장 중요한 것은 무엇인가?' 자문해 보자. 본격적인 창조는 그런 다음에 시작된다. 내 것이 될 수 있으리라 믿는 것은 무엇이든 성취할 수 있으며, 그러고 싶은 대상의 본질은 당장에라도 누릴 수 있다.

에너지는 목표에
집중하고
이를 지향한다

에너지와 자력을 활용하여 창조가 이루어지면 마음에 품은 것은 손에 넣을 수 있는데, 대개는 예상보다 더 쉽게 실현된다. 가령, 돈을 주고 물건을 산다면 그것 또한 자력으로 대상을 끌어당기는 방법이 될 수도 있다. 아무런 노력도 하지 않았는데 일이 저절로 풀렸다 해도 에너지의 작용을 무시하지 말자.

"이거 너무 쉬운 거 아닌가? 에너지나 자력이 없어도 그냥 될 일이었나 보네."라며 의기양양해 할지도 모르겠다. 자력 기술이 발전하고 자기 나름대로 신기술을 터득하게 되면 비전을 성취하는 일은 점점 쉬워진다. 어느 경지에 이른 후에는 정말 손 하나 까딱하지 않았다는 생각이 들지도 모르겠다.

마음에 그렸던 무언가가 실현되었을 때 '자력 기술이 통했다.'는 생각이 들면 이를 자축하자. 성취된 것은 모두 '자력이 작용하고 있다.'는 방증이다. 이를 매번 인정한다면 창조하기가 더 수월해진다.

4장

# 신념을 확인하는 힘, 자력磁力

Magnetizing What You Want

원하는 것을 끌어당기려면 대상에 인력引力을 거는 자력磁力을 발생시켜야 한다. 에너지와 자력을 잘만 활용하면 원하는 물건과 대상, 돈과 사람을 좀 더 쉽게 끌어당길 수 있다.

대부분의 사람들은 부지불식간에 에너지와 자력을 사용하고 있다. 그러나 사고력을 증폭시키고 마음에 그린 것을 창조하기 위해서는 에너지와 자력을 의식적으로 활용하는 법을 알아야 한다. 원하는 바를 분명히 자각한 후 에너지 기술과 자력을 결합하면 장시간 땀을 흘리며 일한 것보다 더 풍성한 결실을 맺을 수 있다.

사람은 매순간 에너지의 파동을 발산하고 있는데, 이는 원하는 것을 끌어당기기도 하고 내치기도 한다. 자력을 발휘하는 기술을 계발하면 소욕을 당기는 인력을 좀 더 키울 수 있다. 에너지를 활용하여 인력을 건 후 몸의 긴장을 풀고, 집중하고, 시각화하고 상상력을 발휘해보자.

끌어당기는 기술은 자기장을 발생시키는 것과 관계가 깊다. '자기코일 magnetic coil' 이미지는 자력 magnetism을 시각화하고 느끼는 데 사용된다.

자력으로 돈과 크고 작은 물건을 비롯하여, 자질이나 본질 등의 추상적인 대상도 끌어당길 수 있다. 또한 고용자나 피고용자, 출판업자 및 기술자 등 직장에서 인연을 맺을 사람도 유인할 수 있다. 하지만 남을 변화시키거나 어떤 일을 일으킬 때 쌍방에 아무런 득이 되지 않는다면, 자력을 발휘할 수 없다. 자력은 당사자 모두에게 최선의 득이 되는 경우에만 작용하기 때문이다.

창조성과 창의력, 유쾌함 및 자발적인 상상력은 에너지를 동원하여 무언가를 창조할 때 가장 유용한 도구가 되며, 생각과 감정과 아이디어는 실습할 때마다 달라질 것이다. 구현이란 매우 역동적인 상태다. 그래서 항상 변화무쌍하며, 자력과 상상력의 수준 또한 그때마다 달라지게 마련이다. 상상력은 차차 사용하며 키워나가고, 어떠한 이미지나 감정이 솟구치든 이를 즐기는 것이 좋다.

자력을 몸소 실감하는 것이 어느 단계보다 중요하다. 자력이 느껴지면 자신에게 맞는 영상과 이미지로 이를 재창조해야 한다.

원하는 대상을 끌어당기는 데는 기본적인 원칙이 있다.

첫째, 끌어당기고자 하는 대상이 나의 어떤 이상적인 자질을 드러나게 해줄지 알면 좋다. 그 대상을 유도함으로써 표출하고 싶은 자신의 자질이 무엇인지 생각해야 한다. 둘째, 마음에 둔 대상의 본질과 특징을 끌어당기는 것이 좋다. 구체적인 형태를 모른다면 대표적인 상징을 끌어당길 수도 있다. 상징의 위력이 엄청난 까닭은 손에 넣을 수 있으리라 생각한 것에 대한 믿음과 생각을 모두 초월하기 때문이다. 셋째, 바라는 것이나 그 이상을 구한다. 넷째, 구하는 대상에 애착을 갖고 이를 성취하겠다는 의욕을 품는다. 걱정과 두려움과 긴장보다는 낙관적인 마음가짐이 자력을 강하게 하므로 대상에 대해 긍정적으로 생각한다. 다섯째, 원하는 것은 성취할 수 있다는 사실을 믿어야 한다. 여섯째, 대상에 집착하지 않고 초연한 마음을 가져야 한다. 당장 실현되지 않거나 기대와 다르더라도 조바심을 낼 필요는 없다. 무언가를 구했다면 성취된 결과는 다 적절한 것이라 믿는다.

돈과 번영 및 풍요를
끌어당기는 자력은
점차 강해지고 있다

비싸지 않고 작으며 이미 창조해본 경험이 있는 아이템이 자력을 발휘하기 가장 쉬운 대상이다. 쉬운 아이템을 시도해서 어렵지 않게 성공할 수 있다면, 자력 기술을 계발할 수 있다는 자신감과 피드백을 동시에 얻을 수 있다. 기초 단계를 연습하면서 머릿속에 그리고 있는 것이나 그보다 훨씬 좋은 것을 이룰 수 있는 역량에 몰입할 수 있는지 확인해보자. 아울러 얼마나 쉽고 빠르게 대상을 끌어당길 수 있는지도 확인하자. 실력이 늘면 좀 더 크고 비싸거나, 기대한 것보다 난이도가 높은 대상도 척척 손에 넣을 수 있다.

무언가를 끌어당길 때 대상이 접근하고 있다는 것을 느끼는 순간이 있다. 그럴 경우에는 무언가 들어맞는다거나 에너지가 감소하는 기분이 든다. 그러면 자력 기술이 완료되었다는 신호이므로 이를 중단해도 된다. 감이 오지 않거나 대상이 가까이 있다는 기분이 전혀 들지 않는다면 에너지의 전환이 느껴질 때까지 대상을 계속 끌어당겨야 한다.

이런 방식으로 자력 기술이 언제 통하는지 알 수 있다. 내면의 깨달음은 이런 과정을 관찰·인식하고, 몸소 이루어낸 결과의 피드백을 통해 차차 발전하게 된다. 몇 차례씩 끌어당겨야 효과가 있지만 단번에 이루어지는 경우도 있다.

사람들은 대부분 보잘것없는 결과를 성취하기 위해 너무 많은 에너지를 소모하지만, 적은 에너지를 투입하고도 엄청난 결실을 거두는 비결이 있다. 원하는 대상을 창조하는 데는 적당한 에너지가 있어야 한다. 저녁에 먹을 한 끼를 끌어당기고 싶다하여 하루 종일 그것만 생각할 필요는 없을 것이다. 하지만 안타깝게도 식사만큼이나 대수롭지 않은 것을 위해 과도한 에너지를 소모하는 경우가 비일비재하다. 원하는 대상을 손에 넣기 위해 필요한 에너지가 어느 정도인지 파악하는 법을 배워, 꼭 필요한 만큼만 에너지를 투입하는 것이 현명한 방법이다.

과도한 에너지를 발산하면 부담을 느끼게 된다. 원하는 대상에 계속 신경을 쓰거나 자력 기술을 힘겨운 씨름으로 여기거나, 혹은 엄청난 에너지를 쏟아 부어도 결과가 전무하거나 미미하다면 자력을 과잉 발산하고 있는 것이다.

지나치게 많은 힘을 쏟아야 한다면 이상적인 진로의 흐름을 거스르는 처사일지도 모른다. 머릿속에 그리던 어떤 대상이 곧 실현될 거라는 확신이 들면 에너지를 적당히 사용하고 있는 것이다. 에너지가 너무 적으면 대상은 이루어지지 않거나, 오랜 시간이 흘러서야 실현된다. 대상이 멀게만 느껴져 확신이 서지 않는다면 에너지를 좀 더 투입해야겠다는 생각이 들 것이다. 자신의 역량을 초과한 에너지가 필요한 대상을 끌어당기려면 그러기 전에 에너지와 조화를 이루는 법을 알아야 한다.

수중에 있는 것보다 훨씬 더 많은 돈이 필요하다면 이를 누릴 준비는 물론이거니와, 돈을 어떻게 보관하고 쓸 것이며, 그것이 삶에 어떤 보탬이 될지 미리 알고 있어야 한다. 그 돈을 손에 넣을 때의 기분을 상상하면서 그에 대한 걱정은 털어버려야 한다.

훨씬 큰 대상과 조화를 이루는 방법은 대상을 확대하는 것이다. 지금 가진 것보다 훨씬 많은 것을 끌어당기려면 에너지를 마음껏 '착용하도록wearing' 노력하면 된다.

에너지는 비전을 창조한다
선한 비전은 쉽게 끌려온다

돈 액수를 점차 늘려보자. 금액이 늘어날수록 기분과 사고방식도 달라질 것이다. 일정 액수를 넘지 않으면 마음이 편하지만 그 이상으로 늘면 부담이 될 수도 있다. 그러나 언젠가 큰돈을 착용하게 된다면, 애당초 적은 액수라도 불편했던 돈이 편하게 느껴질 것이다. 부담이 없고 손에 쥘 수 있으리라 확신하는 돈만 끌어당기자. 돈꼭 돈이 아니라도 좋다에 대하여 자력을 발휘하기 전의 에너지로도 마음이 편하다면 돈을 손에 넣기가 그리 어렵지 않을 것이다. 그 돈을 얻은 후 자신에 대한 생각과 라이프스타일은 어떻게 달라질지 면밀히 살펴보자. 그러면 숨은 두려움'돈이 많으면 신경 쓸 데도 많을 거야', '세무와 회계 문제로 골치가 아프지 않을까?' 등을 꺼낼 수 있다. 이 같은 의심과 걱정을 잘 다스리면 자력은 증가한다.

초심자라면 결과가 일정치 않거나 타이밍을 마음대로 조정할 수 없을 수 있다. 그러나 결국에는 각 단계가 자동화되어 투입될 노력이 점차 줄어든다. 즐길 수 있으면 얼마든지 연습해도 좋다. 10분이든, 30분이든 자력을 발산하는 시간과 빈도는 내키는 대로 정하면 된다. 부담이 될 만한 대상에 인력을 걸려면 좀 더 연습이 필요하다. 한 단계를 완벽히 숙달한 후 다음 단계를 밟으면 된다.

특정 유형의 대상을 창조하는 데 익숙해졌다면 좀 더 수월하게 구현되도록 훈련을 한다. 무언가를 쉽게 구현해내지 못해 흐름이 중단되거나 줄어들거나, 혹은 자력에 너무 많은 노력이 필요하다면 지금 서있는 경로를 면밀히 관찰하자. 그리고 새로운 이정표가 속삭이는 지침에 주의를 기울여야 한다.

EXERCISE

# 자력을 키우는 법

'자력을 키우는 법'은 에너지와 자력을 활용하여 원하는 대상을 창조하는 요령을 설명하고 있다. 크고 작은 물질이나 자금, 혹은 본질을 끌어당기는 방법을 실제적으로 알아보자. 혼자 해도 좋고, 파트너나 그룹과 함께 연습해도 좋다. 혼자일 경우, 각 단계를 녹음해두고 듣는다면 자력 기술을 키우는 과정을 차근차근 밟아나갈 수 있다. 파트너가 있다면 그가 지시 내용을 읽어주면 된다. 그룹과 호흡을 맞추려면 한 명이 전체에게 읽어준다. 1장에서 다룬 '긴장을 풀고, 정신을 집중하며, 이미지를 그리는 법'을 건너뛰고 해도 된다. 자력 기술을 훈련할 때는 느긋하게 정신을 집중하고 평온한 마음을 갖는 것이 중요하다. 끝으로, 구하는 대상을 기록해두고 그것이 언제 이루어졌는지 확인한다.

## 워밍업

대상을 하나 선택한다. 손에 넣을 수 있다고 믿고, 그에 대해 긍정적으로 생각한다. 의도가 분명해야 한다는 점이 중요하다. 대상이 가져다줄 이상적인 자질을 될 수 있는 한 구체적으로 그려보고, 자력을 발휘할 때 이를 상상한다. 아는 만큼 구체적인 형상이나 수량도 감안하여 본질을 끌어당긴다. 그런 후 상상력의 폭을 넓혀 좀 더 크고 많은 것을 구할 수는 없는지 따져본다. 형상을 모른다면 대표하는 상징을 유인해도 좋다. 잠시 여유를 갖고 대상을 떠올린다. 구체적인 형상을 그리는 데 도움이 필요하다면 3장의 EXERCISE를 참고해도 좋다.

몇 분간 느긋하게 명상할 수 있는 시간과 장소를 마련한다.

긴장을 풀고 마음을 다잡는다. 자력의 감을 잡는 것이 중요하다는 점을 염두에 두자. 코일이 있다고 가정하면 자력이 실감나게 느껴질 것이다. 같은 기분을 재창조하는 데 보탬이 될 만한 것은 모두 동원해보자. 최선의 결과는 오감과 영상을 어떻게 활용하며, 얼마나 창조적이며 창의적으로 끌어당기느냐에 좌우된다.

코일이 잘 떠오르지 않는다면 다른 이미지를 그려도 좋고, 자력을 발휘할 수 있다고 믿는다. 코일을 정확하고 세밀하게 시각화할 필요는 없다. 굳이 코일이 아니어도, 자력 에너지를 감지하거나 느낄 수 있으면 어떤 이미지든 좋다. 상상력을 발휘하는 데 있어 코일을 그리는 데 옳고 그른 방도는 없다. 안성맞춤일 듯싶은 이미지라면 무엇이든 효과를 기대할 수 있다. 대상을 떠올릴 때 자력을 감지하는 것과 '몸소 끌어당길 수 있다.'는 마음가짐이 중요하다.

자력 빈도수에 대한 규정은 없다. 한 번도 좋고, 마음 가는 만큼 자력을 발산해도 무방하다. 안간힘을 쓴다거나 부담을 느낀다면 잠시 중단한다.

에너지를 투입하고 나면 가슴이 가리키는 방향으로 움직이기도 하지만 가만히 기다려야 할 때도 있다. 가슴이 힌트를 주지 않을 때도 있기 때문이다. 바라는 것은 무엇이든 완벽한 경위를 통해 적절한 시간과 모양으로 이루어진다는 사실을 믿는다.

### 단계

1. 끌어당기고 싶은 것을 떠올린다. 대상을 알고 있다면 될 수 있는 한 구체적으로 그려보자. 염두에 둔 특징과 기능본질도 전부 감안한다.
2. 원하는 대상을 시각화하거나 오감으로 느끼고, 영상은 가급적이면 실감나게 표현한다. 그것을 손에 넣어 '유쾌지수'가 올라가는 자신을 스크린에 투영한다. 영상을 고화질로 즐기되, 그러기가 쉽지 않다면 만족스러운 기분을 가장 실감나게 상상한다. 대상의 상징을 선택하여 활용해도 좋다. 무언가를 끌어당길 때마다 이 영상이나 상징을 활용하거나, 각자 선택한 대상을 머릿속에 그린다.

3. 에너지를 일으키는 '동력원'이 몸 안에 있다고 상상하고, 고리처럼 감싸는 코일을 그린다. 코일은 배꼽 바로 위에서 출발하여 바깥 상부로 연장된다. 에너지와 힘은 원천에서 동력을 끌어내어 코일을 통해 순환하기 시작한다. 많은 사람들은 동력이 이상적인 자아나 영혼, 혹은 절대자에게서 비롯한다고 생각한다. 자신에게 안성맞춤이라고 여기는 것은 무엇이든 동력원으로 활용한다. 가슴이 시키는 방향으로 자력 코일을 감아보는 건 어떨까? 코일은 그리지 않아도 된다. 자력을 발휘한다는 감각이 가장 중요하기 때문이다.
4. 끌어당기고 싶은 것을 떠올릴 때 코일의 크기는 자력에 필요한 만큼이면 된다. 각자 키 정도면 괜찮은가? 그보다 짧거나 커야 하지 않을까? 대상에 자력을 걸려면 코일에 내보내는 에너지는 어느 정도가 적당할까? 상상력을 발휘하여 적절하다 싶은 코일의 크기와 모양 및 강도 등을 정한다. 그러면 자기장이 형성되어 자석이 쇠붙이를 끌어당기듯, 원하는 것을 당기기 시작할 것이다.
5. 대상을 어느 에너지장 안으로 유도할지 염두에 두고 이를 끌어당긴다. 어쩌면 신체부위가 될지도 모르겠다. 가슴이나 목, 혹은 머리에서 나온 끈이 원하는 대상과 연결되어 이를 끌어당긴다고 상상해도 좋다. 그것이 손에 들어오는 영상을 그리면 어떨까? 혹은 대상의 에너지가 주변에 확산되는 것이 더 편할 수도 있다. 거액의 돈은 일상 구석구석에 영향을 미칠 수도 있으므로, 이를 끌어당길 때 한곳보다는 주변에 골고루 확산되기를 바랄 것이다.
6. 자력 에너지가 코일에 흐르면, 대상을 손에 넣기 전에 필요한 일이 무엇인지도 감안해보자. 원하는 바를 이루는 과정에서 필연적으로 겪게 될 일이나 단계가 있게 마련이다. 그러므로 하루에 하나나 둘, 오십이 됐든 관계없이 단계나 사건의 추이를 제어할 수 있다. 이러한 단계와 사건이 일어나는 속도는 적당하다고 느껴질 때까지 조절한다. 대상을 너무 빨리 끌어당길 경우 긴장감이나 스트레스를 받을 수도 있다. 적당한 속도는 사람마다 다르다.

7. 자세와 호흡을 면밀히 살펴보고, 각각 어떻게 조정했을 때 자력이 더 감지되는지 확인한다.
8. 에너지를 최대한 발산했다는 감이 올 때까지 자력 코일을 계속 그린다. 무언가가 걸렸다거나 그친 기분이 든다거나, 아예 에너지가 자취를 감출지도 모른다. 한편 끌어당기는 대상을 갖게 되리라는 확신도 신호가 될 수 있다. 그런 확신이 들면 자력을 중단한다. 그때쯤이면 에너지가 발생했다가 정점을 찍고는 마침내 사그라지는 과정을 몸소 체감할 것이다. 기분이 좋으면 대상을 얼마든지 끌어당겨도 좋다. 그러나 힘이 든다거나 스트레스가 된다거나 걸림돌이 막으면 중단하는 편이 낫다. '할 만큼 했다.'는 뜻이다. 대상을 끌어당기는 데 투입해야 할 에너지의 적정량은 얼마가 될지도 살펴보자.
9. 이제는 내면으로 들어가 원하는 것을 얼마나 자주 끌어당길지 이상적인 자아에게 물을 차례다.
10. 내면의 상태에서 조용히 빠져나와 스트레칭한다. 그 후 며칠은 대상을 둘러싼 통찰력과 이를 끌어당기는 노하우를 터득했는지 살펴본다.

### 평가

코일과 몸소 방출하고 있는 에너지를 느끼거나, 시각화하거나, 상상하거나, 의식하거나 혹은 경험할 수 있을 때까지 이 실습을 계속한다. 에너지가 생성되었다가 사그라지거나, 에너지가 감소하는 것을 느낄 수 있다면 끌어당기는 과정을 밟기 시작한 것이다. 조그마한 대상을 손쉽게 유인할 수 있다면 좀 더 어려운 대상도 해보자. 무언가를 끌어당길 때마다 코일이 달라진다는 점을 깨달을 것이다. 이를테면, 코일의 크기와 에너지가 작아도 되는 때가 있는가 하면, 큰 코일과 에너지가 필요할 때도 있다. 최소 1분은 자력을 발휘하고 싶을 때도 있고, 몇 초만으로도 만족스러울 때가 있다. 대상을 두고 긍정적인 마음을 갖되, 집착하지 않는 초연한 자세를 가져야 한다는 점도 기억해두자. 기대한 바와 모양새가 달라도 괜찮다. 끌려오는 대상은 무엇이든 자신에게 적합한 것이라고 생각한다.

EXERCISE

# 얼굴도 모르는 사람을 끄는 법

앞으로 만나게 될 사람을 끌어당기는 요령을 배워보자. 이를테면, 언제, 어디서 부딪칠지 모를 고용주나 피고용자 혹은 기술자 등 직장에서 인연을 맺을 법한 사람에게 적용하면 좋다. 단짝 동료나 이미 친한 사이를 끌어당기는 것은 실습의 목표가 아니다.

## 워밍업

몇 분간 느긋하게 명상할 수 있는 시간과 장소를 마련한다. '긴장을 풀고, 정신을 집중하며, 이미지를 그리는 법'을 참고하여 긴장을 풀고 마음을 추스르자.

## 단계

1. 끌어당기고자 하는 사람을 떠올린다. 그가 가졌음직한 자질을 모두 열거하거나 생각한다. 하나라도 빠뜨려서는 안 된다. 그의 태도가 어땠으면 좋겠는가? 습득했을 법한 기술과 지식이 있다면 무엇이며, 어떻게 인연을 맺게 될지도 상상해본다. 될 수 있으면 구체적으로 나열하고 완성도를 높인다.
2. 이제 그와 대화를 주고받는 영상을 창조하거나, 그에 대해 느낄 수 있는 호감을 마음에 그린다.
3. 에너지를 발생시키는 영역에 동력의 원천이 있다고 상상한다. 둥글게 감은 코일은 사방으로 뻗어나가며 심장 주변부터 바깥과 위로 이어진다. 동

력원을 끌어당김으로써 코일을 통해 동력과 에너지를 순환시킨다. 자성을 띈 코일은 마음이 가는 방향으로 돌린다. 코일의 모양이 어떻든 그것이 사용하기에 가장 적합한 이미지라는 것을 믿는다. 사실, 코일을 그리든 그리지 않든 자력에너지를 느끼는 감각만 있으면 된다.

4. 코일을 통해 에너지와 동력을 순환시킬 때 필요성에 대한 집착은 모두 버린다. 집착해도 얼마든지 자력을 발휘할 수 있으나, 효율성은 희석되고 말 것이다. 가장 적절한 사람이 등장하리라는 것을 믿고 초연한 마음을 갖는다. 누구에게든 의지를 거스르는 행위를 강요해서는 안 되며, 둘 모두에게 이상적인 선을 가져다줄 때 상대를 끌어당길 수 있다.
5. 코일에 에너지를 가하여 가슴에서 내보낼 때 이상적인 인물을 떠올리자. 그와 텔레파시로 교감하고 있고, 그의 영혼과도 소통할 수 있다고 믿는다. 상대가 나의 삶에 가져다줄 선에 대하여 정신적으로 감사하고, 나 또한 그의 삶에 선을 이루어낼 방편을 일러준다.
6. 코일로 에너지를 발산하면서, 그 크기를 필요한 만큼 늘리고 코일에 담긴 에너지에 사랑을 실어 보낸다. 누군가를 반갑게 맞이하는 감정을 보내고 있다. 사랑이 크면 클수록 자력 또한 강력해질 것이다. 지금은 그의 영혼을 응시하고 있다거나, 그의 눈을 바라보는 자신을 머릿속에 담는다. 서로의 마음을 연결함으로써 발생하는 자력을 만끽한다. 교감을 느끼는 둘을 위해 최고의 선이 창조되기를 기대한다.
7. 꿈을 빠져나와 현실에 입성하듯 그가 내 에너지장에 진입하고 있다는 것을 느낀다. 바로 코앞에 서있다는 기분이 들 때까지 말이다. 미리 감사의 뜻을 전한다. 언젠가는 나를 도와줄 테니까.
8. 자세와 호흡을 면밀히 살펴보고, 각각 어떻게 조정했을 때 자력이 더 감지되는지 확인한다.
9. 성취감이나 무언가가 들어맞는 듯한 기분이 들 때까지 자력과 사랑을 발산하며 그를 끌어당긴다. 마치 그가 현장에 있는 듯 즉각적인 교감이 일어나는 경우가 있는가 하면, 텅 빈 공간에 손을 뻗는 기분이 드는 경우도 있다. 타이밍이 적절치 않거나 대상을 허투루 그린 탓일 수 있다. 그럴 때

는 소통하고픈 제3자에게 눈을 돌린다. 누군가와 교감이 일어나면 매우 강력하고 의식할 수 있는 '감'은 잡히게 마련이다.

10. 이제는 내면으로 들어가 원하는 것을 얼마나 자주 끌어당길지 이상적인 자아에게 물을 차례다.
11. 내면의 상태에서 조용히 빠져나와 스트레칭한다. 그 후 며칠은 대상을 둘러싼 통찰력과 이를 끌어당기는 노하우를 터득했는지 살펴본다.

### 평가

적절한 사람을 끌어당기려면 연습뿐 아니라, 나 역시 남의 섬김을 받아 마땅하다는 믿음이 있어야 한다. 발산하고 있는 애정 어린 에너지를 감지하거나, 시각화하거나, 의식하거나, 상상하거나 혹은 경험할 수 있을 때까지 계속 연습해보자. 에너지의 증감을 감지하거나, 성취감이나 무언가가 들어맞는 기분이 든다면 이상적인 사람과 접촉하여 그를 끌어당기기 시작한 것이다.

심부름과 집안일을 도와줄 사람을 끌어당길 요량으로 실습을 활용한 여성이 있었다. 그런데 정작 유인된 사람들은 애당초 기대와는 달리 그녀의 도움을 받고 싶어했다. 문득 그녀는 '이웃의 섬김을 받을 자격이 없다.'고 생각해왔다는 것을 깨달았다. 그녀는 자신도 남의 도움을 받을 자격이 있다고 선언하여 마음을 고쳐먹었다. 그러자 얼마 후, 집안일을 거들어줄 여성이 나타났고 지금까지 그녀를 곁에 두고 있다고 한다. 내가 끌어당기려는 사람은 자신을 비추는 거울이라는 점을 명심한다. 고리타분하다는 이유로 자신의 이상적인 진로를 존중하지 않는다면 남도 그럴 것이다. 내편으로 유인하려는 사람의 행동거지를 유심히 살펴보자. 나를 존중하지 않는 기술자를 종종 끌어당겼다면 그것은 나 자신을 존중하지 않고 있다는 방증이다. 그들은 나 자신을 대하는 태도를 그대로 반영할 뿐이다. 그러므로 자신을 바꾸고 나서 교류하고픈 사람을 끌어당겨야 한다.

EXERCISE

## 다수의 마음을 끄는 법

이번에는 직장의 고객이나 프로젝트에 참여하는 직원, 창조력의 덕을 볼 사람, 학생, 혹은 몸소 섬기거나 도울 수 있는 사람 등을 끌어당기는 데 유익한 노하우를 공개한다.

### 워밍업

몇 분간 느긋하게 명상할 수 있는 시간과 장소를 마련한다. 긴장을 풀고 마음을 추스르자. 여기서는 '자력을 키우는 법'과 '얼굴도 모르는 사람을 끄는 법'에서 소개한 요령을 활용하므로 이를 먼저 숙달한 후에 각 단계를 실습해 보자.

### 단계

1. 끌어당기고자 하는 사람을 떠올리자. 그들이 가졌음직한 자질을 모두 열거 하거나 생각해본다. 관심사는 무엇인가? 그들을 어떻게 섬길 수 있는가? 그들을 떠올리면 어떤 기분이 드는가? 나와 어떻게 인연을 맺게 될까? 가급적 구체적으로 나열하고 완성도를 높인다.
2. 이제 그들과 대화를 주고받는 영상을 창조하거나, 그들에게서 느낄 수 있는 호감을 마음에 그린다.
3. 자력 코일을 가슴에 장착한다. 우선 나의 체구와 비슷하게 만들고 난 후, 마음에 그려둔 사람들을 끌어당길 수 있는 만큼 크기를 늘린다. 아주 강한

자력을 발산하여 아름답고 찬란한 자력 태양이 된 내 모습을 상상해도 좋다. 도움을 받을지 모를 모든 사람들의 영혼을 향해 가슴에서 우러나오는 음성을 발한다. 그들을 끌어당기는 자신을 느껴본다. 내가 그들의 삶에 어떤 유익을 줄 수 있는지 텔레파시로 귀띔한다. 사람을 돕고 섬기는 데 주안점을 두면 자력은 아주 강력해진다. 내 일을 존중해 주는 사람을 찾자. 아무래도 일을 비하하는 사람보다는 소중히 여기는 사람을 끌어당기는 것이 나을 것이다. 그들이 무엇을 해줄 수 있으며, 그들에게서 무슨 덕을 볼 수 있는지는 추호도 생각지 말자. 행여 그런다면 '다수의 마음을 끄는 법'은 별 효력이 없을 것이다. 내가 무엇을 도울 수 있는지, 타인의 이상적인 선에 이바지할 만한 것은 없는지 늘 염두에 두고 자력을 발휘한다.

4. 코일을 통해 에너지와 동력을 순환시킬 때 필요성에 대한 집착은 모두 버린다. 집착해도 얼마든지 자력을 발휘할 수 있으나 효율성은 희석된다. 가장 적절한 사람들이 등장하리라는 것을 믿고 초연한 마음을 가진다. 누구에게든 의지를 거스르는 행위를 강요해서는 안 되며, 당사자 모두에게 이상적인 선을 가져다줄 때 상대를 끌어당길 수 있다.
5. 가슴에서 자력을 발산하며 앞서 그려본 사람들을 떠올린다. 미리 감사의 뜻을 전한다. 언젠가는 그들을 도울 기회가 찾아올 테니까. 인력을 띤 자력이 시와 군, 전국과 전 세계로 확산되는 영상을 머릿속에 그린다.
6. 나와 교류하는 사람들은 불이 켜진 전구와도 같다. 주변을 둘러싼 전구 수백 개에 불이 들어오자 즉시 수천 개까지 늘어난다. 나와 그들 사이에 행렬을 이룬 빛은 앞뒤로 닿을 수 있을 만큼 가까이 있다. 기분이 어떤가? 영상은 될 수 있는 한 실감나고 독창적으로 연출한다. 나의 직장으로 사람들을 끌어당길 때 일주일에 열 명씩 만나게 된다면 기분이 어떨까? 그들의 에너지를 느끼고 이를 현실의 일부로 만든다. 정말 열 명과 인연을 맺는다면 삶은 어떻게 달라지겠는가? 이번에는 일주일에 스물다섯 명을 만난다고 상상해본다.
7. 교감하는 사람을 계속 늘린다. 직장이나 사업에 주파수를 맞추거나, 그에 도움을 받는 사람이 주당 오십 명에서 백 명 이상으로 증가하는 미래를

상상한다.

8. 교류하는 사람을 점차 늘려나갈 때 삶은 어떻게 달라질지 생각한다. 상상하던 사람이 많아지면 이들을 편히 수용할 수 있도록 마음의 영상을 조정한다. 부담이 되면 이를 털어버릴 때까지 교감하는 방식을 바꾼다. 상상력을 발휘하기 편할수록 쉽게 실현되기 때문이다. 나의 천직에 연결된 많은 사람을 관리하는 데 필요한 라이프스타일과 비즈니스 조직 및 아군을 찾는다.
9. 자세와 호흡을 면밀히 살펴보고, 각각 어떻게 조정했을 때 자력이 더 감지되는지 확인한다.
10. 어떤 단계에서든 가장 편안할 때 상상력을 멈춘다. 각 단계에서 그들과의 교감을 유도해내려는 자세는 적절했다는 것을 인정한다.
11. 이제는 내면으로 들어가 원하는 것을 얼마나 자주 끌어당길지 이상적인 자아에게 물을 차례다.
12. 내면의 상태에서 조용히 빠져나와 스트레칭한다. 그 후 며칠은 대상을 둘러싼 통찰력과 그들을 끌어당기는 노하우를 터득했는지 살펴본다. 끌어 오는 힘이 더 강력해질 수 있도록 자세나 호흡을 약간씩 바꿔본다.

### 평가

최대 몇 명까지 교류해야 인맥을 상상하기 어려운지 파악한다. 그 숫자보다는 약간 적은 사람과 교감하는 모습을 떠올리고, 될 수 있는 한 즐겁고, 가볍고, 편한 기분을 맛보자. 준비가 됐다 싶으면 수를 점점 늘려본다. 다수와의 교감에 부담을 느끼지 않는다면 필요할 때, 그들을 끌어당기는 에너지를 변화 시킬 수 있을 것이다.

EXERCISE

# 그룹으로 끌어오는 법

자력을 발휘하는 기술에서 가장 막강한 것은 여럿이 모여 각자가 찾는 것을 실현할 수 있도록 개인에게 에너지를 전송하는 것이다. 그룹의 에너지가 모이면 돈과 사물, 사건 및 형상 등을 창조하는 능력이 배로 증가한다. 생각이 같은 집단은 비전을 실현할 수 있는 역량이 개인의 것보다 훨씬 높다.

## 워밍업

실습은 어디에서나 할 수 있다. 식당 같은 공공장소도 좋다. 시작에 앞서 실습을 이끌어갈 리더를 정한다. 그는 원만한 훈련을 비롯하여, 각자 찾는 것이 무엇인지 분명히 자각하도록 돕는 역할을 한다.

## 단계

1. 우선 리더는 실습 절차를 그룹에게 차근차근 설명해준다. 우선 한 사람씩 원하는 것을 한 가지만 머릿속에 담은 후 그룹이 이를 끌어당기는 것이다. 그러고 나서 희망자에 한해 소감을 이야기하면 된다. 물론 시간을 무시한 채 발언을 마냥 들어줄 수는 없다.
2. 리더는 그룹 전원에게 잠시 여유를 갖고 원하는 것을 묵상해보라고 권한다. 준비가 되면 리더는 한 사람을 지목하여 발언을 듣는다.
3. 한 사람씩 차례로 그룹이 도와주기를 바라는 것을 이야기한다. 이때 리더는 각자 원하는 바가 분명히 전달될 수 있도록 도울 뿐 아니라, 순조롭고

원활한 진행에도 만전을 기한다. 당사자가 실현할 수 있으리라 믿는, 확실한 대상을 찾을 때 바람직한 결과를 얻을 수 있다. 돈을 구하는 사람이 있다면 한 달에 얼마나 필요한지, 될 수 있는 한 액수를 정확히 밝히는 것이 좋다. 그런데 누군가가 "행복한 삶을 찾는다."는 등 딱히 규정하기 어려운 대상을 구한다면 리더는 자신이 행복하다는 것을 어떻게 알 수 있는지 물으면 될 것이다. 그러면 각자가 원하는 것을 분명히 자각하는 데 도움이 된다. 시각화하기 어려운 것을 떠올리거나 비전을 두고 명확한 지식이 없을 때는 이를 대표하는 상징물을 생각하고, 그룹은 그에 정신을 몰입하면 좋을 것이다. 리더는 각자 자신이 원하는 것을 간결하고 명확하게 밝히는 데 보탬이 된다. 혹시라도 한 사람이 너무 장황하게 이야기하면 그룹 에너지가 분산될 수 있다.

4. 한 사람이 원하는 것을 이야기하면 그룹은 모두 눈을 감고 그에게 에너지를 보낸다. 이때 당사자는 자신의 소욕이 성취되었을 때의 기분은 어떠하며, 그것이 자신과 타인의 이상적인 선에 어떤 유익을 가져다줄지 생각한다. 아울러, 그룹이 에너지를 보내는 동안 소욕의 본질은 무엇인지 성찰해보고, 그것이 이루어낼 사랑과 평안, 활력 및 기쁨 등 이상적인 자질도 느껴본다. 에너지를 수용하는 사람은 자력을 발산하기 위해 앞서 언급한 것이나 마음에 떠오르는 기술을 활용하여 자력의 느낌이나 상태를 창조해야 한다.
5. 에너지를 보내는 사람들은 개인의 자력뿐 아니라, 무엇이든 끌어당길 수 있는 능력을 배가시키는 데 보탬이 된다. 타인에게 에너지를 전송하는 방법은 무한하다. 상상력을 발휘하고 기분이 좋으면 무엇이든 한다. 즐거운 마음으로 영상을 그린다. 첫 실습 시 리더는 모두에게 잠깐이면 에너지를 받을 수 있다고 설명한다. 그는 에너지가 발산될 때 이를 지켜본다. 에너지가 절정에 달했다가 감소하는 것을 느낄 수 있을 것이며, 보통 3~5초면 충분하다. 에너지가 감소하기 시작하면 리더는 "감사합니다."라는 인사로 종료를 알린다.
6. 타인에게 에너지를 보내고 나면 대개는 가슴이 벅차올라, 눈에 들어온 것

이나 그 후에 받았던 통찰력을 말하고 싶어 입이 근질근질해진다. 여유가 있으면 각자가 에너지를 받은 후 짤막하게나마 소감을 나누는 시간을 가지면 좋을 것이다. 과정이 종료된 다음에 그룹이 함께 이야기하는 시간을 마련하는 것도 방법이다. 리더는 에너지의 수준을 유지하고 원활한 흐름을 위해 피드백에 든 시간을 확인한다.

7. 한 사람의 순서가 끝나면 리더는 다음 사람에게 원하는 바를 들려달라고 권한다. 각자에게 기회가 다 돌아간 후 원하는 만큼 반복해도 좋다. 리더는 이를 실시하기에 앞서 에너지 수준이 여전히 높은지 확인한다.

### 평가

실습이 끝날 무렵 엄청난 에너지를 발생시킬 것이다. 그 에너지를 인류나 동·식물, 광물 등 어디에나 누구에든 보낼 수 있다. 조용히 앉아 몸소 만들어낸 잉여에너지를 각자의 선을 위해 쓸 수 있도록 세상에 보내는 자신을 상상한다. 이렇게 발산하는 양만큼 에너지는 나에게 돌아올 것이다.

# 2부

# 부의 창조자가 되는 법

5장

# 내면의 안내, 친절한 부의 동반자

Following Your Inner Guidance

부의 창조에 이르려면 내면의 안내에 귀를 기울여야 한다. 에너지를 활용하여 원하는 대상을 끌어당기고 나면, 내면은 이를 성취할 수 있는 가장 빠르고 간단한 길로 안내할 것이다. 내면의 음성을 듣고 그대로 행한다면 에너지의 자연스러운 흐름을 따라가게 된다. 그러면 힘을 들이지 않고도 바라던 것을 이루게 될 것이다. 내면의 안내는 감정이나 통찰력 및 내적 깨달음처럼 이상적인 자아에서 비롯한다. 이는 오감으로 느낄 수 있는 정보가 아니라 근원에서 나오는 정보를 일러준다. 생각과 기분에 가만히 귀를 기울이면, 평소 얻을 수 있는 상념보다 훨씬 폭넓은 영역의 정보를 활용할 수 있다.

대상을 둘러싼 생각이 퍼져나가면, 내면의 이상적인 자아는 과거와 현재와 미래를 꿰뚫어보며 원하는 대상을 창조하기 위해 어떤 인맥과 상황이 필요한지 고찰하고, 가장 적절한 방편도 아울러 찾는다. 특정한 사람과 기회, 사건을 창조해내는 것도 자아의 역할이다. 우주는 인류의 원대한 행복을 지향하므로 이상적인 자아는 자신에게 보탬이 될 뿐 아니라, 유익한 결실을 맺을 수 있는 사람과도 교류할 기회를 창조한다. 내가 어떻게 처신해야 할지는 '감feeling'으로 알 수 있다. 자발적인 의사로 내면의 욕구와 육감을 따르고, 가슴이 촉구하는 소리에 귀를 기울이고 순응한다면 목표를 성취할 수 있을 것이다.

내면의 목소리는 이상적인 선으로 안내한다. 희망사항 및 두려움과 내면의 안내를 구별하는 것은 스스로 풀어야 할 과제다. 어떤 욕구에 마음이 가고 이를 따르는 것이 즐겁다면, 이는 내면의 안내일 가능성이 크다. 그러나 소망하는 결과에 현실성이 부족하다거나 이루어질 수 없는 희망 같다면 그것은 가슴이 시킨 것이 아닐 확률이 높다.

내면의 감각을 존중하되 여유를 갖고 면밀히 확인할 필요가 있다. '과연 가슴이 시키는 일인가? 선하고 옳은 일이라 생각되는가? 그저 희망사항에 불과한 것은 아닐까?'라고 자문해보자.

영혼은 기분과 생각을 통해 말을 건다. 따라서 그 기분과 생각을 의식할 수 있다면 내면의 목소리를 좀 더 수월하게 따르고 계발할 수 있다. 평소와 생각과 기분이 다르다면 주의를 기울여보자. 내면의 메시지에 순응하고 피드백을 줄곧 지켜본다면 내면의 안내는 더욱 향상한다.

매점에 가려고 집을 나서기 전, 매점이 열렸는지 전화로 확인해보고 싶은 생각이 들 때가 있다. 평소에는 그런 적이 없어 이런 기분을 무시하고 가지만, 혹시 몰라 전화를 해보면 인테리어를 바꾸려고 영업을 잠시 중단했다는 대답을 들을 수도 있다. 기분과 생각에 주의를 기울이고 그에 순응하는 습관을 기르면, 내면의 안내를 감지하기가 쉬워진다.

무언가 필요하다는 것을 의식하기도 전에 그것을 수월하게 구현하려면 기분과 내면의 메시지를 따르면 된다. 왠지 내키지 않으면 '아니오.'라고 하고, 마음이 끌릴 때는 '예.'라고 말하는 연습을 시작하자.

'이 일을 할 때 기분은 어떤가? 즐겁게 할 수 있는 일인가? 의무라서 하는 것은 아닌가?'를 스스로 물어보자. 기쁨과 즐거움과 자애는 항상 유익한 방향으로 인도한다는 것을 믿자.

### 나는 내면의 안내를 믿고 따른다

내면의 안내는 종류가 다양하다. 어떤 행동을 앞두고 부정적인 기분을 들게 하거나 경고하는 경우가 있는가 하면, 진로나 향방에 대하여 통찰력을 제시하는 경우도 있다. 내면의 안내는 적절한 시기에 적절한 장소로 인도하거나, 우연과 동시성synchronicity을 통해 가급적이면 쉽게 목표를 이루는 데 필요한 사건을 창조해내기도 한다.

경고 메시지를 들려주는 내면의 안내는 대개 정서를 통해 오는데, 그럴 때는 왠지 마음이 불안해지거나 명치가 불편해지기 일쑤다. 계획은 세웠지만 이를 생각할 때마다 걱정과 긴장감이 엄습한다면 주의를 기울여야 한다. 평소의 기분을 알고, 그와는 사뭇 다른 우려나 근심에 주의한다면 이 같은 안내를 뚜렷하게 느낄 수 있다. 이상적인 지침이 되는 내면의 정서적 메시지와 일반적인 두려움을 구분하는 요령을 습득해야 한다.

향후 진로와 향방에 대한 내면의 안내는 조용히 성찰하거나, 평소의 의식에서 벗어난 일을 할 때 찾아온다. 이루고자 하는 대상에 대한 생각과 기분, 영상, 혹은 백일몽으로 나타날 때도 있다.

명상하는 시간을 가질 때마다 내면의 안내는 더욱 발전할 것이다. 이를 계발하고 싶다면 가만히 앉아 긴장을 풀고, 삶을 관조하는 시간을 자주 갖는 것이 좋다. 창조적인 활동이나 운동을 해도 그러한 직관을 불러일으킬 수 있다. 그림을 그리거나, 악기를 연주하거나, 음악을 창작하거나, 달리기나 수영을 하다가도 예기치 못했던 통찰력을 얻을 수도 있다. 내면의 안내에 순응하자. 듣고도 못 들은 척 매번 회피한다면 내면의 안내를 의식하기가 점점 어려워질 것이다.

나는 성찰하는 시간을 갖고 내면의 안내에 귀를 기울인다

불현듯 떠오른 아이디어를 일일이 분석하지 말자. 이를테면, '이 발상이 새로운 진로를 창조할지, 수익성은 높을지, 노후까지도 책임을 져줄지 등'은 따지지 말아야 한다. 생각은 씨와 같다. 처음 싹이 틀 때는 그것이 어떤 모양으로 자라게 될지 알 수 없다. 단지 즐거운 충동을 따르다보면 아이디어는 가장 유익한 쪽으로 구현될 것이다.

적절한 시간과 공간으로 인도하는 내면의 음성은 평범한 생각과 그와는 다른 발상에 주의를 기울이는 데서 비롯한다.

직장인들은 매일 가던 길로 통근하는 경우가 대부분인데, 어느 날 왠지 다른 길을 가고 싶은 충동이 생길 때가 있다. 전에도 그런 생각이 들었는

지는 모르겠지만 이번엔 꼭 그래야 한다는 기분이 뇌리를 떠나지 않아 운전대를 돌려 다른 도로를 탄다. 아니나 다를까, 교통방송에서 평소에 다니던 길은 정체가 심하다고 한다.

내면이 귀띔해주는 지침에는 미묘하게 다른 기분과 자질을 느낄 수가 있다. 그러한 기분과 발상에 순응한다면 내면의 안내와 그렇지 않은 것을 구별하게 될 것이다.

예를 하나 더 들어보자. 가령, 사고 싶은 물건이 있는데 당최 찾을 수가 없다고 치자. 며칠간 매장에 전화도 걸어보고 다리품도 팔아봤지만 허사였다. 그러던 어느 날 둘러보고 싶은 매장이 불현듯 떠올랐다. 평소에는 들를 일이 거의 없는 곳이었다. 평소와는 다른 충동에 이끌려 매장을 찾아가 보니 제품이 이제 막 입고되어 살 수 있게 되었다. 돌이켜보면, 그간 돌아다닌 매장을 두고 꼭 가야겠다는 충동은 없었다. 즉, 기분과 영상이 인도하지 않았다는 점은 무시한 채, 자신이 가고 싶다는 이유로 쇼핑에 나섰던 것이다.

나는 항상 적절한 시간과
적절한 장소에 있다

앞으로의 처신에 대한 기분이나 생각 혹은 영상이 떠오를 때까지 가만히 기다리는 편이 더 나을 때도 있다. 내면의 안내를 기다리면 불필요한 일을 피할 수 있기 때문이다. 내면이 적재적소에 인도하여 원하는 대상을 쉽고 간단하게 창조할 것이다.

원하는 대상을 하나 떠올려보자. 이를 위해 해봄직한 계획이 있는가?

아이템을 사고 싶다면 전화를 걸거나, 매장을 둘러보거나 혹은 인터넷 사이트를 검색하는 등 비교적 단순한 일이 생각날 것이다. 그러고 싶은 마음이 드는가? 그렇다면 구입 시점을 정하라. 그렇지 않고 내면의 안내를 받지 않았다면 행동을 삼간다. 매순간 즐거운 기분을 따르며, 대상에 대한 발상에 평소보다 더 주의를 기울이면 바람직한 조치를 보여주는 영상을 놓치지 않을 것이다. 잠시 여유를 갖고 묵상하는 동안 원하는 대상을 그리면 실현하기 위한 계획이 차차 떠오를 것이다.

영혼이 촉구하는 바, 즉 내면의 안내가 불러일으키는 육감은 이미 친숙한 대상과 직·간접적으로 관계가 깊다. 진정한 내면의 안내는 아이디어뿐 아니라, 이를 실현할 수 있는 추진력도 배가시킨다.

문득 무언가를 하고 싶은 충동이 일었다고 치자. 전혀 알지도 못하고 여러 달이 걸리는 일이지만 그럴 만한 여유가 없다면, 그것은 내면의 안내라기보다는 그저 지나가는 몽상일 가능성이 크다. 내면이 촉구하는 행동은 합리적이고 이미 습득한 지식을 활용할 수 있는 것이다. 새로운 정보를 얻어야겠다는 충동이 일고 나면 그제야 내면이 나서서 이를 바탕으로 조치를 취하도록 인도하는 경우도 종종 있다. 진정한 내면의 지침은 필요한 열정과 에너지와 재원도 아낌없이 공급한다. 내면은 비전을 실현하기 위해 급히 서두르라고 주문하지 않는다. 시간은 많으니 편안한 속도로 안내를 따르면 된다.

내면의 안내를 계발하고 따르는 방법 중 하나는 성공했던 이력을 되새겨보고, '당시의 기분과 생각은 어땠는가?' 스스로 묻는 것이다.

잘 샀다고 확신하는 상품 하나를 떠올려보자. 그것을 샀을 때 기분을 기억할 수 있는가? 그렇다면 구매를 망설였던 적도 있을 것이다. 그때도 내면의 안내가 작용했을 것이다. 엉뚱한 데 돈을 낭비했을 때와 구매에 만족했을 때와는 내면의 감각이 사뭇 달랐을 것이다.

불미스러운 일이 벌어졌다면 과거로 돌아가, 다른 방향으로 인도하려 했던 육감이나 생각을 성찰해보는 것도 좋다. 이상적인 자아는 가장 간단하고 즐겁게 결실을 맺을 수 있는 비결을 끊임없이 들려주고 있다.

내면의 안내를 들을 수 있도록 귀를 기울이자. 본격적인 행동에 앞서 생각과 육감에 주의를 기울이는 습관을 키우자. 미묘한 변화에 민감하게 반응하도록 평소의 생각과 기분에 익숙해져야 한다. 그러면 끊임없이 듣고 있는, 내면의 안내방송을 의식할 수 있을 것이다.

### 나는 가장 숭고한 즐거움을 따른다

반감이나 부담감, 혹은 주저하는 마음이 지속된다면 그것은 최선의 진로를 따르지 않고 있다는 방증이다. 내면의 이상적인 자아는 바람직한 진로에 순응할 때 즐거움을 선사하지만, 그러지 않을 때는 반감이나 부담감을 느끼게 한다.

'의무shoulds' 리스트에 따라 무언가를 해야 한다며 자신을 강요한다면 내면의 목소리를 듣지 않고 있다는 이야기다. 영혼은 '이것을 하지 않으면 큰코다칠 거야. 그러니 반드시 해야 해.' 하고 다그치는 법이 거의 없다. 대신 '이렇게 하면 기분이 좋아지지 않을까? 저렇게 하면 흐뭇할 것 같은데? 좀 더 욕심을 내면 어떨까?'라고 물을 것이다.

어떤 작업이나 업무를 두고 왠지 모를 반감이 느껴졌는데, 나중에 알고 보니 굳이 할 필요가 없었다거나 적절치 않았다는 사실을 깨달은 적이 있을 것이다. 프로젝트가 있었지만 선뜻 내키지 않았을 수도 있다. 내면의 안내에 순응하고 즐거움을 누리는 사람이라면 그 업무는 제쳐두고 다른 프로젝트에 손을 댈 것이다. 늦은 오후나 며칠 뒤 상황이 달라졌다는 소식을 듣게 될지도 모른다. 프로젝트가 더는 필요치 않게 되었다거나 다른 조치가 선행되어야 한다는 식으로 말이다. 프로젝트에 매진했더라면 처음부터 업무를 다시 시작해야 할 것이다.

의무감이 느껴지는 일은 모두 잠시 제쳐두고 무엇을 하고 싶은지 자문해보자. 내면의 안내와 즐거운 기분에 순응하면 불필요한 일을 덜 수 있다.

## 무슨 일을 하든 나 자신을 존중한다

저항심은 자신을 파괴할 수 있다. 저항심은 지금보다 더 나은 형편을 누릴 재목이 아니라는 자격지심에서 비롯한다. 건강한 식생활과 운동, 업무처리 등이 자신에게 유익하다는 것은 알지만 왠지 그러기가 싫다면 자신을 더욱 존중하는 법을 배워야 할 것이다.

거창한 프로젝트를 처리하기보다는 자신부터 존중할 수 있는 소박한 일부터 시작해보자. 자신을 위해 하고픈 일 중 조금은 사치스럽지만 성장에 도움이 될 법한 것을 그려보자. 이를테면, 온수 목욕도 괜찮고, 화단에 심을 꽃을 사거나, 자신을 위해 매일 30분씩 투자하는 것도 좋을 것이다. 자기계발에 보탬이 되는 활동에 시간을 쪼개면 무의식은 목표를 이룰 만한 가치가 있다는 사실을 각인시킨다. 작은 일을 하나씩 해나가다 보면 규모가 큰일도 척척 해낼 수 있을 것이다. 가슴속의 필요와 기분을 존중하는 습관을 기른다면 내면의 안내를 따르는 것도 좀 더 쉬워질 것이다.

내면이 이렇게 속삭일 때가 있다. '온종일 일만 하면 좋겠군. 성취감을 느끼니 기분이 무척 좋은걸.' 내면의 안내가 꼭 즉각적인 만족으로 이어지는 것은 아니다. 그보다는 오래가는 내적 만족감과 성취감을 지향한다. 내면의 안내가 메시지를 전달하는 방식이야 천차만별이겠지만 항상 자애와 성취감을 통해 이루어진다.

의무감에 못 이겨 어떤 일을 강요한다는 것은 내면의 안내를 듣지 않고 있다는 증거다. 전혀 즐겁지가 않은 일을 강요하는 직장에 근무한다면 좀 더 큰 그림을 보자.

좋아하는 업무를 맡기지 않는 직장에 붙어 있는 까닭은 무엇인가? 업무가 대개 적성에 맞지만 일부는 그렇지 않다면 그 분야를 다시 살펴봐야 한다. 좋은 방법이 떠오를지 누가 알겠는가? 좀 더 바람직한 매뉴얼이 있다거나, 동료와의 업무분담을 개선하면 된다거나, 혹은 가족이나 친지 등이 도와줄 방편이 있을지도 모를 일이다. 부정적인 기분에 주의를 기울이면 형편을 개선할 묘안을 들려줄 수도 있다.

자신을 존중하지 않는 사람은 즐겁지 않은 일에도 몇 시간을 투자한다. 즐길 수 있는 일을 하고 있다면 돈 때문에 아등바등하던 직장이 더는 필요치 않다는 사실을 깨달을 것이다. 장기적인 안목으로 보더라도 애정이 가는 일을 할 때 수입도 더 많아진다.

업무에 희열을 느끼고, 내면의 안내와 육감과 숭고한 비전에 순응한다면 찾고 있는 바를 쉽고 빠르게 이루어낼 수 있을 것이다. 바람직한 진로를 따르면 만사가 순조롭게 풀리기 마련이다. 물론 어떤 고난도 만나지 않을 거라는 뜻으로 한 말은 아니다. 고난은 힘과 확신을 키우는 데 유익하기 때문이다. 즐거움과 희열과 자애에 순응할 때 꿈은 기필코 이루어질 것이다.

EXERCISE

## 내면의 안내자에게 접속하라

숭고한 실체, 내면의 안내자에게 접속하는 요령을 자주 연습할 필요는 없다. 다만 이상적인 자아나 영혼에서 비롯한 내면의 안내와 진화의 흐름에 좀 더 연결되고 싶다면 언제든 해도 좋다. 그럴 때마다 하늘로 이어지는 빛의 교량을 건설할 것이다. 규모가 크거나 비약적인 발전을 표상하는 대상을 끌어당기기 전에 연습하면 자력은 한층 더 증가할 것이다.

### 워밍업

묵상할 수 있는 시간을 마련한다. 연습은 몇 분이면 족하고, 언제든 반복할 수 있다.

### 단계

1. 눈을 감고, 더 높은 차원의 현실로 이어지는 빛의 다리를 머릿속에 건설한다. 빛줄기는 정수리를 나와 최대한 높이 솟구치고 있다.
2. 생명의 근원과 연결되고 있는 자신을 그리며, 모든 세포가 빛과 에너지로 충만하다는 기분이 들 때까지 에너지와 빛을 흡수한다.
3. 마음은 깊은 산속의 청정한 호수며, 세포는 이상적인 현실을 반영하고 있다. 게다가 생각과 세포는 모두 신적 존재와 연결되어 있다고 상상한다. 상상은 곧 현실적인 창조로 이어진다.
4. 신적인 존재the higher will와 내 의지가 결합하는 장관을 그려본다. 자세히

살펴보면 명치에서 뻗은 한 줄기 빛은 2단계에서 연결된, 생명의 근원과 한데 묶이고 있다.

5. 이 근원 에너지는 머리 위로 15㎝정도 떠 있는 금색 구체며, 에너지와 빛으로 이루어져 있다. 몸을 관통하기까지 공을 천천히 내려 보내며 몸의 에너지를 이 빛과 결합시킨다. 발밑으로 내려올 때까지 구체를 계속 내린다. 구체는 발밑에서 빛과 에너지 광선을 투사하며 몸을 통과하고 정수리로 다시 상승할 것이다. 이를 머리에서 15㎝ 정도 위에 머물게 한다.
6. 빛이 그리는 영역이나 서늘한 푸른 불꽃, 혹은 떠오르는 무언가를 영혼으로 간주한다. 물론 시각을 비롯한 감각기관으로는 영혼이 느껴지지 않을지도 모르겠지만 그래도 괜찮다. 보거나 만질 수는 없어도 영혼은 부름에 항상 응답한다. 영혼의 에너지가 충만해질 때 영혼의 빛도 꾸준히 밝아지는 광경을 상상한다. 그 빛에 좀 더 의식적으로 깊이 연결되고 더는 분리되고 싶지 않다는 의지를 영혼에게 피력한다. 영혼은 진실한 당부에 귀를 기울이며, 안내 및 지시와의 결합력을 강화하여 일체감을 의식케 하는 데 보탬이 될 것이다.
7. 이제 주의력과 의식을 머리끝으로 돌리고 안테나를 단 자신을 상상한다. 이 에너지 센터는 차원이 다른 세계와 텔레파시 통신이 이루어지는 곳이다. 뚜렷한 의도를 갖고, 상상력을 발휘하여 송신탑을 설치한다면 어떤 메시지든 받을 수 있다. 여기에는 인류를 최선의 진화로 이끄는 텔레파시 방송도 있다. 가상의 안테나에 주파수를 맞추어 방송을 수신한다면, 행동은 모두 인류 진화의 원대한 흐름과 일치하게 되어 있다. 내가 구현해내는 것은 나와 타인의 이상적인 목적에 점차 부합하게 될 것이다.
8. 눈을 뜨고 이상적인 영역과의 유대감을 만끽한다.

### 평가

상상력을 최대한 발휘하여 다양한 영상과 이미지를 창조함으로써 이상적인 세계와의 소통을 더욱 강화시킨다. 마음에 이를 그리면 그것은 곧 현실이 될 것이다. 지금까지 우리가 많은 이미지를 활용해온 목적은 이상적인 에너지와 영혼을 몸소 체험토록 하기 위한 것임을 기억한다. 이미지 자체보다는 소통의 경험이 훨씬 중요하다. 그러고 나면 어떤 방식으로든 이를 재창조할 수 있다. 이미지든, 발상이나 영상이든, 무엇이든 활용하면 소통을 재개하는 데 유익할 것이다.

6장

# 성공이 문 앞에서 하는 말

Allowing Success

마음에 그리던 대상에 자력을 걸고 내면의 안내에 순응하다보면 성공이 인생에 유입되어 원하는 것을 손에 넣을 수 있게 된다. 구현을 원숙하게 사용하려면, 자신의 삶을 비추며 좀 더 이상적인 진로에 편승할 수 있는 판단과 결단의 비법을 알아야 한다. 찬란한 진로를 판단한다는 것은 곧 최고의 성공을 판단한다는 뜻이다. 현재 겪고 있는 현실은 판단과 결단이 만들어낸 결과라 해도 과언이 아니다.

현재의 통장 잔고와 삶의 형편은 스스로 판단하고 결단한 결과다. 그간 숱한 문제가 있었겠지만 대개는 심사숙고하지 않고 수동적으로 결정했을 것이다. 신선하고 무한한 발상보다는 기존의 관성에 근거를 두었을 것이다. 그러나 마음만 먹으면 지금부터라도 의식적이고 주체적으로 판단할 수 있다. 작금의 현실은 과거에 내린 결단의 결과임을 시인하고, 현실을 창조해나가는 주체는 바로 자신이라는 점을 깨달아야 한다.

지금까지 창조해온 현실이 만족스럽지 못한가? 판단과 결단을 달리하면 즐거움과 활력뿐 아니라, 원하는 바 무엇이든 누릴 수 있을 것이다.

어느 방향을 선택해야 할지 감이 오지 않을 때가 있지만, 자신에게 더 유익하고 본질을 분명히 표현해낼 수 있는 진로는 있게 마련이다.

## 나는 가장 밝은 길로만 다닌다

이상적인 진로를 선택한다면 훨씬 빠른 발전은 물론, 활력과 풍요도 만끽할 수 있다. 따라서 인생에 풍요를 가져다주는 전도유망한 진로를 구별하고 판단하는 능력을 계발하는 것이 중요하다.

보석 세공에 수십 년을 몸담아온 여성은 유통망을 전국 매장으로 넓혀 방대한 시장에 보석을 내놓기로 결심했다. 보석에 이국적인 문양을 많이 새겨 넣었는데, 그녀에 따르면 치유를 상징하는 보석을 착용함으로써 많은 사람들이 도움을 받았으면 좋겠다고 했다. 보석 판매망을 구축하는 데 보탬이 될 만한 친구들이 떠올랐지만, 이를 두고 계획을 세울라치면 매번 일이 어렵게 느껴지고 왠지 내키지가 않았다. 자본도 그렇지만, 그녀에게는 없는 기술도 필요했기 때문이다. 어쩌면 여유가 없어 신규 디자인을 출시하지 못할 수도 있었다. 그래서 망설이다 못해 아예 계획을 포기하고 더 나은 방편은 없는지 내면의 조언을 구했다. 그녀는 직접 매장을 둘러보며 그들이 어떻게 보석을 매입해 오는지 물어야겠다고 마음먹었다. 그렇게 확인한 결과, 전국 유통 시스템은 이미 구축돼 있었고 영업사원들은 보석을 흔쾌히 취급하겠다고 이야기했다. 그녀는 비전을 이루는 데 보탬이 되도록 결단과 판단력을 발휘함으로써 최선의 진로를 발견한 것이다.

결단력을 발휘해야 할 때 갈피를 잡지 못하고 있다면 이렇게 자문해보자. 어떤 결정도 나쁘지 않다면 '어느 편이 가장 만족스러울까? 가슴이 좋아한다고 말할 성싶은 것은 어느 편인가?'라고 자신에게 물어보자. 그러고 나서 가장 마음에 드는 대안을 선택하면 된다. 만족스러운 진로가 당장은 큰돈을 약속하지는 않는 것처럼 보이지만, 장기적으로 보면 마지못해 하는 일보다는 훨씬 더 큰 수익을 보장할 것이다. 그렇다고 수익성만 감안하여 판단해서는 안 된다. 가슴이 가라는 길을 걷는다면 엄청난 풍요를 누릴 수 있을 것이다.

어느 길을 선택해도 만족스럽다면 '가장 합리적이고 실용적인 결정은 무엇인가?' 최선의 방편은 실용성을 배제하지 않는다. 그래도 별 효과가 없다면 '인류에 이바지하거나, 남을 도울 기회가 가장 많은 것은 무엇인가?'로 판단해보고, 그래도 별반 다를 바가 없다면 삶 속에서 창조하고픈 이상적인 자질이를테면, 평안이나 사랑 혹은 행복 등은 무엇인지 생각해보자. 이 같은 자질을 충실히 표현해낼 수 있는 길은 무엇인지 판단해야 한다. 여유를 갖고 철저히 심사숙고하지 않은 채 성급한 결정을 내리는 것은 현명한 처사가 아니다. 그래도 급한 상황이라면 각 손에 한 가지 방편을 쥐고 있다고 치고, 좀 더 이상적인 것을 쥔 손이 스스로 올라가는 모습을 상상해보자.

에너지의 순수성과 정직성이 매우 중요한 데는 그 이유가 있다. 정직성은 존재의 심오한 영역과 조화로운 모든 것을 창조하는 데 길잡이 역할을 하기 때문이다. 정직성은 풍요를 가져다주는 환경을 조성하기도 한다. 어떤 상황에 정직성을 유지하거나 포기하는지는 자신이 잘 안다. 혹 돈 때문에 원치 않는 일을 하게 되어 자신의 이상을 상황과 타협한다면 정직성에 합치되는 처사가 아닐 것이다. 정직성을 존중한다면 훗날 풍요를 갑절로 누릴 것이다.

나는 모든 일에서
정직성을 존중한다

모든 일을 기분 좋게 감당하고, 자신의 가치관에 따라 처신하며, 이웃에 정직하며, 진실하게 사는 것이 무엇보다 중요하다. 정직성은 현실적으로 중요한 대상에 눈을 뜨게 하여 환상과 전망과 타인의 욕구 대신 이를 선택하도록 자극한다. 최선의 이상을 추구하고, 남의 조언보다는 자신의 지혜를 따르며 자신을 존중하고 스스로 옳다고 여기는 방법대로 일을 처리해야 한다. 아울러 만나는 모든 사람을 존중하고, 모든 일을 영혼의 빛에 두도록 노력하자. 나의 에너지, 그리고 나라는 존재는 세상에 주는 선물이다. 에너지가 맑고 잘 흐를수록 타인에게 더 많은 것을 주게 될 것이다. 정직하게 창조한 돈은 나뿐 아니라 타인에게도 선을 가져다줄 빛이 된다.

풍요를 신속히 얻는 비결은 원하는 대상을 창조하고, 정직성을 존중하며, 바람직한 결단을 내리고 난 후, 이미 성공했다는 점을 확신하는 데서 출발한다.

자신이 할 수 있는 영역을 계속 넓히고, 체력과 비전을 가진 데 대해 감사하고 자신을 사랑하는 마음을 갖자. 더불어 자신은 이미 성공한 사람이라는 점을 되새기자. 성공의 기쁨은 목표를 실현해야만 누릴 수 있는 것이 아니라 당장이라도 만끽할 수 있다. 지금껏 이루어낸 자신의 공로를 인식하자. 성공이란 지금 이 순간 성공을 누리는 데서 오는 것이지, 미래에 원하는 대상을 성취했을 때라야 느낄 수 있는 것은 아니다. 거액을 손에 쥔다고 해서 성공한 기분이 드는 건 아니다. 갑부도 자신에게 감사하지 않고 내면의 평안을 누리지 못하면 스스로 성공했다고 자부할 수 없다.

나는 성공한 사람이다
나는 성취감을 만끽한다

은행계좌 잔고가 얼마며, 어떤 집에 살며, 어떤 차를 타고 다니느냐로 성공을 가늠할 수는 없다. 성공의 정의는 이상적인 자아의 목표를 성취하는 데까지 확대되어야 마땅하다. 진정한 성공이란 적당한 경제적 여유를 갖고, 인습이나 부정적인 발상을 바꿀 수 있으며, 두려움에서 자유롭고, 애착이 가는 일을 하며, 자신의 역량을 발견하고 계발하는 것을 의미한다. 이상적인 자아의 시각에서 볼 때, 성공은 무언가가 부족할 때 이를 창조할 수 있고, 타인에게 보탬이 되며, 자신과 이웃을 사랑하고 존중하는 것이다. 타인을 판단할 때도 경제적인 부를 성공의 잣대로 삼지 말아야 한다. 그보다는 삶의 질과 만족도가 기준이 되어야 옳다. 성공이라는 숭고한 자질에 주안점을 둔다면, 이상적인 자아의 안목에서 이미 성취한 공적을 보는 눈이 생길 것이다. 경제적인 목표를 달성하지 못했더라도 말이다.

사람들은 대부분 자애와 자존감 혹은 자긍심을 성공으로써 추구할 본질로 삼는다. 그런 기분을 잠시라도 누릴 수 있는지 살펴보자. '나는 성공한 사람이다.'라고 자신에게 말해보자. 기분이 어떤가? 잠시나마 그런 기분을 품은 채 이를 온몸을 통해 발산할 수 있는가? 지금 하는 일도 성공한다는 점을 인정하자. 다른 영역에서 성공을 의식할 수 있다면 부를 축적하는 것 또한 성공하기가 쉬울 것이다.

육체는 구현을 위한 수단이다. 생각과 감정을 물리적인 형태로 전환시키는 것이 바로 몸이다. 성공은 될 수 있는 한 자주 느끼는 것이 좋다. 그 기분이 일상에서 성공의 빈도를 높여줄 것이다.

### 나는 스스로 칭찬하는 시간을 자주 갖는다

지금의 형편에 감사하자. 얼마나 더 가야 하는지에 주안점을 두지 말고 지금껏 달려온 거리에 고마움을 느끼자. 장기적인 목표가 있다면 이를 성취하기 위한 계획을 몇 단계로 나누고 각 단계에 이를 때마다 자신을 축하해주자. '축하한다! 잘했다! 목표를 향해 멀리도 달려왔구나.'라고 말이다. 목표를 달성했을 때는 자신에게 상을 수여하고 나서 다음 목표로 나아가야 한다. 방금 오른 산을 감상할 여유도 없이 하산하려는 사람들이 있는데, 이들은 자신이 추구하는 만족감을 결코 누릴 수 없을 것이다. 자신의 성공을 인정하자. 그래야 이를 토대로 또 다른 성공을 이뤄낼 수 있다.

과거와 현재와 미래, 어느 시점을 보아도 자신을 성공한 사람이라고 생각하자. 과거에 성공의 기분이 들었던 때를 떠올리고, 당시의 상황과 기분을 되새겨보자. 성공했던 일을 자주 상기할수록 미래에 더 많은 성공을 창조할 수 있다.

자신을 어떻게 다루었는지 돌아보자. 무슨 일을 결정할 때 내면의 이상적인 자아에게서 오는 지혜가 동반했는가? 결정에 따라 성장과 변화가 있었을 것이다. 그 결정은 모두 자신이 할 수 있는 최선의 선택이었다. 즉, 당시에는 왜 그렇게 판단했는지 이해하지 못했을 지라도 결국에는 보탬이 되었을 것이다. 전보다 지혜로운 관점에서 돌아보면, 전에는 그릇된 판단이라고 치부하던 것이 많은 것을 일깨워주었고, 오늘의 나를 만들었다는 사실을 인정할 수 있을 것이다.

당장 형편이 흡족하지 않다면 지금부터라도 다른 판단을 해보자. 그리고 환경을 더 낫게 바꿀 수 있다는 점을 확인해보자.

최선을 다했다는
것을 알기에
나 자신을 용서한다

'돈을 너무 헤프게 썼네?', '그 땅을 샀더라면 수익이 짭짤했을 텐데…', '주식에 투자하지 않았다면 손해는 면했을 텐데…', '그 녀석에게 돈을 빌려주지 말걸 그랬어, 평생 돌려받지 못할 테니까.'라는 푸념을 늘어놓고 있는 나를 용서하자.

이런 불평은 풍요에서 멀어지게 하기 때문이다. 뜻대로 이루어지지 않은 일이 있다면 당시 영상은 그대로 과거에 두면 된다. 그래도 불쑥 떠오르면 주의를 돌려 정반대의 경험을 상기시키자. 이를 테면, 돈을 지혜롭게 썼을 때나, 투자를 해서 많은 수익을 챙겼을 때, 혹은 친구에게 돈을 빌려주었다가 돌려받았을 때를 기억해보자. 과거의 자신을 용서하고 사랑해야 자신이 달라질 수 있기 때문이다. 그러니 실패보다는 성공에 집중하라.

잠시 어린 시절을 추억해보자. 부모님은 돈을 어떻게 쓰셨는가? 가족을 위해 장을 보셨는가? 돈으로 형편을 풍요롭게 가꾸셨는가? 돈을 불리려고 힘겹게 살지는 않았는가? 수입은 공개하셨는가? 돈 이야기라면 입에 담길 꺼리셨는가? 나에게는 어떻게 돈을 쓰셨는가? 사달라는 것은 다 사주셨다고 생각하는가? 나와 부모님이 각각 돈을 다루는 방식에 대해 서로 어떤 관계가 있다고 보는가? 부모님은 자애와 활력과 행복을 누리는 수단으로써 돈을 벌고 쓰셨는가?

## 바라는 것은 얼마든지 가져도 좋다

어떤 일을 성취해냈던 순간에 정신을 집중할 때, 성공과 풍요의 영상과 어울리지 않는 경험은 모두 흘려버려야 한다. 과거를 둘러싼 부정적인 이미지는 상상하는 미래에 한계선을 긋고, 잠재력이 온전히 발휘되는 것을 가로막는다. 과거를 청산하고 싶다면 어린 시절이나 금전을 두고 자신과 타인에게 해왔던 이야기를 다시 곱씹어보자. 유복하게 살았거나, 가난하게 살았다고 털어놓았는가? 끼니조차 해결하기 어려웠다고 밝혔을지도 모른다. 아니면, 부모님의 씀씀이를 꺼내면서 갖고 싶은 것을 사주지 않았던 경험도 말했을 것이다. 사적인 관심사 중 남에게 털어놓게 되는 이야기를 면밀히 살펴보자. 상대방에게 허심탄회하게 풀어놓는 경험담과는 완전히 상반되는 일도 자주 겪었을 것이다.

어떤 경제적 내력을 원하는가? 자신을 위해 과거의 역사를 다시 창조해보자. 풍요롭고 넉넉하게 살았던 기억으로 소싯적 삶을 재구성하자.

어린 시절을 두고 남에게는 뭐라고 말하겠는가?

"부모님은 돈을 현명하게 쓰셨어요. 돈 걱정 없이 살았죠. 항상 여유가 있었으니까요."라고 말하다보면 정말 돈 문제가 없을 정도로 풍족하게 지냈던 때가 떠오를 것이다. 지금껏 돈에 대해서는 다양한 일을 경험해 왔으니 풍성한 기분을 누렸던 적이 아주 없지는 않을 것이다. 마음에 둔 장난감을 사거나, 누군가로부터 기대하지 않았던 선물을 받은 적도 있을 것이다.

기쁨과 감사를 나누고 열정을 쏟은 경험을 자주 기억해낼수록 앞으로 더욱 많은 것을 끌어당길 수 있을 것이다.

## 목표를 성취하는 것만큼 그 과정도 사랑하라

7장

# 신념은 현실을 바꾼다

Transforming Your Beliefs

신념은 현실을 창조한다. 신념이란 현실의 본질에 대한 가정을 두고 하는 말이다. 누구나 자신이 믿는 바를 창조하고 있기 때문에 현실이 생각대로 돌아간다는 증거는 수없이 많다. 우주가 풍성하다고 가정하고 이를 바탕으로 처신하는 사람은 실제로도 풍요를 경험하게 되는 반면, '돈을 제대로 벌려면 중노동을 해야 한다.'라고 가정하는 사람은 정말 땀을 흘려야 돈을 벌 수 있다. 두 사람은 각자의 현실에 대한 '신념'이 '현실'이라는 증거를 수도 없이 경험하게 된다.

공과금도 제대로 납부하지 못할 뿐 아니라, 대부업체의 독촉에 시달리다 못해 아예 연락을 끊어버린 사람이 있다. 신념이 어떠하기에 형편이 이렇게까지 어려워졌을까? 아마도 자신은 형편이 넉넉해질 자격이 없다거나, 인생 자체가 고달프다는 것이 그의 믿음일지도 모른다.

신념을 바꾸면 경험도 달라진다. 원하는 대상을 손에 넣기 위해 에너지를 활용하고 자력을 발휘하면, 신념은 그것이 쉽고 빠르게 이루어질 수 있도록 돕는다. 신념을 발견하려면 현재나 과거의 환경을 살펴봐야 한다. 환경이란 당장 해결해야 할 문제나 고민일 수도 있고, 과거에 성취한 멋진 일일 수도 있다.

내가 돈이 많아지면 지인들은 정작 나보다 내가 가진 돈에 더 관심을 두게 될 거라고 흔히 생각한다. 그러나 이웃의 사랑을 둘러싼 속임수가 통하는 경우는 거의 없는데다, 그런 염려는 타인을 향한 나의 사랑으로 매순간 치유할 수 있다. 이웃에게 사랑을 베풀면 그만큼 돌아오게 마련이다. 사람들은 지금 이 순간에도 나를 사랑하고 있다. 누구라도 수중에 어느 정도의 돈은 있을 터인데, 나를 향한 사랑을 단절해버릴 법한 액수가 과연 있을까?

사람들은 거액이 들어오면 책임도 그만큼 무거워지고 부담이 될 거라고 생각한다. 하지만 공과금도 제때 납부하지 못하고, 돈에 쪼들리며 사는 것 또한 마음을 무겁게 하는 일이다. 많은 돈이 무척이나 부담스럽다고 믿지 않으면 돈은 전혀 부담이 되지 않는다. 신념이 곧 현실을 창조하기 때문이다. 떼돈이 짐이라고 믿는다면 그것이 이루어지기 전에 신념을 바꾸는 것이 좋다. 그러지 않으면 금전은 어깨를 짓누르는 부담과 책임으로 느껴질 테니 말이다. 돈이 많아지기를 바란다면 내면의 이상적인 자아는 사전에 부정적인 생각을 바꾸도록 도울 것이다.

돈에 대한 신념은 이를 끌어당기는 요령과 씀씀이 및 그와 맺게 될 관계도 결정해준다. 좋아하는 일을 하면서도 돈을 벌 수 있을 거라고 믿는가? 고난도의 기술과 체력을 요하는 일을 해야만 그럴 수 있다고 생각지는 않는가? 마음으로는 원하지만 아직 누리지 못하고 있는 대상이 있다면, 스스로 그것을 차단하고 있는 신념이 작용했을 가능성이 크다. 인생의 신념에는 아직 구현되지 않은 정반대의 신념이 될 씨앗도 존재한다. 돈줄을 쥘 재목은 아니라고 믿는 신념을 가지고 있다하더라도 그 반대의 믿음, 즉, 부자가 될 자격이 충분하다는 신념도 함께 가지고 있는 것이다. 부정적인 신념을 벗어나 긍정적인 마인드를 활성화시킨다면 경험을 바꿀 수 있을 것이다.

신념이 현실을 창조한다
나는 무한한 번영을 믿는다

유한한 생각의 일부는 부모의 신념에서 비롯하였을 것이다. 자신의 사고방식과 발상 그리고 개념은 대부분 소싯적에 '이식'된 것으로, 부모나 이웃의 말이나 생각이나 무언의 메시지에 영향을 받은 것이다. 부모에게서 어떤 관념을 물려받았는지 살펴보고, 이를 계속 두는 편이 나은지 판단해보자. 더는 떠올리고 싶지 않은 발상을 주입했더라도 부모를 용서하자. 그때는 그것이 최선이었을 것이다. 어쩌면 그 신념이 어린 시절에는 꼭 필요한 것이었을지도 모른다. 하다못해, 잠재력을 좀 더 실현하는 데 보탬이 되었을 수도 있다. 물론 이제는 효용가치가 떨어진 기존의 프로그램과 신념은 다 청산하고 자신만의 원칙을 선택해야 한다. 내 마음에 맞는 신념과 발상, 관념 및 이미지를 마음껏 고를 수 있어야 한다.

자신을 뒤로 물러서게 하는 신념을 찾아내어 이를 버리고 새로운 신념을 창조해야 한다.

조용히 앉아 눈을 감은 후, '빛이 자신의 주변을 둘러싸고 있다.'고 느껴보자. 그리고 머릿속 게시판에 '나는 돈을 벌 자격이 없다.'는 글이 쓰여 있다고 상상하자. 글자를 하나씩 지워나가되, 지운 자리에는 '나는 돈을 벌 자격이 있다.'를 큼지막하게 채워 쓴다. 신념을 더욱 확실히 심으려면 혼잣말로 되뇌어보고, 집이든 직장이든 잘 보이는 곳에 써 붙여두는 것도 방법이다.

나는 활력과 발전을 불러일으키는 신념을 선택한다

신념은 감정을 비롯하여 상상력을 발휘하는 방식에 따라, 강화되기도 하고 약화되기도 한다. 자신만의 신념을 무시하거나 거부하지 말아야 한다. 다만 예전의 신념은 현실을 둘러싼 '객관적인 사실'보다는 그 현실에 대한 '신념'으로 수용하고 정반대의 신념을 지닌 자신을 그려보자. 돈 버는 일이 어렵다고 믿는다면 그보다 더 쉬운 일이 없다고 상상하는 것이다. 영상은 상상력을 발휘하여 최대한 실감나게 연출해보자. 긍정적인 신념을 마음에 담으면 그에 따른 현실을 경험하게 된다. 소소한 일이라도 매일 새로운 신념을 불러일으킬 수 있는 것을 하자. 멋진 아이템을 쓸 자격이 없다며 낙심했다면, 마음에 드는 아이템을 사보는 것도 좋다. 그러면 전과는 다른 신념과 기분이 솟구친다는 사실을 깨닫게 될 것이다.

돈을 모으는 데 보탬이 될 만한 신념을 배양해보자. 마음에 맞는 일을 하면서도 돈을 벌 수 있다는 신념은 나를 좀 더 창조적인 사람으로 키울 것이다. 돈은 자신의 삶을 풍요롭게 하고 삶의 목적을 이루는 데 보탬이 될 뿐 아니라, 인류에도 무언가를 베풀 수 있는 수단이다. 자신이 가난하다고 믿는다면 무의식도 가난하다는 자격지심을 불러일으킬 만한 환경을 조성하게 되고, 부가 그릇된 것이라 믿는다면 돈을 벌 수 있는 역량과 기술이 있더라도 이를 사용하지 못하게 된다. 아예 돈이 없는 편이 낫다고 치부하는 것은 재능과 역량을 스스로 억누르는 격이다. 무언가 새로운 대상을 끌어당기기 전에, 그럴 자격을 둘러싼 신념과 자아에 대한 의식을 바꿔야 한다.

## 신념은 나를 위하여 선한 일을 창조한다

한 여성은 지금보다 훨씬 더 좋은 아파트에 살고 싶어 했다. 1년 동안 어렵사리 저축한 부부는 마침내 멋진 집을 매입할 자금을 마련하여 이사했다. 그녀는 집이 너무 마음에 들었고, 옷을 멋지게 빼입고 친구들을 초대해 자신감을 만끽했다. 그녀는 새 집 덕분에 자존감이 한층 커졌다고 생각했겠지만, 실은 계약을 하기 전부터 자신에 대한 의식을 바꾸었던 것이다. 그 정도는 누릴 만한 사람이라고 의식한 다음에야 비로소 집을 살 수 있었기 때문이다. 자아상을 바꿔야 한다는 점을 진작 깨달았다면 그녀는 자신부터 존중했을 것이다. 물론 집을 매입할 돈도 더 많이 들어왔을 것이다. 부부가 1년을 기다려야 했던 까닭은 그들이 좋은 집에 살고 이를 소유할 자격이 있다는 신념을 품기까지 그만한 시간이 필요했기 때문이다.

'풍요로운 삶을 누리지 못하는 이유는 무엇인가?', '나는 그럴 자격이 있는가?', '부자는 풍요를 누릴 자격이 나보다 많은 사람인가?'라고 스스로 물어보고 내가 부자가 되면 좋은 이유를 모두 꼽아보자.

최근 받았거나 창조한 대상을 떠올려보자. 삶이 활기를 띠고 새로운 자아상을 기대하며 그것을 손에 넣었을 것이다. 대상은 어떤 이미지를 불러일으켰는가? 사전에 가질 수 있는 대상에 대한 신념과 자아상이 바뀌었나? 그것을 손에 쥐었을 때 자아상은 어떻게 달라졌는가?

한 남성은 전부터 갖고 싶었던 최고급 침낭과 텐트를 구입했다. 그러자 소풍을 즐기며 좋은 장비를 취급하는 자아상이 의식되었다고 한다.

나는 풍요를 누릴 자격이 있다

마음은 원하지만 아직 가지지 못한 것을 생각해보자. 이를 건네줄 자아상은 무엇이며, 대상을 소유하기 위해 필요한 신념은 무엇인가? 합당한 신념과 자아상을 창조할 수 있다면 '자력을 키우는 법'은 놀라운 결과를 불러일으킬 것이다.

8장

# 돈은 밝은 곳으로 흐른다

Letting Money Flow

풍요를 창조하는 데 익숙해지면 돈이 밀물과 썰물처럼 들어왔다 나가는 데 민감해질 것이다. 우주는 에너지로 이루어져 있고, 그 에너지는 일정한 주기로 작동한다. 본디 자력이란 뜻대로 길러질 때도 있고 그렇지 않을 때도 있다. 평소보다 돈이 더 많이 들어오는 달이 있는가 하면 공과금 용지가 더 많이 쌓이는 때도 있다. 사업이 잘 되는 한 주가 있으면 손님이 없어 파리만 날리는 한 주도 있게 마련이다.

인생의 모든 대상에는 자연적인 주기가 있듯, 돈에도 자연적인 리듬이 있다. 비즈니스에도 기복이 있고 인생에도 주기가 있다. 나가는 돈보다 들어오는 돈이 많을 때가 있으면 반대인 경우도 분명 존재한다. 인생의 자연적인 리듬을 따라 돈이 들어오고 나갈 때, 그에 따라 감정이 휘둘리지 않는 것이 중요하다. 풍요를 극대화할 수 있는 방향으로 자연 주기를 선용하자.

이동하는 유형은 크게 넷으로 나눈다. 첫째는 지출과 수입이 같은 평정형calm이고, 둘째는 지출보다 수입이 더 많은 밀물형flow, 셋째는 수입보다 지출이 더 많은 썰물형ebb과, 끝으로 수입과 지출이 없는 정체형flat이다. 금전이란 인간과 세상의 에너지 교류를 상징한다. 돈은 내게서 나가는 에너지와 외부에서 유입되는 에너지를 상징한다. 모두가 당연히 돈과 에너지가 모두 원활하게 흐르기를 바랄 것이다.

수입과 지출이 같거나, 금전이 정체되어 있다면 에너지가 막힌 곳을 찾아보자. 에너지가 막혀 돈의 흐름이 차단되는 경우도 있는데, 그럴 때는 신체나 정서, 혹은 대인관계에 문제가 있을 가능성이 크다. 평정이나 정체상태라면 잠시 자신의 삶을 되돌아보며, 이상적인 자아에게 에너지가 좀 더 원활히 흘러야 할 곳을 귀띔해 달라고 당부해보자.

돈은 내 삶 속으로
흐른다
나는 번영한다

몸에서 에너지의 흐름이 신통치 않을 때도 있다. 건강하지 못하다거나 마음만큼 열정을 발휘하지 못하고 있다면, 내면의 소욕과 교감하여 에너지를 늘리는 일부터 시작해야 한다. 몸은 원하는 바를 항상 자신에게 알린다.

몸이 속삭이는 음성이 들리는가? 조금만 더 쉬고 싶다거나, 자연과 함께 있고 싶어 할 수도 있다. 운동을 하고 싶다거나, 식습관을 바꿔야 할지도 모른다. 내면에서 들려오는 소리에 귀를 기울이고 그에 순응한다면 더 많은 에너지와 건강을 얻을 것이다. 몸에 좀 더 많은 에너지가 원활히 흐르면 돈도 덩달아 유입된다.

잠시 자신의 몸을 살펴보자. 어딘가 꽉 막혀 있는 듯한 곳이 있는가? 내면은 무언가를 줄기차게 요구하는데 예컨대, 식습관을 바꾼다든지, 운동을 더 한다든지, 산책을 한다든지 등 스스로 묵과하고 있지는 않은가? 막힌 곳을 틔우기 위해 오늘이나 내일 시작할 수 있는 소소한 일은 무엇인가?

나의 에너지는 삶의
구석구석에서
원활하게 흐르고 있다

감정이 막혀 있다는 기분이 들 때도 있다. 누군가에게 화가 났다거나, 감정이 억압되는 경우, 그런 감정은 솔직히 털어놓음으로써 응어리를 풀면 된다. 내면의 소욕에 귀를 기울여보자.

자신의 감정을 경청하고, 존중하며, 그에 순응하자. 대인관계를 되짚어보자. 불공정한 왕래가 있었는가? 에너지를 후히 퍼주었는데 쥐꼬리만큼 돌아온 적이 있었는가? 베풀기보다는 받으려고만 하지는 않았는가? 이웃에 사랑을 보내고 있는가? 사랑을 받고 있다고 생각하는가? 가슴은 열려 있는가?

막힌 곳을 발견하면 '여기에 좀 더 많은 에너지를 투입하려면 어떻게 해야 할지' 모색해야 한다. 그리 거창하지 않아도 된다. 친구에게 꼭 필요한 말을 건네는 것처럼 간단한 일도 괜찮다.

누군가와의 에너지 흐름을 촉진시키기 위해 다음 주에 무슨 일을 해야 할까? 전화를 건다거나, 사람을 상대하는 태도를 바꾼다거나, "당신 본연의 모습을 그대로 수용하겠다."고 마음속으로 되새기는 것처럼 단순한 일일 수도 있다.

인생의 한 영역이 만족스럽지 않으면 다른 영역도 그렇게 될 수 있다. 자신의 에너지를 훤히 꿰뚫고 있다면 제 기능을 발휘하지 못하는 삶의 영역을 수월하게 치유할 수 있을 것이다. 풍요와 활력 그리고 성장을 체험하려면 삶의 모든 영역이 원활하게 돌아가야 한다. 수입이 시원치 않다면 바로 지금이 원하던 일을 해야 할 때다. 기쁨과 활력과 에너지를 불러일으킬 만한 일을 찾아 그에 매진하자. 마음에 맞는 일을 하다보면 에너지가 움직이고, 돈의 흐름도 창조하게 될 것이다.

## 나는 항상 지출보다 수입이 많다

지출보다 수입이 많을 때는 누구나 돈의 흐름을 기대한다. 매달 월급날이 오면 그런 경험을 하게 된다. 직장에서 임금을 받거나 뜻밖의 목돈이 생기면 이를 쓰기 전에 이미 흐름을 창조해낸 것이다. 우선 삶에 돈이 흐르고 있다는 것과, 지출보다는 수입이 더 많은 날이 많아지기를 바라는 마음을 인정하자. 그러면 돈의 흐름은 날로 증가한다. 기대 이상의 돈이 차곡차곡 쌓이는 단계에 이르면 풍요를 창조하는 요령을 몸소 터득한 스스로를 칭찬해준다. 잠시 여유를 갖고 자신의 공로를 감사하고 인정해도 좋다.

이쯤 되면 몇 가지 과제를 해결해야 한다.

그 중 하나는 지출이 수입보다 많을 때 씀씀이를 줄여야 한다는 것이다. 그래야만 비용이 더 많아지는 때를 감당할 수 있다. 창조하는 기술을 완전히 습득하여 원하는 대상을 무엇이든 창조해내기 전까지는 수입의 일부를 저축해두어야 한다. 빈부를 막론하고 누구든 재산을 탕진하여 빈털터리가 된다. 수입액 이상을 허비하거나, 매달 지출액이 크게 늘어나 임금이 인상되어도 공과금을 제때 납부하지 못하는, 풍요와 거리가 먼 사람들도 있다.

연봉이 낮은 한 남성은 재정적인 성공을 꿈꾸기 시작했다. 그 후 3년이 채 되기 전, 신규 비즈니스 아이디어를 고안한 그는 주당 3일만 일하고도 거액의 연봉을 챙겼다. 그러나 큰돈에 이성을 잃은 나머지, 집과 자동차를 바꾸는가 하면 사재기하듯 명품을 닥치는 대로 구입했다. 결국 매달 지출액을 감당하기 위해서는 연봉을 더 늘려야 할 지경에까지 이르렀다. 그는 수입은 늘었지만 마음은 가난했고, 자금 때문에 늘 스트레스를 받으며 살았다. 이듬해에 실적이 감소하자 그는 재정적인 어려움을 겪어야 했다.

## 꿈꾸던 이상보다 더 많은 것을 누릴 수 있다

지출보다 수입이 더 많을 때와, 기대와는 달리 일이 술술 풀리고 예기치 않은 돈이 굴러들어올 때가 손을 더 넓게 벌려야 할 시기다.

이때 "너무 많아도 탈이라니까.", "이대로라면 사업을 감당할 수 없을 거야. 책임도, 일도 부담이 될 테니까 말이야."라며 하소연하는 것은 생각보다 강한 힘으로 돈의 흐름에 제동을 거는 셈이다. 그러면 막대한 비용을 처리해야 할 시기에 자금난을 겪게 될지도 모른다. 비즈니스나 업무, 기회, 혹은 돈이 홍수를 이룰 듯싶더라도 이를 막아서는 안 된다. 오히려 더욱 넘칠 수 있는 방편을 찾아야 한다. 무한한 사고력에 집중하고 상상력을 크게 넓히라.

호황을 누릴 때 더 큰 목표를 수용할 수 있도록 마음을 열자. 수익이 증가할수록 이를 감당할 조직과 대상과 절차는 스스로 개발하게 될 것이다. 인력을 고용하거나 업무방식을 바꾸거나, 혹은 인맥을 넓히는 것도 방편이 될 것이다.

일이 잘 풀릴 때 감당하게 되는 과제 중 하나는 기회와 풍요를 살려내는 것이다. 그럴 때 인맥을 넓히며 사업을 확장하며, 더 큰 책임과 풍요와 권한을 수용하기 위해 노력하게 될 것이다.

9장

# 빠듯한 삶이 주는 기회

Coming Out of Survival

나갈 돈이 많다고 걱정할 필요는 없다. 자신감을 잃는다거나, 어떻게든 실패할 게 뻔하다는 좌절감도 금물이다. 이 같은 '썰물' 때는 미래의 번영을 믿는 것이 바람직한 처신이다. 세상일에는 모두 주기가 있고, 모든 일은 일시적인 것이다. 썰물이 있으면 밀물이 있게 마련이다. 단기든 장기든, 수입이 줄고 있다면 언젠가는 늘어날 때가 있다는 사실을 기억하자.

돈에 대하여 분명한 안목을 가지려면 썰물을 잘 활용하면 된다. 계속 자력을 발휘하면서 썰물이 어떤 유익을 줄지 생각해보자. 흐름이 변하는 데는 항상 원대한 이유가 있다. 이때는 평소보다 여유가 있을 테니 하고 싶었던 일을 하며 이 시기를 활용하면 된다.

지식을 습득하거나 사색을 즐겨도 좋고, 답사나 오랫동안 고대하던 여행을 떠나도 좋다. 업무의 새로운 방향과 아이디어를 모색해보면 어떨까? 썰물을 벗어나는 길은 언제든 있게 마련이다. 아직 시도하지 않았지만 이때가 오기만을 기다려온 어떤 생각이 머릿속에 남아 있을 것이다. 꿈과 비전은 무엇이며, 정말 하고 싶은 일은 무엇인지 내면의 음성에 귀를 기울이자.

어려운 시기를 겪고 있다 해도 받고 있는 선물을 두고 감사하면 '밀물'은 더욱 급격히 밀려온다. 납부해야 할 공과금 고지서보다는 지금 누리고 있는 풍요에 주안점을 두자. 재정난으로 어려움을 겪었던 과거와 비교해보면 당시와는 달리 강해진 힘과 변화한 삶을 느껴보자. 과거를 되새겨보면 썰물이 찾아온 후 자신이 얼마나 발전했는가를 깨달을 수 있을 것이다.

우주는
완벽하게 돌아간다
우주는 항상
숭고한 선에 순응한다

돈을 벌기 전에 써야 하는 경우도 있다. 사업이 대개 그렇다. 번영을 가져다줄 무언가에 돈을 투자할 때, 투자가 비즈니스의 보증이 되려면 수완이 좋아야 한다. 기대수입과 필요한 바를 고려할 때 자신에게 정직해야 하며 기술과 지식 및 시장성을 잘 살피고 나서 판단해야 한다. 신규 사업을 추진하려면 멋진 사무실도 얻어야 하고 설비도 갖추고 직원도 고용해야 하는데, 이 같은 비용을 감당할 만한 수완을 겸비하지 못했다면 어떻게 되겠는가?

대출을 염두에 두고 있다면 내면의 소리에 귀를 기울여 그것이 적절한 방책인지 다시 생각해보자. 장대한 도약에 충당할 빚이라면 부채보다 더 큰 돈이 유입될 것이다. 그런데 매월 생활비를 위해 융자를 받는 것이라면 경제적인 형편에 근본적인 문제가 있다는 방증이다. 임대료를 충당하기 위해 돈을 빌릴 수도 있지만 달이 바뀌면 또 내야 하는 것이 임대료다. 이런 경우는 대출 외의 대안을 모색하는 게 바람직하다.

수지 균형을 맞춘다거나, 생필품을 구매한다거나 혹은 벤처사업에 자금을 충당할 요량으로 대출이 필요할 듯싶을 때도 종종 있다. 이유를 막론하고 돈을 빌렸다면, 부채가 있다는 사실 때문에 풍요를 누리고 있다는 기분이 망가져서는 안 된다. 행여 빚을 감당하지 못할 성싶거나 상환할 수 있는 한계를 초과했다고 생각한다면, 부채를 쉽게 갚을 수 있다고 자신했을 때를 기억하자. 돈을 벌 수 있으리라는 믿음 때문에 빚을 얻었을 것이다. 그 신념을 곱씹어보자. 대출을 걱정하지 말고, 매달 얼마라도 즐겁게 갚아나가자. 빚이 차차 줄면서 결국 전액을 상환하게 될 자신을 상상해보자.

빚이란 나의 경제력을 믿는다는 표증이다

빚을 걱정한들 달라지는 것은 아무것도 없다. 빚이 없는 편이 더 낫겠지만 걱정 대신 창조적인 아이디어에 정신을 몰입하지 않는다면 빚에서 해방될 수 없다. 당장 갚을 수 없다면 채권자와 계속 연락하는 것도 좋다. 갚을 의향이 있다는 점을 채권자에게 말해주는 것이다. 빚은 형편이 허락하는 만큼 갚아나가자. 아주 적은 돈이라도 좋다. 채권자는 이런 마음을 반가워할 것이다. 정기적으로 일정 액수를 갚아나간다면 얼마든 감사히 여길 것이다.

어느 가족은 가장이 실직한 탓에 매달 나가는 공과금조차 감당할 수 없게 되었다. 채권자들이 전화로 독촉해대자 아내는 전화나 초인종 소리에도 가슴이 철렁 내려앉았다. 가정형편은 더욱 암울해졌다. 그러던 어느 날, 어떤 사람이 찾아와서는 채권자를 만나 사정을 솔직히 털어놓으면 그들도 이해해줄 거라고 귀띔했다. 채권자는 대개 몸집이 큰 기관인지라 아내는 이를 선뜻 믿지 못했다. 하지만 달리 도리가 없어 업체에 전화를 걸었고, 가정의 애환을 털어놓고는 "돈은 꼭 갚겠다."고 덧붙였다. 아니나 다를까, 채권자들은 정중하게 그녀를 상대했다. 형편이 좀 나아질 때까지 매달 소액이라도 갚겠다고 하자 그에 동의했다.

지금 안고 있는 부채를 전액 상환하고 싶다면 우선 갚아야 할 액수를 계산해보자. 빚을 두고 마음이 불안해진다면 자신을 용서하고, 대출을 받았다는 것은 돈을 벌 능력이 있다는 증거라는 사실을 깨닫자. 빚이 변제된 미래를 마음속에 그려보자. '잔금 0. 전액 상환되었음.'이라고 쓰인 고지서를 상상하자. 마지막 할부금을 갚는 자신을 그려보자. 최대한 실감나게 상상하며 그때의 기분을 만끽하자.

빚을 갚는 데 얼마나 걸릴지는 걱정할 바가 아니다. 생각보다 빨리 상환하게 될 테니 말이다. 다음 할부금을 갚을 여력이 되면 '가짜' 수표에 총액을 써서 자주 볼 수 있는 곳에 붙여놓자. 빚을 상환해나가며 자신을 믿어주는 채권자에게 감사와 사랑을 전하도록 하자.

사람들은 대개 통장 잔고로 자신의 가치를 매긴다. 그러나 모아둔 돈도 없고 빚만 지고 있어도 기술과 지식, 교육, 됨됨이, 경험 및 인맥 등의 가치가 있는 것이다. 지금껏 배우고 습득한 기술과 지식은 모두 수입의 원천이다. 과거의 기술과 경험이 자신의 순수 가치이며, 이는 돈으로 바꿀 수도 있다.

보수를 받는다는 것은 곧 경험을 돈과 바꾼다는 뜻이다. 따라서 돈과 교환할 수 있는 경력을 쌓으면 수익을 창출하는 능력은 배가된다. 지식과 기술과 경험을 적절히 사용하면 돈이라는 가치가 창출되며, 이후 수익을 늘릴 수 있는 기술을 더 많이 습득하게 된다. 빚을 안고 있다 해도 아직 환전 되지 않았을 뿐 우리에겐 대단한 가치가 있다. 융자를 받아 학비를 충당하는 학생이라면 나중에 돈으로 바꿀 수 있는 기술을 습득하고 있는 것이다.

내가 하는 일은 모두
나의 가치를 높인다

성장과 발전을 멈추지 말고 자신의 길을 따라가자. 그러면 몸값도 꾸준히 상승하게 되어 있다. 앞으로 계속 성장하면 과거의 빚을 청산하고도 남을 만한 수익을 창출할 수 있을 것이다.

겨우겨우 생계를 유지하고 있더라도 자신을 실패자라 낙인을 찍어선 안 된다. 빠듯한 형편은 삶의 중요한 교훈을 배우고, 자아의 본질을 체험하기 위해 마련된 길이다. 이런 경험이 뒷받침된다면 빠르게 성장할 수 있을 것이다. 부족한 형편을 통해 풍요를 누릴 자격이 있다는 점을 배우게 된다. 인생을 살아가는 데는 생각보다 많은 것이 필요하지 않다는 진리를 깨닫게 될지도 모르겠다. 형편이 여의치 못할 때 좀 더 후하게 베풀 수 있으며, 아울러 신뢰와 사랑과 겸손의 미덕도 새길 수 있다. 인생에 중요한 것은 무엇이며 그렇지 않은 것은 무엇인지 곱씹고, 자신의 가치관을 되돌아볼 수 있게 해주는 기회인 것이다. 또한 남이 베푸는 은혜를 수용하는 겸손함과 돈이 없어도 자신감을 가질 수 있다는 교훈도 터득할 수 있다. 이를 이해하고 포용하고 수용할 때, 넉넉지 못한 형편을 극복할 수 있을 것이다.

많은 사람들이 시간과 에너지 대부분을 기초생활을 충족하고, 생계를 유지하는 데 쏟으며 그저 '먹고 사는 수준'에서 살아가고 있을 것이다. 진정 원하는 일에 에너지를 쏟고, 재정난에 허덕이지 않을 정도로 돈을 충분히 갖고 있는 것도 중요하다. 이상적인 직업을 얻기까지 생계를 잇게 할 임시직을 구하고 싶은가? 그러면 주변을 둘러보며 정직성을 해치지 않는 한도 내에서 생계에 보탬이 될 만한 가장 쉬운 일을 찾아보자. 물론 그 일은 자신의 역량을 십분 발휘해야 할 일도 아니고 가장 이상적인 직업이라고 생각되지도 않을 것이다. 그러나 직장 환경과 업무의 성격이 어느 정도 만족스럽다면 정말 원하는 일을 하기까지 기반을 마련하는 데 도움이 될 것이다.

모든 경험은 힘과 확신과 비전을 습득할 수 있는 기회다

돈 걱정은 창조성과 명석한 사고를 방해한다. 기초생활은 충족되어야 정말 원하는 일을 할 여건에 빨리 다다를 수 있다. 영혼은 직업의 타이틀에 관심을 두지 않는다. 직종을 막론하고 사랑으로 할 수 있다면 영혼은 성장하기 마련이다. 임시직이라고 해서 자신의 이상에 금이 간다고 생각

할 필요는 없다. 먹고 사는 데 빠듯하지 않아야 이웃을 효과적으로 도와줄 수 있다는 것을 깨닫게 될 것이다.

임시 직장에 뜻밖의 선물이 숨겨져 있을 수도 있다. 이를테면, 누군가를 만날 수도 있고, 훗날 보탬이 될 만한 기술을 익힐 수 있다. 보이지는 않지만 정말 원하는 일로 도약하기 위한 중간단계일지도 모른다. 임시직은 돈뿐 아니라 신선한 기술도 전수하며 적성에 맞는 일을 찾을 수 있는 기회를 제공하기도 한다. 인생에 쓸모없는 경험은 없다. 하다못해 단순노동자로 이루어진 직장이라도 유익한 기술을 익힐 수 있다. 물론 임시직에 시간과 에너지를 모두 쏟아서는 안 된다. 좀 더 원대한 목표를 위해 자신을 채비할 여력은 남겨놓자.

그저 돈을 벌기 위해 하는 일을 자신과의 타협으로 여기는 까닭에, 차라리 쪼들리며 사는 편이 낫다고 여기는 사람도 더러 있다. 그들은 정말 하고 싶은 일이 아니면 손을 대지 않으려는 타입이라 그렇게 되기 전까지는 넉넉히 살지 못하더라도 불만을 품지 않는다. 남의 생각은 별로 중요하지 않으니 그에 휘둘릴 필요는 없다. 정말 원하는 일을 하기 위해 시간을 낼 만큼 기초생활에 어려움이 없다면 그것으로 족하다.

인생의 모양은 나선형을 이룬다. 각 단계를 오를 때마다 방금 지나온 곳을 보다 높은 시각으로 볼 수 있다. 사람은 주머니가 섭섭할 때 많은 교훈을 배우고, 그 교훈은 훗날 수입이 차곡차곡 쌓일 때 이를 관리하는 비결을 일러준다. 불황에서 벗어나고 싶다면 소박하게 살고 지출을 줄이면 된다. 장미덩굴은 겨울이 되면 가지가 잘려나가는 아픔을 견딘다. 봄에 더욱 강하게 자라기 위해서다. 경제적인 난관은 도움이 되지 않는 것을 정리하는 지혜를 터득하는 계기가 된다.

필요한 돈을 어디서 구해야 할지 막막할 때가 있는가 하면, 경제적 어려움을 타개해 나갈 방편이 앞에 있는데도 이를 선뜻 하지 못할 때가 있다. 그러나 두려움은 생각보다 훨씬 다루기 쉬운 감정이다. 두려움을 떨쳐버리려면 그러고자 하는 의지를 갖는 것이 무엇보다 중요하다. 한 가지 요령은 자신이 두려워하는 대상을 분명히 의식하는 것이다. 돈 때문에 두려움을 느낀다면 이렇게 자문해보자.

'다음 달에 공과금을 내지 못할 때 벌어질 수 있는 최악의 상황은 무엇인가?' 답이 떠오르면 그에 해당하는 상황을 두고 같은 질문을 던지라. '그럴 경우, 벌어질 수 있는 최악의 상황은 무엇인가?' 그러다보면 가장 근본적인 두려움과 맞닥뜨리게 될 것이다.

최악의 상황이 실직이나, 텅 빈 지갑이나, 혹은 배고픔이라면 그 두려움에 맞서야 한다. 무엇을 두려워하는지 확실히 의식할 때 비로소 그것을 바꿀 수 있다. 두려움을 휘어잡고 나면 적절한 조치가 드러나고, 이를 행동에 옮길 능력이 생기게 된다. 두려움과 마주쳤을 때는 그것을 자신보다 크게 만들어서는 안 된다. 최악의 상황을 파악하고 나면 그 상황을 제어할 수 있다는 자신감이 생기고, 최악의 지경에 이르는 경우는 거의 없다는 점도 아울러 깨닫게 될 것이다.

한 여성은 창업을 꿈꾸고 있었다. 하지만 남에게는 비밀로 해두었다. 두려웠기 때문이다. 그녀는 '사업을 시작한다면 벌어질 수 있는 최악의 상황은 무엇일까?' 자문해보았다. 그러자 '월급을 챙길 수 없을지도 몰라. 사업이 안 되면 보수는 꿈도 꾸지 못할 거야.'라고 답변했고, '그에 따른 최악의 상황은 무엇일까?'라는 물음에는 '집세를 내지 못하면 집에서 쫓겨나겠지? 아이들이 굶을지도 몰라.'라는 회의가 고작이었다. 재차 묻고 떠오른 결론은 '차라리 죽음을 바라게 될 거야.'였다. 그러나 두려움의 정체를 의식한 그녀는 그렇게 될 가능성이 매우 희박하다는 점을 깨달았다. 적어도 부모와 형제자매가 먹을 것 정도는 챙겨줄 거라고 믿었기 때문이다. 가장 두려운 대상을 의식의 표면으로 꺼내자 힘이 솟구쳤다. 두려워하는 자아의 반대편에는 해낼 수 있다는 것을 알고 있는 또 다른 자아가 존재한다.

최악의 상황을 염려하지 말고 최선의 상황을 기대하자. 두려움은 평생 매만져야 할 영역인 동시에, 부정적인 에너지를 긍정적인 것으로 바꾸는 장소를 대변한다. 두려움을 향해 의식의 빛을 비추면 두려움은 힘을 잃는다. 두려움은 의식 밑에 숨어 있을 때만 길을 방해하는 걸림돌이 된다. 두려움을 의식하고 나면 이를 극복하는 방법을 찾을 수 있다.

나는 두려움에
사랑을 보낸다
두려움은 내 안에서
사랑을 기다리는 장소다

인생에 고난이 되풀이된다면, 그에 주시하고 이면에 숨어 있는 두려움을 찾아내어 의식의 빛을 비추자. 그야말로 자신에게 줄 수 있는 최고의 선물이 될 것이다. 두려움에서 해방될 때 가능성은 열리게 되어 있다. 두려움 뒤에는 자신의 됨됨이와 역량을 둘러싼 통찰력이 감춰져 있다. 두려움을 극복하면 성장과 잠재력의 문이 열린다.

두려움을 영혼의 빛으로 옮기는 것도 좋은 방법이다. 이상적인 자아에게 두려움을 호소하고 치유를 요청하자. 이상적인 선에 유익하지 않은 것이라면 피할 수 있도록 도움을 청하는 것이다. 두려움의 근원을 들여다보고 내면의 안내에 따라 두려움을 극복할 수 있는 길을 발견하게 될 것이다. 우리는 두려움이 아니라 이를 경험하고 있는 존재다. "무섭다."

말고, "두려움이 나를 지나가고 있지만 언제든 놓아버리면 그만이야."라고 말해보자. 두려움을 느끼는 주체는 내면의 일각에 지나지 않기 때문이다. 두려운 마음에 사랑을 보내고, 떨고 있는 아이에게 그러듯 그 마음을 안심시킨다면 강한 자아를 의식하고, 그와 연결되는 법을 배울 수 있다. 전하려는 메시지는 무엇이며, 주의를 기울여야 할 점은 무엇인지 두려움에게 물으라. 두려움을 사랑하고, 이를 발산하고 나면 당연히 누려야 할 풍요의 권리에 훨씬 빨리 다가갈 수 있을 것이다.

나는 성공과
번영을 이야기한다
내 말에 사람들은 기분이
좋아지고 감명을 받는다

언어는 중요하다. 입에서 나오는 말에는 현실을 창조하는 힘이 있다. 우주는 긍정적인 발언에 대응한다. 당장은 좀 부족해도, 넉넉하게 사는 것처럼 말하면 그와 같은 환경을 끌어당기게 된다. 또한 말은 무의식에도 영향력을 행사한다. 무의식은 그 말을 실현하기 위해 곧장 가동된다.

"돈이 좀 부족한 걸."이라는 말이 무의식에 이르면 정말 쪼들리는 상황이 연출된다. "이걸 어떻게 사겠어?"라 푸념하지 말고 "지금은 살 때가 아니야."라고 바꾸어 말하면 좋다.

사업 실패나 재정적인 어려움은 타인에게 발설하지 않는 편이 낫다. 당장 돈이 없어도 불평은 금물이다. 대신 꿈과 비전을 비롯하여 만족스러운 삶의 단면을 이야기하자. 미래를 얼마나 긍정적으로 전망하는지 공개해도 좋다. 가난한 형편은 강조하지 말고 자신감과 자부심을 역설하자. 자신을 두고 '잘 나가고 넉넉한' 사람이라고 소개하면 긍정적인 이미지가 상대방에게 각인되고, 이는 언제든 유리하게 작용할 것이다. 돈이 없어도 있는 사람처럼 대화해야 한다.

당장은 형편이 어렵더라도 그렇지 않은 것처럼 행동하면서 오히려 풍성한 기분을 온몸으로 느껴보자. 무의식은 실상과 상상의 차이를 구별하지 못하므로 무의식은 상상을 흔쾌히 창조할 것이다. 어려움을 극복하는 데 도움이 되는 대상을 자력을 활용해 끌어당기자. 오히려 풍요의 비전을 창조하자. 그러면 세상은 조만간 그만큼 돌려줄 것이다. 조용히 앉아 풍요를 증진시키려면 어떻게 해야 하는지 현명한 자아에게 물어보자. 아무런 답변이 없다면 풍요는 이미 접근하고 있다고 여기고, 감사하는 마음을 갖는다. 원하는 목표가 실제로 다가온다는 기분을 누리며 평소대로 행동하자. 걱정하지 말자. 그것은 어떻게든 이루어진다. 걱정과 의심은 자력을 약화시킨다. 걱정과 의심이 들 때에는 다른 일에 몰입하는 것이 좋다. 그러면서 좀 더 들어야 할 내면의 메시지가 있는지 수시로 확인하자. 내면의 소리에 귀를 기울이고 목표를 이루기 위한 조치라 여기는 것은 무엇이든 해보자. 돈을 창조하기 위해 오늘 할 수 있는 일이 무엇인지 살펴보자. 하루에 한 가지만 하면 된다.

나는 풍성한 세상에
살고 있다
나의 우주에서는
모든 것이 온전하다

많은 사람들이 원대한 비전 속에서 길을 잃고, 그 때문에 심리적인 압박을 겪고 있다. 꿈을 이루지 못했다는 생각에 자신을 실패자로 치부할 수도 있다. 그런 자격지심은 무용지물이다.

그저 오늘 할 수 있는 일에 집중하자. 미래를 신뢰한다는 점을 증명하기 위해 당장 할 수 있는 일은 얼마든지 있다. 대개 무력감은 현재보다는 미래를 의식하며 살 때 생긴다. 조만간 돈에 쪼들릴지 모른다는 걱정에서 무력감에서 비롯한다. 오늘 움직이지 않으면 미래는 바꿀 수 없으므로 번영을 창조하기 위해 당장 할 수 있는 일에 몰두하자.

아무리 원대한 계획도 한 단계씩 밟아나가야 성취된다. 사실, 가장 원대한 계획은 매일 혹은 매달 이를 지켜보며, 다음 단계에 끊임없이 집중해야 이루어지는 경우가 허다하다. 꿈을 창조해내려면 인내와 끈기와 헌신이 뒷받침되어야 한다.

지금 형편이 나의 발전에 가장 완벽한 상황이라는 사실을 믿자. 마음은 풍요를 원하지만, 형편은 정반대일 수도 있다. 설령 그렇다 해도, 부족한 형편이 목표를 이루기 위한 에너지를 창출한다는 것을 깨닫자.

10장

# 타이밍은 믿음으로부터 온다

Trusting

믿음이란 가슴을 열고 자신은 물론 우주의 풍요를 신뢰하는 것이다. 우주는 친절하고 사랑스러울 뿐 아니라, 이상적인 선을 돕고 있다. 믿음이란 자신이 창조 과정의 일부라는 점을 깨닫고, 원하는 대상을 끌어당길 수 있는 능력을 믿는 것이다.

사람들은 대개 돈을 의심한다. 앞으로도 넉넉할지, 잔고가 계속 남아 있을지, 혹은 목표를 이룰 수 있는 능력이 있는지 확신하지 못한다. 부자도 그럴 때가 있다. 그들 역시 돈이 계속 들어올지, 재산을 잃지는 않을지 걱정한다. 돈에 대한 염려를 자책할 필요는 없다. 걱정하는 습관을 바꾸면 된다. 그러지 않으면 돈이 아무리 많아도 근심에서 벗어나지 못할 것이다.

돈을 떠올리게 되는 경우는 대개 수중에 든 돈의 액수를 문제 삼을 때다. 그 같은 의구심이나 염려는 자산규모와는 무관하며, 돈을 걱정하며 허비하는 시간은 벌어들일 수 있는 돈의 액수와 전혀 관계가 없다.

마음이 평온하고 자신감이 충만할 때만 돈을 생각키로 결심했다면 자력을 증대시킬 수 있다. 돈을 두고 걱정하는 것보다 풍요를 키우기 위해 노력하는 편이 나을 것이다.

'오늘 쓸 돈이 얼마지?'라고 묻기보다는 '오늘 창조할 수 있는 돈은 얼마나 될까?'라고 생각하자. '돈을 창조한다.'와 '돈이 필요하다.'는 발상은 각각 발산하는 에너지가 크게 다르다. 전자는 돈을 끌어당기지만 후자는 그러지 않는다.

## 우주는 안전하고 풍성하며 친근하다

믿음이란 최선을 기대하고, 목표를 창조할 수 있는 능력을 신뢰하며, 이를 누릴 자격이 있다는 점을 깨닫는 것이다. 믿음은 상식과는 동떨어진 사실이더라도 신뢰함으로써 입증되며, 설령 형편은 별 볼일이 없더라도 풍요를 이야기함으로써 증명된다. 앉아서 믿는 것만으로는 부족하다. 믿음에 따른 행동을 해야 한다. 행동은 물리적인 고리가 되어 원하는 대상을 손에 넣게 해준다. 아이디어를 실행하고, 그 결실을 얻음으로써 믿음은 더욱 단단해진다. 위기를 흔쾌히 감당할 때마다 자신을 믿고 신뢰하는 능력이 배가된다. 믿음과 희망은 서로 다른 개념이다. 믿음이란 실현되리라는 점을 믿고 아는 것인 반면, 희망은 무언가를 바라지만 정작 실현은 믿지 않는 태도를 일컫는다. 우리가 가져야 할 태도는 희망이 아니라 믿음이다.

돈이 없다는 생각에 무언가를 포기했는데, 막상 손에 넣고 보니 그럴 기회가 아주 많았다는 사실을 뒤늦게 깨달은 적이 있을 것이다. 늦었다 생각 말고 바로 그 기회를 잡으면 되는 것이다. 주변을 둘러보고 갖고 싶은 것을 상상하며 행동하자. 원하는 것을 이미 가진 사람처럼 행동하자. 그러다보면 생각보다 돈이 덜 들거나, 친구가 썼던 것을 얻는다거나, 혹은 예기치 못했던 경위로 손에 넣을지도 모를 일이다.

항상 최선을 기대하면
정말 그렇게 된다

집은 갖고 싶은데 돈이 부족하다고 치자. 그래도 포기하지 말고 돈이 있는 것처럼 생각하고 이상적인 주택이나 아파트를 상상한다. 자금이 넉넉하다는 기분으로 매물을 둘러본다. 그러다 마음에 드는 집이 있으면 이를 다시 한번 그려본다. 지금은 돈이 없겠지만, 주택을 구입하겠다는 의도가 상황을 변화시킬 것이다. 내가 원하는 의도가 온 공간에 퍼지면 꿈을 이루는 데 보탬이 될 만한 사람과 환경이 끌려오게 된다. 즉, 의도가 분명치 않고 그에 걸맞은 행동이 없었더라면 잡을 수 없는 그 기회가 끌려온다.

한 여성은 샌프란시스코에서 아파트를 찾고 있었다. 그런데 조촐한 원룸도 자신의 주머니 사정으로는 찾을 수가 없었다. 그녀는 침실 하나에, 중심가 사무실로 걸어서 통근할 수 있고, 고양이를 기를 수 있는 집이면 좋겠다고 생각했다. 그런 곳이 어디 있겠느냐는 친구의 말은 듣지 않았다. 앞으로 2주의 시간이 남은지라 그녀는 원하는 집을 또렷하게 그려보았다. 목표를 쉽게 달성할 수 있다는 믿음으로 아파트를 떠올리고는 이를 끌어당기기 시작했다. 어느 날, 왠지 산책을 하고 싶어진 그녀는 밖으로 나왔다가 조그만 건물의 계단에 앉은 여성을 만나게 되었다. 딱히 까닭은 모르겠지만, 조심스레 다가가 아파트를 구하고 있다는 사실을 털어놓고 싶었는데, 공교롭게도 그녀는 건물 주인이었고 자신이 원하는 조건을 다 갖춘 아파트를 갖고 있었다. 하지만 세를 놓을 생각은 별로 없었다. 전에 세든 사람들 때문에 곤란한 일을 많이 겪은 탓에 적당한 사람이 나타나지 않으면 세입자를 받을 생각이 없었다. 그리하여 집은 2년이나 제 주인을 못 찾았다는 것이다. 두 사람은 금세 마음이 통했다. 주인은 집세는 묻지도 않고 허락했다. 집에 고양이를 기를 수 있었고, 집세는 충분히 감당할 수 있는 액수였으며, 사무실도 걸어서 다닐 수 있는 거리였다.

믿음은 정신세계와 물질세계를 연결하는 고리다. 믿음은 발상과 구현 사이에 경과하는 시간 동안 연속성을 제공한다. 꿈은 정신세계에 이미 존재하고 있다. 단지 물질세계에 출현할 완벽한 타이밍을 기다리고 있을 뿐이다. 이상적인 자아가 적절한 대상을 바로 그 때에 가져다준 다는 사실을 믿자.

바른 길을 가면 문이 열리고, 기회가 오고, 도움을 주기 위한 사건이 우연히 일어난다. 그러나 제 길을 가지 않거나 이상적인 목적을 추구하지 않을 때는, 진행이 더딘 데다 일이 꼬이기만 할 것이다. 올바른 길을 가고, 에너지가 원활히 흐르면 삶은 순조롭게 진행된다. 물론 걸림돌이 아주 없다는 이야기는 아니다. 몸소 풀어내야 할 숙제가 있다면, 장애물에 맞닥뜨렸을 때 자신이 추진하는 일을 재검토하고 다른 길을 찾아야 하느냐,

혹은 인내와 끈기를 배울 수 있는 기회로 삼고 계속 그 길을 가느냐를 결정해야 한다. 쉬운 일은 아니다. 일을 추진하느냐, 대안을 찾느냐는 경험과 자각에서 비롯한다.

장애물을 성장의 일부인지, 다른 길을 찾아야 하는 신호인지 분별하는 비결은 성취하고픈 대상을 살펴보는 것이다. 원하는 대상에 주안점을 두고, 적절히 대처한다면 장애물은 곧 사라지기 시작할 것이다. 이를 극복하기가 너무 어렵게 느껴진다면 목표를 달성하기 위한 대안을 환경이 보여줄지도 모른다. 걸림돌로 치부했던 환경이 목표를 이루기 위한 대안으로 인도하는 경우가 있는가 하면, 나를 보호하거나 경솔한 언동을 막기 위해 장애물이 존재하는 경우도 있다. 걸림돌은 종종 다음 단계로 나아가기 전에 풀어내야 할 숙제를 일러주기도 한다.

풍요를 창조하는
능력이 배가되고
있음을 믿는다

어느 여성은 윗집이 너무 시끄러워 아파트를 옮기고 싶었다. 3주간 다리품을 팔았지만 적당한 집을 구할 수 없었다. 그녀는 "완벽한 집은 이미 성취되었다."는 선언을 되풀이했고, 혹시라도 다른 길을 찾아보는 편이 나을 성싶긴 했지만 이에 아랑곳하지 않고 모든 걸림돌을 헤쳐 나갔다. 그렇게 몇 주가 지나자, 뜻밖에도 윗집이 나가고 조용한 사람이 들어왔다. 결국 집을 옮길 필요가 없어진 것이다. 그제야 그녀는 걸림돌에도 뜻을 굽히지 않고 집을 찾아다닌 것이 불필요한 노력이었음을 알게 되었고, 소음 말고 딱히 싫은 점은 없었기에 다른 집을 알아보는 것 또한 본인의 의사가 아니었다는 사실도 아울러 깨닫게 되었다.

지금 형편보다 훨씬 큰 것을 누리고 싶다면 이를 해결할 시간이 필요하다. 일정하게 진동하는 자신을 상상하되, 파동과 조화를 이룰 수 있는 액수가 얼마인지 생각해보자. 적절한 채비도 없이 갑작스레 거액이 손에 들어오면 돈의 파동과 조화를 이루지 못할 수도 있다. 갑자기 떼돈을 벌었다가 몇 년이 채 되지 않아 탕진한 사람의 이야기를 들은 적이 있을 것이다. 반면, 부자가 되었음에도 삶이 별로 달라지지 않은 사람도 있다. 그들은 애당초 몇 년 전부터 막대한 재산을 관리하는 데 부담이 없었고, 커다란 변화를 감당할 준비가 되어 있던 사람들이다.

재산을 불리는 데 대해 채비하는 것은 두말할 나위 없이 중요하다. 그래야 돈이 막상 손에 들어왔을 때 일상과도 조화를 이룰 수 있기 때문이다. 좀 더 빠르게 조화하려면 사전에 거액을 몸에 '착용'하고, 정신적으로 에너지에 적응하여 돈에 대한 부담이 없도록 해야 한다.

나는 삶에 넘치는
번영과 풍요를 수용한다

겉으로는 아무런 변화를 체감하지 못하나 속에서는 원하는 목표를 채비하기 위해 숱한 변화가 벌어지는 경우도 비일비재하다. 돈이 유입되는 동안에도 대상을 끌어당길 수 있는 능력을 계속 믿고, 자신에게 일어나는 일은 모두 대상을 손에 넣을 준비를 하는 것이며, 풍요의 파동에 맞추기 위해 나의 파동을 변환하는 것으로 여기자. 지금의 현실은 과거의 생각이 창조해낸 결과다. 앞서 창조한 현실이 지금 구상하고 있는 현실로 바뀌는 데는 시간이 필요하다.

새로운 무언가가 실현되려면 시간이 필요한데, 많은 사람들이 너무 빨리 포기해버린다. 목표가 클수록 이를 성취하는 데 시간이 걸린다. 현재의 위치에서 이상에 닿기까지는 밟아야 할 절차와 단계가 있기 때문이다. 대상이 성취되기를 기다리는 동안 믿음을 선언하고, 용기를 키우며, 내면의 안내에 따라 감당해야 할 절차와 조치를 배우자.

일이 적절한 시기에 일어나는 것도 중요하다. 적절한 시기란 대상을 맞이할 준비가 된 때를 일컫는다. 늦는 것도 문제지만 너무 빠른 것도 문제다. 잠재력이 완전히 개화하기 전에 목표가 이루어지는 것은 한겨울에 싹이 나는 씨앗과 같다. 한겨울은 씨앗이 살아남는 적절한 때가 아닌 것이다. 반면, 대상이 너무 늦게 실현되면 필요한 기회를 일부 상실할 수도 있다. 싹이 늦여름에 난다면 가을과 겨울이 되기 전에 자랄 시간이 충분치 않을 것이다. 바로 적절한 타이밍이 중요하다. 이상적인 자아는 모든 대상을 적절한 시기에 이루어낼 것이다.

모든 것은
완벽한 타이밍과
방법으로
실현될 것이다

무언가를 마음에 간직했다가 이룰 수 없었던 경험을 되짚어보면, 인생에 별 도움이 되지 않는 것이었다는 사실을 깨닫게 된다. 대상이 적시에 적절한 모양으로 실현되지 않으면 도리어 방해가 되기도 한다. 지금 그것을 손에 넣는다 해도 언젠가는 버려야 할지 누가 알겠는가? 거기에 들인 시간과 에너지가 이상적인 진로를 방해할 수도 있다.

믿음을 계발하는 것도 중요하다. 즉각적인 결과를 기대하기보다는 확실한 목표의식을 갖고 꾸준히 나아가자. 내면의 안내를 이해하지 못할 때가 있는가 하면, 원하는 방향으로 이끌어주지 않는 경우도 있다. 그러나 결국에는 내면의 메시지가 목표로 인도할 것을 믿어야 한다. 시기는 알 수 없어도 믿음을 져버리지 말자. 진정 이롭고 유익한 대상이라면 기필코 이루게 될 것이다. 모든 과정이 목표를 실현하기 위한 것임을 믿자. 내면의 안내에 따라 의미 있는 일을 하면 꿈은 이루어진다.

풍요를 창조하기 위한 여정에서 겪는 사건은 돈을 끌어당기는 데 필요한 자질을 계발하는 과정이다. 물론 믿음을 잃지 않았는데도 궁지에 몰리는 경우도 있다. 돈을 끌어당긴다고 믿는데도 그렇게 되지 않을 수도 있다. 당장은 이해할 수 없더라도 결국은 더 큰 유익을 누릴 수 있으리라는 것을 재차 믿자. 어쩌면 불황이 더 큰 부를 끌어당길 수 있도록 성장을 촉진시킬 수도 있다.

지금 목표를 성취하는 과정에 들어섰는지도 모른다. 이미 원하는 대상의 본질을 얻었을 수도 있다. 몸소 끌어당기는 것은 모두 무언가를 가르쳐주고, 성장을 돕는다. 성장과 자아실현을 위해 항상 물질적인 성과가 필요한 것은 아니다. 물질적인 결과가 없더라도 무언가를 성취해내는 상상만으로도 교훈을 배울 수 있을 것이다. 목표를 끌어당겨도 여태 이루지 못했다면 대상의 본질을 생각하고, 혹시 본질을 이미 얻지는 않았는지 살펴보자. 왜 그것을 성취하고 싶은지, 그 이면에 숨어 있는 목표를 되짚어보자. 목표가 어떻게든 이루어진 것은 아닌지 곱씹어보자.

바라거나 필요한 것이 있고, 그것이 이상적인 목적에 이롭다면 조만간 실현될 것이다. 노력이 부족했다거나, 구현할 역량이 모자란다고 생각하지 말자. 목표가 이루어지지 않았다는 것은 그것이 정말 이로운 것이 아니었거나, 적절한 시기나 모양이 아니었을 뿐이다.

돈을 창조하는 마지막 단계는 집착을 버리고 이상적인 선에 '양보'하는 것이다. 이는 모든 것이 적시에 적절한 방도에 따라 이루어지도록 내버려 둔다는 뜻이기도 하다. 믿음이란, 내면에는 이상적인 힘이 존재하며, 그것이 시기와 방법에 따라 원하는 대상을 가져다주리라는 점을 이성적으로 아는 것을 일컫는다. 여기서 '양보'는 최선의 결과를 기대하며 의심과 두려움을 제거하고 결과에 책임을 지겠다는 태도를 말한다.

초연함 또한 중요하다. 양보가 정서적으로 놓아버리는 거라면, 초연함은 정신적으로 그러는 것을 뜻한다. 무언가가 없으면 살 수 없으리라 생각한다면 인생이 그에 집착하고 있는 셈이다. 그러면 원하는 대상을 본인이 쫓아버리는 꼴이 된다. 목표에 집착하지 않을 때 이를 훨씬 쉽게 이룰 수 있다. 옛말에 "집착하는 것은 결코 자기 것이 되지 않는다."고 했다. 물론 무언가를 바라지 말라는 이야기는 아니다. 원하는 대상을 완전히 놓아버리는 마음을 품자. 당장은 이해할 수 없을지라도, 성취되는 것은 무엇이든 유익하며 최고의 선을 위한 것임을 믿으면 가능하다.

나는 이상적인
선에 양보한다

우주는 완벽하게 돌아간다. 우리는 우주의 완전성에 접속할 수 있다. 우주는 사랑을 베풀고 있으며, 성장과 발전에 필요한 것을 가르치고 있다는 사실을 믿자. 무슨 일이 벌어지든, 모든 상황은 힘을 키우는 데 무엇이 필요한지 일러줄 것이다. 모든 것은 잠재력이 구현되는 것을 돕고, 내면의 힘을 불러일으키기 위해 일어나고 있다. 각자의 상황이 무엇을 가르쳐주는지 깨달으며, 이를 통해 자신이 습득해야 할 바를 의식한다면 난관을 즐기며 극복할 수 있을 것이다. 우주는 진정한 사랑을 베풀고, 아량이 넓고 풍요로우며, 관심도 다분할 뿐더러 항상 최선의 유익을 낳는다.

11장

# 기적, 사랑의 증명

Miracles

기적은 사랑에서 비롯하며, 사랑이 창조하며, 사랑을 통해 끌려온다.

상대방에게 느꼈던 사랑을 기억해보자. 그가 소중히 여겼을 무언가를 주었을 것이다. 그리고 그것은 기적을 일으켰을 것이다. 기적은 내면에 존재하는 사랑에서 출발하며, 결국 사랑을 되돌려준다.

에너지가 충만해지려면 상대방에게 선물을 받을 의지가 있어야 한다. 누구든 받을 역량이 부족하다면 기적은 일어나지 않는다. 기적이 들어올 수 있도록 마음을 열어야 기적이 일어난다. 사랑과 기적을 주거나 받기 위해서는 그러겠다는 의도만 있으면 된다. 숭고하고 원대한 비전을 품고 경험 속에서 자질을 창조하자. 누구나 사랑 에너지가 있으며, 몸소 선택한 것은 무엇이든 할 수 있다. 기적은 사랑에서 비롯한다. 흔쾌히 마음을 열고 자신과 타인을 사랑한다면 삶에는 언제나 기적이 일어날 것이다. 기적은 마음이 사랑으로 열려 있는 만큼 일어나는 법이다.

지체장애아를 둔 부모가 자녀에 대한 사랑을 통해 기적을 일으킴으로써 의사도 고치지 못한다는 장애를 극복했다는 일화를 들어본 일이 있을 것이다. 기적은 사랑을 주고받으려는 의지가 있을 때 일어나는 것이다. 기적은 우주와 영혼이 나를 사랑한다는 증거이다. 바라는 목표가 있다면 이를 머릿속에 그려보고 마음의 문을 열라.

## 나는 매일 사랑을 증명한다

사랑하는 마음으로 돈을 쓰고 남에게 베풀 때 더 많은 돈을 끌어당길 수 있다. 자신이 품고 있는 사랑만큼 우주의 풍요를 받아 누릴 수 있다는 이야기다. 사랑을 세상을 향해 내보낼수록 더 많은 풍요와 기적을 돌려받을 것이다. 돈을 주고받을 때 이를 사랑의 선물로 생각하고, 금전의 교환을 주변 이웃에게 사랑을 베푸는 기회로 삼자.

생각이 기적을 방해하는 경우도 종종 있다. 생각은 계획과 목표를 세우고 이를 상상하는 데 매우 유용하다. 그런 절차에 속도를 더하고 목표를 끌어당긴 후 기적을 창조해내려면 마음을 열어야 한다. 자신의 역량을 믿고, 이웃을 사랑하며, 몸소 실천하여 사랑을 증명하자.

이웃에게는 자신이 할 수 있을 만큼 사랑을 베풀자. 이웃에게 친절하고, 관대하고, 사랑스러운 말씨로 대하고, 무례한 사람은 용서하고, 긍정적으로 생각하고 매사에 그들을 존중하자. 남을 판단하거나 비난하지 말고, 매순간 사랑할 수 있는 기회를 찾아보자. 주변 사람이 나를 사랑한다면 무슨 어려움이 있겠는가? 항상 그 반대의 상황이 문제인 것이다. 타인을 사랑하고, 그와 뜻을 같이할 때 기회와 돈과 인맥, 기적 및 풍성한 사랑이 돌아올 것이다.

기적이란 '생각보다 훨씬 더 큰 대상이 이루어지는 예기치 못한 사건'을 두고 하는 말이다. 기적은 집착을 버리고 내면의 안내를 신뢰할 때 벌어지는 동시적 사건synchronistic events이다. 존재의 가장 심오한 영역에 도움을 청하는 소리 덕에 기적이 일어나는 경우도 비일비재하다. 위기가 종종 기적을 창출해내는 까닭은 그것이 영혼의 심오한 영역을 의식으로 불러내기 때문이다. 영혼은 항상 나를 살피며, 사랑과 안내를 보내고 있다. 조용히 명상을 하면 해결책을 품고 있는 영역에 접속하게 된다. 내면의 세계에 빠져들고, 영혼을 만나 도움을 청하면 해결과 동시에 기적이 일어나는 것이다. 굳이 위기가 닥치지 않았어도 존재의 깊은 곳에 접속하는 법을 배우자. 기적은 영혼 깊은 곳에 닿을 때 일어난다.

나는 우주의
무한한 풍요와
연결되어 있다

무언가를 얻고자 한다면 영혼에게 신뢰와 사랑을 입증해 달라고 부탁하자. 그러고 나서 목표가 끌려오기 시작하면 마음을 열고 사랑을 받아들이자. 타인의 사랑을 받아들일 때 마음을 열고 우주로부터 오는 사랑을 받아들이자. 그럴 때마다 삶에 기적이 작동하기 시작한다.

평소 수입원에서 돈이 들어오지 않으면 다른 데서 찾아보라. 이웃이나 혹은 전혀 기대하지 않았던 수입원에서 말이다. 주변을 둘러봐도 도통 받지 못할 성싶다면 돈이 흐르는 채널을 열어보자. 특정한 수입원에서 무언가를 얻고자 한다면, 흐름을 원활히 하기 위해 다른 루트는 차단하는 것도 방법이다.

삶의 환경은 하룻밤 사이에도 개선될 수 있다. 번영을 둘러싼 환경이 달라지는 데 시간이 걸릴 거라 생각지 않으면 정말 그렇게 된다. 돈이 쪼들려 걱정이 이만저만이 아닐 때, 바로 이튿날 문제가 해결되어 근심이 사라진 경험이 있을 것이다. 돈 걱정에 마음이 우울하다면 그것은 일시적인 상황이며 언제든 반전될 수 있다는 것을 기억하자.

전혀 기대하지 않았던 목표가 기적처럼 이루어졌을 때를 돌이켜보자. 형편을 긍정적으로 생각하고, 내면의 안내를 따르고, 자신을 신뢰하고 역량을 믿을수록 기적은 더 자주 일어날 것이다.

가장 위대한 기적은 인생이다. 나 자신이 기적이며, 원하는 것은 기적을 일으켜서라도 창조할 수 있다. 나의 기량에는 한계도, 걸림돌도 없다. 다만 제약이 있다면 상상력뿐일 테니, 일단 구하고 그것이 이루어진다고 믿자.

기적은 행동하는 사랑이다

3부

# 천직의 발견

12장

# 천직이 보내는 신호

You Can Do What You Love

우리는 특별하고 유일한 존재로서 이 세상에 의미 있게 이바지하고 있다. 모든 사람에게는 선천적인 목적이 있으며, 우리가 이곳에 존재하는 데에는 까닭이 있다. 우리는 어느 누구도 대신할 수 없는 역할을 감당하기 위해 이 땅에 태어난 것이다.

인류를 위한 특별한 헌신이 바로 우리의 천직이다. 우리는 비로소 진정으로 원하는 길을 따르게 되며 삶은 기쁨과 풍요와 행복으로 가득하게 될 것이다.

천직을 찾으면 돈과 풍요를 쉽게 창조할 수 있다. 시간과 에너지를 자신이 좋아하는 일에 쏟을 수 있고, 이는 삶에 활력을 주고 행복하고 만족스러운 마음을 갖게 한다. 내면에 쌓인 행복은 주변에 기쁨으로 발산하게 되며, 결국엔 좋은 것을 좀 더 많이 끌어당길 수 있는 힘이 된다. 애착이 가지 않는 일을 해도 돈은 벌 수 있으나, 그러려면 갑절의 노력이 필요하다. 시간과 에너지를 그런 일에 쏟으면 풍요의 흐름은 줄어들지만, 일이 마음에 들면 수고하지 않고도 쉽게 풍요를 불러온다.

농부를 생각해보라. 몸소 기르는 작물을 사랑하는 그는 필요할 때마다 잡초를 뽑아주고, 가지를 치고, 밭을 갈아준다. 농산물이 잘 자라도록 보살피느라 소소한 데에까지 마음을 쓰고, 각 작물을 사랑스럽게 지켜볼 것이다. 아울러 그것이 많은 열매를 맺을 수 있도록 전력을 기울일 것이다. 일하기 싫어하고 농작물을 가꾸는 데 태만한 농사꾼보다 더 풍성한 농작물을 수확하게 될 것이다. 농사가 좋은 농민은 작물을 재배하는 것이 마냥 즐겁겠지만, 그렇지 않은 농부는 수확을 적게 거두면서도 훨씬 힘들게 일한다.

좋아하는 일을 하면
돈과 풍요는 자연스레
따라온다

좋아하는 일을 하고 있다면, 3부는 건너뛰고 4부를 읽어도 좋다. 혹시 더 나은 직업을 갖고 싶다거나, 의미심장한 일을 찾고 있다거나, 학업을 이으려 한다거나, 창업을 계획한다거나, 즐길 수 있는 활동을 하고 싶다거나, 혹은 업무의 효율성을 증진시키고 싶다면 3부를 정독하라. 3부에서는 유쾌한 일과 활동 등을 쉽게 끌어당기는 데 보탬이 되는 방법을 일러줄 것이다. 천직을 찾는 데 관심이 없다면 4부로 넘어가도 무방하다. 천직에 에너지를 불어넣으면 적절한 때에 이상적인 직업을 끌어당길 수 있을 것이다.

일상에서 애착을 느끼는 활동은 재능과 기량 발휘와 관계가 깊다. 이 같은 활동은 모양새가 다양하다. 단번에 천직을 대변하는 일이 있는가 하면, 그렇지 않은 경우도 있다.

어느 남성은 타인에게 의욕을 고취시켜 자신의 역량을 최대한 발휘하도록 돕는 것이 천직이었다. 그는 웨이터와 점원, 창고 관리인 등 다양한 직업을 거치며 항상 이웃을 격려하고 그들이 장점을 발견할 수 있도록 곁에서 도와주었다. 그리고 훗날에는 작가가 되어 귀감이 되는 책을 집필했다. 책이 출간되자 그는 인기 강사가 되어 전국을 누비며 사람들에게 용기를 심어 주었다. 업종은 달라졌지만 타인의 귀감이 되는 숭고한 재능은 변치 않았던 것이다.

나는 유별나고
독특하게 기여한다

천직인 듯싶은 일을 할 때는 활력과 생기를 느낀다. 삶에 원대한 의미가 있을 거라는 기대와 그에 기여하고 있기 때문이다. 아울러 커다란 비전과 목표를 갖게 되며, 인생의 모든 영역에서 좀 더 행복해질 것이다. 천직은 자신의 됨됨이를 분명히 표현할 뿐 아니라, 자기계발과 발달에 도움이 된다.

천직을 찾기 위해 전업을 해야 한다는 법은 없다. 직종에 관계없이 이바지할 수 있기 때문이다. 현 직장에서 이웃을 어떻게 도울 것인지, 사랑은 어떻게 실천하며, 사람들이 내면의 빛에 어떻게 닿게 할 수 있을지 모색을 하면 된다. 사업이 천직이 될 수도 있고, 지역사회 활동이나 취미를 통해서도 하고 싶은 일은 얼마든지 할 수 있다. 가사나 육아도 천직이 될 수 있다. 숭고한 활동이 인생을 가득 채울 때 기쁨과 사랑을 발산하여 풍요를 끌어당길 수 있을 것이다.

누구나 만족스러운 직업을 누릴 수 있다. 매일 삶의 활력을 만끽하며 돈도 벌 수 있다. 적성에 맞는 일을 하고, 친한 사람과 어울릴 수 있는, 바람직한 환경에서 근무할 수도 있다. 제 나름의 기량과 재능을 발휘하면 돈을 벌 수 있는 기회를 끌어당기면서도 자신을 충분히 표현하고 의욕을 불러일으킬 수 있을 것이다. 좋아하는 일을 하면 이웃의 삶도 풍성해지고, 세상에는 좀 더 많은 빛이 전해지게 된다. 인간은 천직을 통해 세상에 태어난 목적을 이룰 것이다.

좋아하는 일을 하는 것은 누군가에게 덕을 행하는 것이다. 내가 최고의 기량을 발휘하면, 타인의 형편도 덤으로 개선된다. 이웃을 섬기는 마음으로 역량을 발휘하면 나의 서비스와 일을 찾는 사람이 많아진다. 행여 돈벌이가 시원치 않아 보일지라도 자신의 마음을 믿고 이상적인 안내에 순응하자. 결국에는 엄청난 부와 풍요를 누리게 될 것이다.

깨달음이란 자신이 하는 일을 모두 의식하고, 조화와 아름다움과 질서를 이루기 위해 주변에 편재하는 에너지를 활용하는 데서 비롯한다. 천직 발견과 계발의 발판으로 삼을 수 있다. 마음에 맞는 일을 해야 주의를 기울이고 의식을 집중할 수 있기 때문이다.

이상적인 자아는 감정과 상상, 희망 및 꿈을 통해 메시지를 전달한다.

자아는 즐길 수 있는 일로 안내하거나, 하고 싶은 일을 영상으로 보여줌으로써 천직을 일러준다. 천직은 평소 염두에 두었거나, 친밀감을 느꼈던 익숙한 대상이거나 혹은 현재 종사하는 일일 수도 있다. 여가일 수도 있고, 돈과 여유가 있으면 하리라 마음먹은 일일지도 모른다. 천직은 인류나 동식물 혹은 세상에 이바지하는 일과 관계가 깊을 것이다.

천직이 이상적인 삶에 대한 꿈과 몽상으로 암시되는 경우도 있다. 자연에 묻히거나, 세계를 여행하거나, 글이나 곡을 쓰거나, 그림을 그리거나, 운동을 가르치거나, 가정을 부양하거나, 학생을 지도하는 등 꿈은 사람에 따라 다양하다. 사업이나 상담도 누군가의 꿈일 수 있다. 심오한 소욕과 꿈은 영혼에서 비롯하며, 영혼은 현 신분의 제약을 초월한다. 영혼은 나의 정체성과 세상에서 어떤 과업을 성취할 수 있는지 나 자신보다 훨씬 잘 알고 있다. 영혼은 이상적인 삶이라는 꿈을 암시함으로써 잠재력과 진로를 보여준다. 몽상을 쓸데없는 허상이라 치부하지 말고, 심오한 내면이 역량과 진로에 대해 전하는 메시지로 여기고 존중하라.

내가 하는 일은
아름다움과 조화와
질서와 빛을
세상에 더해준다

지금은 찾을 수 없는 직업이 천직일 경우도 있다. 즉, 몸소 창조해야 할 일일지도 모른다.

인류는 의식의 전환을 겪고 있다. 이상적인 의식이 자리를 잡으려면 새로운 것이 필요할 것이다. 기존의 직업은 달라지고 있으며, 수많은 사람이 업종을 바꾸고 일자리를 창출하고 있다. 우리는 이 같은 의식을 지원할 시설과 일자리를 창출하는 데 기여하기 위해 여기에 존재하는 것이다. 새로운 기회를 깨닫고, 일손이 필요한 곳을 찾아 이를 채우는 업종을 만들어내는 것이 바로 나의 몫이다. 이러한 의식이 확산되면 모두에게 힘을 실어주고 자신도 성장하며, 이상적인 질서에 에너지를 보낼 수 있는 기회가 생길 것이다.

직장을 그만두고 좀 더 의미심장한 일을 하고 싶은 사람도 있을 것이다. 대개는 현재의 직장에 매력을 느끼지 못한다. 업종을 여러 차례 바꾼 사람이 있는가 하면, 하나를 꾸준히 하고는 있으나 무언가 부족하다고 느끼는 사람도 있다. 어떤 사람은 근로 환경을 개선하기 위해 끊임없이 회사에 아이디어를 제시하기도 한다.

내 운명은 내가 책임진다
내 삶은 내가 만들어간다

'새로운 무언가를 찾아봐야 할 거야.'라고 속삭이는 내면의 음성을 듣고 있을지도 모르겠다. '더 좋은 직장 어디 없을까?'라거나, '좀 더 중요한 역할을 했으면 좋겠다.'며 고민하고 있는가? 전에는 즐거웠지만 지금은 돈이 궁해 울며 겨자 먹기로 하거나, 과거와는 달리 일이 지루하거나 어렵게 느껴질지도 모르겠다. 내면이 이 같은 메시지를 들려준다면 진로를 검토해봐야 한다.

천직을 창조하려면 무언가 다른 일을 해야 한다는 편견은 버리는 게 낫다. 무언가를 강요하면 진전은커녕 반감만 생기기 마련이다. 천직을 찾는답시고 인생까지 송두리째 바꿀 필요는 없다. 속도를 줄이고 한 단계씩 차근차근 밟아나가도 천직에 이를 수 있다.

지금 하는 일에 천직의 씨가 담겨 있다. 그러니 특출한 기술을 더욱 자주 표현하고, 지금이나 향후 생계에 보탬이 되도록 이를 활용하는 것이 무엇보다 중요하다. 좋아하는 일을 하면 할수록 최고의 풍요를 창조할 수 있으며 그럴 때 인생은 만족과 활력, 행복 및 사랑으로 충만하게 될 것이다.

## 좋아하는 일을 하면
## 돈은 그냥 따라올 것이다

EXERCISE

## 천직에 연료를 주입하라

천직을 암시하는 상징물을 만들고, 그에 에너지를 주입하면 천직을 끌어당길 수 있다. 상징은 사상과 신념체계를 무시하고 순수한 영혼의 에너지만을 표출하기 때문에 위력이 막강하다.

### 워밍업

몇 분간 맥의 끊김 없이 느긋하게 명상할 수 있는 시간과 장소를 마련한다. 긴장을 풀고 마음을 추스르자.

### 단계

1. 혼자만의 시간을 마련하자. 눈을 감고 조용히 앉아, 영혼이나 이상적인 자아에게 가야 할 길을 암시하는 표징을 보여 달라고 당부한다. 마음에 떠오르는 영상은 무엇이든 수용한다. 에너지를 불어넣어야 할 완벽한 표상을 손에 들고 있는 자신을 상상한다. 영혼에서 에너지가 나와 곧장 표상으로 들어간다고 생각한다. 표상은 에너지를 받고 있다. 이번에는 표상을 산꼭대기에 놓는 모습을 상상한다. 나와 산꼭대기의 표상 사이에 길이 나 있다. 정상에 이르는 자신에 집중한다. 그곳까지 춤을 추며 걷거나 즐기는 자신의 모습을 그린다.
2. 정상에 도달하면 이를 위해 달려온 자신에게 축하의 메시지를 보낸다. 얼마나 수월하게 등정했는지 느껴본다. 매사가 순조롭게 돌아가고, 환경이

나를 완벽하게 기르고 있음을 느끼고, 잠재력이 실현될 때의 기분을 맛본다. 손에 든 표상을 가슴에 대본다. 거기에 에너지를 가득 채우고, 상징이 몸의 구석구석에 빛을 보낸다고 상상한다. 몸의 모든 세포가 목표와 합치될 때까지 계속 상상한다. 그러고 나서 우주의 이상적인 실체에 상징을 방출하고 나면 표상은 에너지를 얻게 될 것이다.

3. 표상으로 실습하면 꼭 하고 싶은 일을 찾는 데 도움이 될 만한 아이디어가 떠오를 것이다. 실습을 통해 마음이 맞는 일을 유도하는 환경과 인맥 및 사건을 끌어당길 수 있는데, 그러려면 의도가 헌신 못지않게 중요하다. 강한 의도를 가지고 천직이 존재한다고 믿는다면, 성공을 체험하게 될 가능성은 더욱 높아진다. 내면의 안내에 귀를 기울이고 그에 따라 처신하기 때문이다.

13장

# 마음은 이미 천직을 알고 있다

Discovering Your Life's Work

천직을 발견하는 한 가지 방법은, 하고 있는 일이 마음에 들고 별 부담 없는 일인가 살펴보는 것이다. 어떤 직능을 즐겨 활용하는지 관찰하자. 천직은 그런 기술을 사용하는 것과 관계가 깊다. 기술을 밝혀내면 이를 좀 더 자주 활용하는 데 주의를 집중하여 자신을 돕고 돈을 벌 수 있는 기회를 끌어당기자. 삶의 다른 영역에서도 이 같은 직능을 사용하는 요령을 찾아내면 모든 활동을 천직으로 표현해낼 수 있을 것이다.

내가 즐기는 것 — 직업, 취미, 활동 등 —은 모두 어떤 기술과 관계가 깊으며, 그 기술은 물음을 통해 파악할 수 있다.

직장 업무 중 특히 좋아하는 일은 무엇인가? 지역사회 활동 중 좋아서

하는 것은 무엇인가? 취미는 무엇인가? 평소 좋아하는 활동은 무엇인가? 노래와 춤을 좋아하는가? 글쓰기나 상담은 어떤가? 가장 즐기는 일은 무엇인가? 남을 치료하거나, 돕거나, 가르치는 것을 좋아하는가? 협상이나 관리, 조직, 혹은 안내 등을 좋아하는가? 자금관리, 예술, 과학 등에 관심이 있는가? 컴퓨터나 기계, 설비가 필요한 업무를 좋아하는가? 숫자나 통계, 연구자료 등 정보를 취급하는 것을 좋아하는가? 창조적인 일을 좋아하는가? 논리를 따져야 하는 업무에 매력을 느끼지는 않는가? 손이나 목소리로 하는 일이 좋은가? 사람을 만나거나, 전화로 그들과 소통하는 일을 좋아하는가? 잠시 조용히 앉아 활용하고픈 기술과 자연스럽게 표출하고 있는 재능을 생각해보자.

어느 여성은 여유가 있을 때 친구들의 머리를 잘라주고 예쁘게 꾸며주는 것을 좋아했다. 그녀는 손재주가 있었고 사람과의 만남을 즐겼는데, 하루는 지인의 외모를 가꾸어주며 행복을 심어주는 것이 천직이겠다 싶은 생각이 들었다고 한다. 그래서 생업을 계속하며 야간에는 미용학교를 다녔고, 훗날 일을 그만두고 미용실을 열어 성공했다.

어쩌면 특출한 능력 중 하나가 '상담'일 수도 있다. 곤경에 빠진 사람이 스스로 해결책을 찾고 새로운 비전을 창조하도록 도울 수 있는 노하우가 있을지도 모르겠다. 그렇다면 일을 계속하면서 그 기술을 적용할 수 있는 길을 찾는다면 당장 천직에 올라 탈 수 있다. 혹은 전문 상담과 관련된 직업을 통해 제 역량을 발휘할 수 있을지도 모른다. 좋아하는 일을 할 수 있는 기회가 늘어날수록 이웃에게 기여하고, 풍요를 끌어당길 수 있게 된다.

한 여성은 개를 좋아하고 잘 다루었다고 한다. 그래서 지인들은 집을 비울 때면 개를 그녀에게 자주 맡기곤 했다. 그녀는 개를 다루는 일이 직장 일보다 더 즐겁다는 것을 깨달아 애완견 미용업을 시작했다. 사람들이 애완동물과 더욱 잘 지낼 수 있도록 돕는 데 소질이 탁월하다는 것을 발견하여 기회를 창출해낸 것이다. 그 일을 아주 좋아했으며 독보적인 재능을 잘 살렸기에 이웃과 애완동물에게 많은 도움을 주었을 뿐 아니라, 돈도 벌 수 있었다.

지금 하고 있는 일에는 천직의 씨가 담겨 있다. 씨를 발견했다면, 직업이 바뀔 때마다 이미 발아된 기술을 활용하게 될 것이다. 마치 다음 일을 준비하기 위해 일을 하는 것처럼 말이다. 좋아서 습득한 기술은 이상적인 진로를 따르는 데 있어 매우 중요한 요소다. 물론 그 직업을 선택한 경위와 특기 및 재능을 계발한 까닭을 모를 수도 있다. 그러나 몸소 습득한 기술은 언젠가는 빛을 발하게 마련이다. 현재 종사하는 일은 천직에 사용될 기술을 얻는 데 도움이 되리라는 것을 믿어도 좋다.

나의 특기와 재능을
존중하며 사용한다

지질학이 얼핏 보기에는 '치유'라는 진로와 사뭇 다른 듯싶지만 같은 기술을 구사하는 경우가 상당히 많다고 한다. 지질학자로 활약하던 듀앤은 땅덩어리를 관찰하고 지진대를 지도에 표시하느라 비행편을 즐겨 이용했다. 지형 패턴을 면밀히 살펴보고 해석하며, 중요한 정보와 그렇지 않은 정보를 구분했다. 이런 기술을 계발하는 데는 시간이 적잖이 필요했는데, 흥미롭게도 이 기술의 본질은 인간의 에너지 패턴을 직관적으로 해석하는 능력과 매우 유사했다. 지질학 또한 패턴을 눈으로 관찰하고 해석하며, 중요한 정보와 그렇지 않은 정보를 구분하는 능력을 겸비해야 한다.

현재 습득하고 있는 기술이 향후 다르게 쓰이는 경우도 있다. 사나야는 뜨개질이 좋아 몇 시간을 해도 질리지가 않았다. 어느 날 그녀는 뜨개질이 마음을 가다듬게 하고, 긴장을 풀어주며 명상에 잠기게 해준다는 점을 깨달았다. 그녀는 뜨개질을 내면의 안내자와 만나는 방법으로 사용하고 있다.

세상을 향해 '나는 세상을 위해 무엇을 할 수 있는가?'라 물으면서 천직을 찾지는 말자. 대신 '내가 하고 싶은 일은 무엇인가? 흥미를 자극하는 일은 무엇이며, 흥분시키는 일은 무엇인가? 손을 대고 싶은 일은 무엇인가? 열정을 발휘할 수 있는 일은 무엇인가?'를 물어보자.

나는 세상이 아닌 내면을 성찰함으로써 천직을 찾는다

장사에는 문외한이지만 조촐한 매장을 하나 차리고 싶은 남성이 있었다. 그는 팔고 싶은 물건보다는 어떤 매장이 잘 되는지부터 살피기 시작했다. 결국에는 아이스크림 가게를 열기로 결심했는데 경험도 거의 없는 데다 아이스크림에는 더더욱 관심이 없었다. 그러니 사업이 즐거울 턱이 없었다. 손님이 많지도 않은지라 온종일 가게를 지키고 있지만 수지타산은 맞지 않았다. 이 난관을 타개할 방편을 두고 내면의 안내에 귀를 기울인 그는 '관심이 있는 상품을 팔라'는 메시지를 얻었다고 한다. 그래서 친숙하고 관심이 가는 것이 무엇인지 삶을 되짚어보았다. 그는 달리기를 좋아했고,

스포츠가 관심사에서 제외된 적은 없었다. 운동화나 운동기구를 살 때 겪어야 했던 애로사항 다리품을 팔아야 했다는 것 등이 문득 떠올랐다. 결국 그는 아이스크림 대신 스포츠용품을 취급하는 매장을 열기로 했다. 때마침 조깅의 붐이 일어날 기미가 보이면서 매출이 부쩍 늘었다. 물론 일도 즐거웠다.

우리는 이미 기술과 재능, 경험 및 지식을 충분히 가지고 있다. 그중에 친숙하고 관심이 가는 것이 무엇인가.

기술과 지식 중 일부는 학교 교육과 워크숍 및 강좌를 통해 습득했을 것이다. 지금까지 읽은 책과 듣고 본 테이프 및 동영상, 수강했던 교육 프로그램을 떠올려보고 그동안 종사했던 직업을 되짚어보는 것도 바람직하다. 자녀의 학교 및 교회에서 봉사한 경험이나 여름 휴가철에 가담했던 활동도 좋다.

> 나에게는 기술과 재능이라는 소중한 자산이 있다

집안일이 즐거운가? 위원회를 조직하거나, 기금을 마련하고 싶은가? 그룹을 조율하여 일정을 관리하고 싶지 않은가?

취미도 살펴보자. 보드게임이나 스포츠클럽 등과 같은 클럽에 가입했는가? 공연이나 오페라, 발레, 교향악을 즐기는가? 그림이나 공예품을 좋아하는가? 무언가를 손수 제작하거나, 시를 쓰거나, 혹은 말벗에게 일상을 털어놓는 데 희열을 느끼는가?

우리에게는 풍부하고 다양한 지식과 갖가지 기술을 터득한 이력이 있다. 생각보다 훨씬 더 많은 재능을 발휘할 수 있을지도 모른다.

활용하고픈 기술을 살펴본 후, 자신의 꿈을 생각해보자. 꿈을 자세하고 분명하게 상상할수록 좀 더 쉽게 끌어당길 수가 있다. 이상으로 꿈꾸는 삶, 주변에 어울렸으면 좋을 이웃과 환경을 잘 살펴보면 천직의 요소를 가늠할 수 있을 것이다. 꿈이란 마치 건축가의 청사진과 같은 마음속의 영상을 일컫는다. 마음의 영상은 자신이 원하는 대상을 내면의 자아가 유도하도록 돕는다.

이상적인 삶에 대한 꿈이 비현실적으로 보일 수도 있다. 너무 원대하고 요원하게 느껴져 실현될 수 없을 것 같기도 하다. 꿈을 이루려면 돈이 많아야 한다고 생각하거나, 돈이 있어야 하고 싶은 일을 할 수 있을 테니 싫은 일도 억지로 해야 하다고 여길지도 모르겠다. "적성에 맞는 일을 할 여유가 생길 때까지 직장에 다녀야지, 별 수 있나?"라며 하소연 하는 사람이 적지 않은데, 원치 않는 일을 하며 경제적인 여유를 찾는 경우는 극히 드물다.

나는 지금 이상적인 삶을 살고 있다

마음이 가는 곳으로 곧장 달려가자. 마음에 맞는 일을 해도 지금보다는 훨씬 풍요롭게 살 수 있다. 돈은 좋아하는 일을 통해 더 많이 들어오는 법이다. 세계를 여행하고 싶다면 여행사나 항공사 같은 여행과 관련된 일을 시작해보는 것도 좋다. 그래야 인생 살맛이 나고, 풍요도 끌어당길 수 있을 것이다.

나의 꿈은 무엇인가? 잠시 여유를 갖고 이를 묵상해보자.

바람직한 근무환경이 있다면 무엇인가? 자연이나 동물과 함께 야외에서 일하는 것을 꿈꾸거나, 장비와 사람냄새가 묻어나는 실내가 더 마음에 들 수도 있다. 일하고 싶은 국가를 비롯하여, 도시나 교외 중 어디서 근무해야 번창할 수 있을지도 결정해보자. 내근이 좋은가? 트럭을 몰고 싶은가? 건설현장이나 조선소 혹은 공항에서 일하고 싶은가? 지정된 한 곳에서 일하고 싶은가? 여러 현장을 다니며 근무하는 것이 좋은가? 근무환경은 어떤가? 직장생활을 함께 하고픈 직원은 어떤 사람인가? 젊은이와 어르신과 일하는 것이 즐거운가? 동년배는 어떤가? 직원은 몇 명 정도가 좋겠는가? 혼자 일하는 편이 차라리 나은가? 의료계나 스포츠, 정치, 과학, 혹은 교육 분야에 종사해보는 건 어떨까?

꿈은 천직을 발견할 수 있는 실마리를 제공한다. 관심이 가는 일에 주의를 기울이자. 이를테면, 지구의 평화와 동물보호, 환경문제, 노숙자 및 우주개발 등에 관심이 있을지도 모르겠다. 물리적, 정신적, 정서적인 도전의식을 설계하여 그 일에 담을 수 있다.

체력을 소모하는 일이 좋은가? 분주한 일을 좋아하는가? 조용히 차근차근 처리하는 일을 즐기는가? 가급적 구체적으로 상상한다면 이를 실현해낼 것이다.

한 여성은 잡지에 실린 사무실 사진을 보고는 완전 자기 스타일이라며 감탄했다. 바닥에 놓인 화분, 벽을 수놓은 장식, 그리고 디자인이 독특한 파란색 타이프라이터가 책상 위에서 눈길을 끌었다. 그녀는 사진을 벽에 걸어놓고 잡지의 사진 같은 사무실 환경을 계속 상상했다. 몇 년 후, 직장을 그만두고 나서 새 일자리를 구하기 위해 면접 차 한 사무실을 찾아간 그녀는 놀라움을 감추지 못했다. 타이프라이터가 노랗다는 점을 제외하면 그곳이 잡지에서 본 사무실과 똑같았기 때문이다. 본격적으로 근무하게 된 그녀, 책상에 앉자 몇몇 동료가 "파란색 타이프라이터를 주문해놓았다."고 일러 주었다. 하지만 안타깝게도 동료 직원의 됨됨이와 자신이 맡고 싶은 책임, 승진의 기회 등은 염두에 두지 않아 결국에는 직장을 그만두게 되었다. 내면의 필요와 어울리지 않았기 때문이다.

근무하고 싶은 일터를 구체적으로 그려보자. 소정의 봉급을 받는 직장생활이 편한 사람도 있고, 창업이 성미에 맞는 사람도 있을 것이다. 대기업에 어울리는 사람이 있는가 하면, 중소기업이 편한 사람도 있다. 무엇을 바라든 그대로 이루어질 것이다. 무엇을 마음에 품고 있는지만 분명히 밝히면 된다.

좋아하는 일이
무엇인지 알고,
지금 그 일을 하고 있다

경력자라면, 팀원으로서 동료와 호흡을 맞추는 것이 적성에 맞는지, 혼자 사업을 경영하는 편이 나은지 짚어봐야 한다. 타인과 위험을 분담하고 싶어 하는 사람이 있는 반면, 중차대한 안건을 스스로 결정하려는 사람도 있을 것이다. 고용주를 하나만 두고 싶은지, 여럿을 위해 일하고 싶은지도 선택하자.

희망하는 월수입은? 감당하려는 책임의 무게는 어느 정도인가? 대기업에 근무하며 책임을 계속 불려나가고 싶은가? 직장에서 누리고픈 안정과 지위 및 승진의 기회를 생각하자. 기량을 인정받고 싶다면 그 또한 비전에 담아두면 된다. 자율성과 자유를 만끽하고 싶다면 그것도 구하고, 구조가 규격화된 근무지에서 성공할지, 역동적인 환경을 염두에 두고 있는지도 자문해보자.

원하는 것은 무엇이든 할 수 있다면 며칠간 무엇을 하겠는가? 몇 달간 이상적인 삶을 향유한다면 그 모습은 어떨까? 주당 3~4일과, 다른 며칠간 하는 일이 같지 않을지도 모른다. 다양한 프로젝트를 처리하고 싶은가? 뭐든 하나에만 정신을 쏟고 싶은가? 한 달은 일에 집중하고, 다음 달에는 다른 일을 할 것인가? 이상적인 삶을 마음에 그리고, 상상해보자.

꿈에는 어떠한 한계선도 긋지 않아야 한다. '그렇게 된다면야 금상첨화겠지만, 그렇게 될 리가 있겠나?'라며 지레 포기해서는 안 된다. 어떻게든 그것을 구하자. 사고의 한계를 벗어날 때가 왔다. 비전을 당장 실현할 필요는 없다. 꿈을 이루는 첫 단계는 머릿속에 그림을 그려 넣는 것이다. 생각은 허구가 아니다. 원하는 대상을 구체적으로 밝히면, 이상적인 자아가 즉각 나서서 이를 창조할 것이다.

### 생각과 비전에는 한계가 없다

꿈이 언제, 어떻게 실현될지는 몰라도 상관없다. 기대한 바를 구체적으로 의식하고, 사고의 폭을 넓히기만 하면 된다. 현실성이 없고 무리한 기대로 보이더라도 일단 구하자. 그러면 이상적인 자아가 소망을 이루기 위해 일을 시작할 것이다.

꿈을 꾼다는 것은 새로운 현실을 창조하고 있다는 방증이다.

14장

# 자질은 이미 충분하다

You have What It Takes

내면의 힘과 더불어 요긴하게 쓰일 재원을 계발한다면 천직을 신속하게 끌어당길 수 있다.

그렇다고 무리할 필요는 없다. 첫 단계부터 차근차근 내면의 힘을 계발하면 걸음을 내딛는 것이 점점 수월해질 것이다.

각 단계를 밟아나가다 보면 어느덧 꿈에 근접해 있음을 느끼게 되며, 비전을 실현하는 것이 생각보다 훨씬 쉽다는 사실을 깨닫게 될 것이다.

천직에 종사하려면 내면의 소리에 귀를 기울이고 그 지혜에 순응해야 한다. 그리고 다른 누구도 아닌 나 자신에게 유익한 것을 결정해야 한다. 천직을 찾는 것은 자신을 발견하는 과정인데, 이는 밖이 아닌 안에 관심을 돌려야 가능한 일이다. 그러나 그 답이 익숙지 않은 영역에 있기에 그것이 타인의 손아귀에 있다고 오해하는 사람이 많다. 물론 새로운 기술과 이를 둘러싼 지식을 습득해야 한다면 권위자의 말도 경청해야 할 때가 있다. 그러나 남들의 지혜와 지식을 두루 모은 후 결단할 때는 자신의 지혜를 의존하는 편이 낫다. 어떤 직종을 선택하고, 어디에 투자해야 할지, 혹은 효과적인 선택이 무엇인지를 내 자신이 가장 잘 안다.

천직을 창조하려면 당면 문제'과제'나 '성장을 위한 기회'라 해도 무방하다를 해결하는 법을 배워야 한다. 비록 타인의 조언을 구하는 것은 좋으나, 궁극적인 결정은 자신의 직관을 따라야 한다. 천직을 일구어나가면 날마다 자신의 길을 창조하게 될 것이다. 누구도 나를 위한 길을 준비하거나 청사진을 제시해 줄 수 없으므로, 스스로 삶의 주도권을 쥐어야 한다. 스스로 운명을 담당해야 한다. 천직에 전념한다는 말은 자신의 삶을 스스로 개척한다는 뜻과 같다. 기회를 앞두고 늘 깨어 있다면 언제 조치를 취해야 할지 알 수 있기 때문에 미래를 설계할 수 있다. 이런 삶은 당장에라도 시작할 수 있다.

해답은 모두
내 안에 있다
나는 내면의
지혜를 따른다

무슨 일을 하든, 자신의 인생을 돌아보고 당면 문제를 해결할 창조적인 방안을 강구하자. 스스로 답을 발견하자. 창조적인 사고력을 계발하면 효율이 증대되어 성공을 구가할 수 있다. 삶의 흐름과 조화를 소소하게 이루어나가는 비결을 생각할 때 창조적인 해결력을 계발할 수 있다. 난관에 직면했다 해도 이를 창조적으로 처리하고 해결책을 찾아내는 데 필요한 기술은 이미 갖추었다. 열악한 상황을 개선하는 비결을 찾아낼 수 있다.

타인의 천직을 돕는 데 너무 분주한 나머지 정작 자신의 천직을 성취하기 쉽지 않다며 하소연하는 경우가 있다. 타인이 성공하기까지 자신의 일쯤은 미루는 것이 당연하다 여길지도 모르겠다. 타인이 과업을 세상에 펼치기까지 그를 뒷바라지하고 팀원으로서 활약하는 것도 중요하다. 그러한 역할이 천직인지는 금세 알 수 있을 것이다. 섬기는 일이 즐겁고 기분도 좋다면 천직이 분명할 테니까. 하지만 기쁨이 아니라 의무감으로 남을 돕고 있다면 그것이 정말 천직인지 재차 확인해봐야 한다.

나는 소중한 사람이다
내 길은 중요하다

어떤 사람은 자신의 진로나 아이디어 및 창조성 등이 계발해야 할 만큼 중요하지 않다는 생각에 남을 지원키도 한다. 하지만 정말 그렇게 보이더라도 나의 삶은 타인의 것 못지않게 값어치가 있다. 남이 나보다 더 화려한 직장에 다니고 돈도 더 많이 번다고 해서 그의 삶이 나의 것보다 더 중요할 수는 없다. 내가 지금 하는 일은 타인의 것처럼 세상에 이바지하고 있다. 최선을 다해 자녀를 키우든, 업무로 기여하든, 남을 치유하거나 돕든 말이다.

잠시 시간을 내어 이웃을 돕는 데 일가견이 있는 자아에게 물어보자. '열정을 쏟아가며 천직을 찾고 이를 감당하는 것을 도울 의향이 있는가?' 자아는 대개 도움을 요청할 때 기분이 좋아진다.

시간과 에너지를 소중히 여기는 법을 배울 필요가 있는 사람도 있다. 타고난 상담가나 교사 혹은 치료자라면, 친구나 가족의 문제를 해결하기 위해 지나치다 싶을 정도로 시간을 많이 쓰고 있을지도 모른다. 정서적인 지원을 기대하는 사람들 탓에 많은 시간을 쏟아 붓고 있다면 어떨까? 남을 챙겨주는 것이 정말 기쁘다면 선한 일을 하고 있다는 방증이다. 그것이 천직일 수도 있다. 하지만 대개는 즐거워서라기보다는 의무감 때문에 돕는다고 봐야 옳을 것이다. 그 의무감에서 벗어날 필요가 있다. 시간과 에너지를 자신의 일에만 쏟는다면 너무 이기적이라고 치부할 수도 있으나, 내 진로도 중요한 것이다. 이 또한 시간과 에너지를 쏟아야만 펼칠 수 있는 것이다.

나는 시간과 에너지를 소중히 여긴다

내가 에너지를 쏟고 있는 친구를 생각해보자. 정말 내 도움이 필요하며, 이를 통해 그가 성장하고 있는가? 돕기는 해도 늘 제자리를 벗어나지 못하고 있는가? 실컷 돕고 나면 어깨가 쳐지는가? 기운이 재충전되는가? 돕고 난 후 심신이 지치거나, 삶에 아무런 변화가 없다면 그는 나의 섬김을 성장에 활용하지 못하는 것이다. 타인을 지도하고, 상담하는 데 시간을 모두 쏟는다면 상담이 나의 천직이다. 그러니 상담을 생업으로 삼을 수 있는 방편을 찾아보자. 그러면 나의 도움으로 성장할 재목을 만나게 되어 상담으로써 심신을 재충전하고, 이웃의 삶에 많은 변화를 불러일으킬 수 있을 것이다.

일이 너무 벅차 미처 천직을 찾을 여유가 없는 사람들도 많다. 분주한 것과 인생의 목적을 혼동해서 그런 것이다. 그들은 잡다한 일을 하느라 바삐 돌아다닌다. 그러니 천직을 찾는 데 시간이 걸릴 수밖에 없다. "중요한 일은 심부름이나, 집안일, 혹은 숙제를 마치고 나서 해야지."라며 얼버무린다. 그러나 저녁이 되면 너무 피곤하기 때문에 중요한 일은 할 엄두가 나지 않는다.

천직에 좀 더 가까운 활동을 하루에 하나씩 해보자.

아침에 눈을 뜨면 약 5분간만이라도 천직을 생각하자. '천직에 다가가기 위해 오늘 할 수 있는 일은 무엇인가?' 혹은 '오늘 처리할 주요 일정은 무엇인가?'라고 자문해보고, 이를 당일에 처리해야 할 주요 일정으로 삼는다. 딴 일보다 그것을 먼저 해야 한다. 천직에 에너지를 공급하는 활동으로는 전화 통화나, 선호하는 책 구입하기, 오락을 위한 공간 마련하기와 같이 소박한 것이 될 수도 있다. 가장 중요한 일정에 주안점을 두고 하루하루 비전을 실현해 나간다면 인생은 달라질 것이다.

진로와 천직이
최우선이다

천직을 창조하는 데 가장 중요한 원칙 중 하나는 적절한 타이밍이다.

속담에 "모든 일에는 때가 있다."고 했다. 자신이 지금 적재적소에 있는지 곰곰이 생각해보자. 그것을 염두에 두고, 즐거움이나 반감이 그 상념을 실현해내는 데 보탬이 된다는 것을 믿자.

어느 여성은 집필이 버겁기만 했다. 매일 한 시간씩 글을 써야 한다며 자신을 강요했기 때문이다. 그녀는 글이 잘 써지지 않아 집필을 그만두었는데, 그로부터 2년간 다시 글을 써보려고 안간힘을 써보았으나 꾸준히 쓸 수가 없었다고 한다. 글을 쓸 때 필요한 원칙도 잊었고 자신이 초라해

보이기도 하여, 결국 그녀는 자격지심에 빠지고 말았고, 글 쓰는 건 마음 한 쪽에 미뤄두었다. 직업상 몸이 아픈 사람을 자주 만나던 그녀는 그들에게 자신이 습득해온 영적 원리를 가르쳐주었다. 그러자 심신이 회복되거나 평안을 얻었다는 사람이 부쩍 늘었다. 찾는 사람이 많아진 까닭에 그녀는 아예 강연회를 개최키로 했는데, 강연 실황을 테이프에 담아두고 나니 수요가 급증하였다. 녹취록을 작성한 뒤 수강생이 연구가이드로 삼도록 그들에게 나누어주었다. 그러자 그들은 연구 가이드를 지인에게 전파하기 시작했고, 그녀는 꾸준히 증가하는 수요를 맞추기 위해 복사본을 계속 준비해두었다. 그러던 어느 날, 대형 출판사의 편집자가 그녀에게 전화를 걸었다. 친구 하나가 녹취록 사본을 출판사로 보냈는데, 그 내용으로 책을 출간하고 싶다는 것이었다. 강연 주제는 사람들 사이에서 인기몰이 중이었으므로 책이 팔리지 않을 수가 없었다. 그제야 책을 쓰려고 바동대던 때가 불현듯 뇌리를 스쳤다. 그녀는 책을 내기까지 배우고, 계발해야 할 점이 많았다는 것을 깨달았다. 시기가 적절치 않았던 것이다. 그때 책을 냈더라면 지금처럼 성공하지 못했을 것이다.

어떤 프로젝트를 추진하고 있다면, 이상적인 가이드는 적절한 시기에 그것이 실현되도록 돕는다는 것을 기억하자. 무슨 일을 하든 그에 저항하거나 힘겨워하고 있다면 프로젝트가 잘못되었든가, 타이밍이 여의치 않든가 둘 중에 하나일 것이다. 그럴 경우라면 다른 일부터 마치고나서 해결하면 된다. 즐거움을 주는 다른 일에 먼저 에너지를 쏟자.

달라지고는 싶은데 뭘 어떻게 해야 할지도 모르겠고, 몇 달을 고민해도 현 상황을 벗어날 대안이 딱히 없을 때가 있다. 돈이 너무 많이 든다거나, 기술과 역량 밖의 일이라며 지레 겁을 먹어 그럴 수도 있겠다.

당장은 조치가 어렵더라도 스스로를 믿어보자. 일정 기간 내면의 일이 있어야 변화가 일어난다는 점을 명심하자. 나의 내면은 이미 발상을 바꾸고, 인생을 재평가하고, 참신한 시각으로 모든 것을 관찰하고, 변화에 필요한 에너지를 모으고 있을지도 모른다. 불러일으키고픈 외부의 변화가 클수록 그에 선행하는 내면의 변화도 증대될 것이다.

본연의 모습을 포용하고 사랑하는 법을 배워야 한다. 지금껏 이룬 모든 과업을 사랑하자. 완벽해야 천직에 몸담을 수 있는 것은 아니다. 오히려 천직을 성취하면 성장과 발전을 이룩할 수 있기 때문이다. 자신의 됨됨이를 받아들이고 사랑하면 새로운 방향으로 나아갈 수 있다. 지금까지 최선을 다했을 테니 기대해봄직한 자아상에 집착하지 말고 본연의 자신에게 감사하고 자랑스러워하자. 그래야 좀 더 수월하게 진보할 수 있다. 최근 자신을 비난한 적이 있는가? 그렇다면 지금 하고 있는 선행을 떠올리고 자신에게 감사하자.

나 자신의 모습을
포용하고 사랑한다

생을 마감하기까지 해야 할 일이 많다는 것을 직관적으로 느끼는 사람이 많다. 마치 사명을 감당해야 하는 위인처럼 말이다. 아직 그것을 발견하지 못했다며 걱정할지도 모르겠지만, 지금 무엇을 하든 앞으로 펼쳐질 원대한 일을 위해 그것이 기반이 될 거라는 점을 믿어도 좋다. 젊은 시절 천직을 찾아 전념하는 사람도 있다. 반면, 천직을 찾기 전에 지식과 경험을 쌓느라 세월을 보내고는 중년 이후에나 중대한 일을 시작하는 사람도 있다. 자신에게도 사명이 있다고는 여기나 아직은 딱히 밝혀내지 못하고 있다면, 내면의 안내에 순응하고 마음껏 즐길 수 있는 일을 선택하자. 그 일을 통해 세상에 좀 더 기여할 수 있을 것이다.

더 많은 목표를 성취해야 한다며 자신을 몰아세우기보다는 지금까지 달성해온 공로를 자축하자. 아직 부족하다는 점을 들먹이며 자신을 비난하지 말고, 지금 이 자리가 완벽한 곳일 수밖에 없는 까닭을 인정하자. 현 직장에서 배우는 것은 모두 공적을 이루기 위한 도약임을 기억하자. 자신에게 긍정적으로 이야기하는 기술을 습득한다면 내면의 힘을 계발할 수 있을 뿐 아니라, 진로에 순응하기 위한 조치를 신뢰하는데 도움이 될 것이다.

알아서 즐길 수 있는 일을 찾아서 하자. 정말 좋아하는 소소한 일부터 시작하는 것이다. 자녀를 위해 과자를 굽는 일도 좋으니 자주 그래보자.

과자를 즐겨 구웠던 한 여성은 현재 비스킷 체인점을 인기리에 운영하고 있고, 저녁 파티 준비에 일가견이 있던 어느 여성은 바쁜 경영자를 위해 만찬파티를 기획해주는 사업을 시작했다. 작업실에서 무언가를 제작하는 데 몰두했던 남성은 가구 제조업에 종사하고 있다.

몰입할 수 있는 활동을 생업으로 삼고 싶다면, 그 일로 금전적인 대가를 받을 수 있는 기회를 마련해야 한다. 좋아하는 일을 한 대가로 돈을 받으면 재능과 풍요를 연결할 수 있는데, 이는 시간과 에너지 및 기술이 가치를 지니고 있다는 메시지를 마음에 전달하는 것이다. 끼와 재능을 마음껏 발휘했던 일로 돈을 받는 데는 죄책감을 느끼는 사람들이 있다. 즐길 수 있는 일을 하며 돈을 버는 것은 불편하다는 오해를 하고 있는 것이다. 일을 처음 시작할 때는 대가를 받고 싶은 마음이 없을지 모르지만, 경력을 쌓고 싶다면 재능과 기술에 대한 대가가 필요하다. 그러지 않으면 특기를 활용할 시간이 줄어든다독립할 만큼 경제적으로 넉넉지 않다면. 처음에는 보수가 적더라도 생업과 풍요를 연결하고 있다는 긍정적인 메시지를 자신에게 들려줄 수 있을 것이다.

처음에는 형편이 어렵다거나, 동종업계에 종사하는 타인에 비해 임금이 적다거나, 혹은 보수가 노력에 미치지 못한다 해도 걱정할 필요는 없다. 애당초 돈을 많이 벌어야 하는 것은 아니니까. 마음에 맞는 일로 수익을 창출할 수 있다는 신념을 몸소 실천한 것만으로도 큰 소득이다. 서비스의 가치에 부합할 뿐 아니라, 생계를 잇기에도 넉넉한 보수를 받을 날이 조만간 찾아올 것이다. 경력을 쌓아가며 자신의 일을 존중한다면 타인도 나의 '업그레이드'된 가치를 존중하게 마련이다.

어디에 시간을 투자하고, 자연스레 하게 되는 일이 무엇인지 관찰해 보자.

대학을 갓 졸업한 어느 청년은 부모의 성화에 못 이겨 회사에 취직했다. 천직을 찾으려 했지만, 애당초 사무실 내근은 그와 거리가 멀었다. 그는 어디에 시간과 에너지를 쏟고 있는지 짚어보니, 퇴근 후에 즐기는 운동이 무척 마음에 들었다. 결국 그는 몸에 문제가 있거나 건강을 관리하려는 고객을 위해 운동프로그램을 설계해주는 스포츠 생리학자가 되기로 결심했다. 이를 위해 학교에 등록한 후로는 전업을 시간제로 줄였다. 재학 중인 그에게는 여전히 활기가 배어 있다. 파트타임으로 학비를 충당할 수 있어 일도 예전보다 즐거워졌다.

관심사에 순응하자. 적성에 맞는 일이 천직으로 인도할 것이다.

어느 여성은 보기 좋은 수건이나 테이블보, 혹은 침대보 같은 것을 좋아했다. 특이한 수예품을 구하려고 상점을 두루 다니곤 했는데, 하루는 그럴 바에야 차라리 자기가 직접 매장을 여는 편이 낫지 않을까 싶었다. 그녀만큼 독특하고 아름다운 수예품을 많이 보유한 사람이 없었기 때문이다. 처음에는 아기자기한 점포로 시작했다가, 나중에는 희귀 아이템을 찾는 고객을 위해 온라인 비즈니스도 실시하기로 했다.

이처럼 수많은 사람들이 검증했다시피 취미활동을 성공적인 사업으로 바꿀 수 있다.

무언가를 성심껏 하려고 마음먹었으나 별로 가치가 없다면, 소중하게 여기는 일을 찾아 그에 가치를 두어야 한다. 이웃을 돕고, 어떤 일을 조직하는 능력을 소중히 여긴다면 그 자질에 마음을 쏟고, 자신과 그 능력을 가치 있게 여기는 법을 익히자. 자신을 매우 중요한 존재로 여겨야 한다. 우리는 정말 소중한 존재이기 때문이다. 값진 인생을 소중히 여기고, 마음에 맞는 일을 하자. 처음에는 소박하게 애정이 가는 일과 진로를 존중해도 좋다. 약 10분간 혼자만의 시간을 보내는 등 소소한 일도 바람직하다. 무의미한 수다나 억지로 일하는 시간은 줄이고 자신만의 특별한 일에 시간을 마련해보자. 취미생활을 더욱 즐겨도 무방하다. 그에 필요한 장비를 구입해보라. 그러면 일과 삶이 소중하다는 메시지를 자신에게 들려줄 수 있을 것이다.

남을 위해 일하는 것은 무척이나 쉽게 여겼지만, 정작 자신을 위한 시간을 마련하는 것은 꽤나 어려워했던 남성이 있었다. 자신이 원하는 일에 대해서는 아이디어가 많았으나, 마음에 맞는 일에 시간을 투자하는 것이 정말 중요한 일인지는 확신할 수 없었다. 저녁에 지인을 도와주는 것은 어렵지 않았지만, 자신의 비전을 실현하기 위해 시간을 낸다는 것은 왠지 꺼림칙했다. 그러던 어느 날, 그는 자신의 생각을 소중히 여기겠노라고 결심했다. 자기주장을 분명히 표현하고, 자신을 위해 좀 더 여유를 누릴 수 있는 소소한 일부터 시작했다. 그는 가르치기도 좋아했지만, 자연에도 매력을 느껴 자주 산책을 즐겼고, 화초 및 수목과 관련된 책도 읽었다. 길을 걸으며 풀을 관찰하기도 했는데, 인근 공원에 가 보니 공원 가이드가 있다는 사실을 뒤늦게 알게 되었다. 덕분에 주말에는 자원해서 가이드로 일할 수 있었다. 얼마 후에는 여가시간을 모두 내놓으며까지 공원을 안내하고 수목을 설명해 주었다. 결국 그는 숲에서 야영하는 관광객을 안내하며 소정의 보수를 받았고, 전문 가이드로서 점차 많은 역할을 감당하게 되었다. 그제야 그는 좋아하는 일을 하면서도 수익을 창출할 수 있다는 것을 깨달았다. 자신의 시간을 소중히 여기고, 자연에 대한 지식과 야외를 즐기는 마음도 존중하자 주변 사람들도 그러기 시작했다. 그는 적성에 맞는 일을 하면서도 대가를 받아 넉넉히 살 수 있는 기회를 많이 찾아냈다. 어린이 캠프 프로그램을 조직하는 회사에 스카우트되었다가, 훗날에는 기업의 CEO가 되었다.

나는 창조성과
아이디어를 존중하고
소중히 여긴다

한 여성은 색채와 인간의 감정에 관심이 있어 이를 면밀히 연구해왔다. 집은 편안한 색상이 잘 어우러지게 장식했고, 옷장 역시 정서적인 안정을 주는 색을 활용하여 손수 제작키도 했다. 친구들은 실내 인테리어와 옷 색상을 두고 그녀에게 조언을 구했는데, 노하우를 일일이 들려주다보니 시간이 적잖이 필요했다. 그래서 소소하게나마 본인부터 존중키로 마음먹었다. 자신의 시간이 중요하고 지식도 유용하다는 점을 깨달은 것이다. 처음에는 조심스러운 마음이 있었지만, 이내 추스르고 용기를 내어 조언을 듣고 싶어 하는 친구들에게 시간을 예약해달라고 당부했다. 그녀는 시간당 수수료를 조금 받고 지인의 고민을 경청하고는 해결 방안을 제시해주었다. 그들은 그녀의 제안에 놀랐지만, 대가를 지급하면 마음가짐이 달라져 더욱 큰 보탬이 된다는 것을 깨닫게 되었다. 재능을 소중히 여긴 그녀는 업종을 바꾸어 기술과 지식을 좀 더 함양하기 위해 정규과정을 이수했다. 그랬더니 여러 기업에서 조언을 구하기 시작했고, 마침내 그녀는 전문 컨설턴트로 활약하게 되었다.

## 나는 특별하고 유일한 사람이다

기술이라 봤자 별 볼일이 없다거나, 자신에게는 특별한 기량이 없다는 생각에 천직에 도전하지 못하는 사람도 있다. 누구에게나 재능과 의욕과 기술이 있다. 이는 진로의 일부로, 세상은 그것을 요구하고 있다. 매우 중요한 과업은 내가 목적에 눈을 뜨길 바라고 있고, 스스로 믿기만을 학수고대하고 있다. 본분도 그렇지만, 나의 공로 또한 특별하고 꼭 필요한 것이다.

내면의 음성이 '재능과 기술에는 시간을 투자할 가치가 없다.'고 속삭여 의심을 불러일으킨다면 그런 발상을 사랑으로 감싸보자. 애써 씨름할 필요는 없다. 회의론을 분석하거나 떨쳐버리려 애쓰지 말고 그냥 내버려두되, 의심 옆에는 항상 낙관론을 놓아두면 된다.

여가시간에는 책을 읽거나, 성공의 도화선이 될 강좌를 들어보자. 동호

회원과 시간을 보내는 것도 어느 영역에서든 성공을 가속화할 수 있는 탁월한 비결이다. 강좌에 등록하거나, 교사상담가 혹은 멘토로 활약할 수 있는 강좌를 찾아도 좋을 것이다. 비전을 앞서 이루어낸 작가의 책을 읽는 것도 방법이다. 귀감이 되는 대상을 주변에 두고 열정을 끊임없이 부흥시키자.

직장에 다니지만 부동산 중개업자가 되고 싶었던 어느 남성은 중개업자 모임에 참여하여 그들과 인맥을 쌓고 필요한 지식을 적잖이 습득해왔다. 한번은 조그마한 토지 정보를 동호회에서 얻은 덕에 중개업을 시작할 수 있었었다.

자신의 목표를 이룬 사람과 어울리다보면 그들의 언어에 주파수를 맞추게 되어, 내 자아상은 곧 성공사례로 발전하게 된다. 생각이 현실을 창조하므로 마음에 맞는 일을 하는 자신을 그리면 그릴수록 현실은 신속히 그리로 달려갈 것이다.

나의 일상은 즐겁고
의미심장한 일로 가득하다

마음은 원하지만 어려울 거라는 두려움 때문에 천직을 포기하는 경우도 비일비재하다. 그러나 원치 않는 일에 투입되는 노력과 에너지 역시 적지는 않을 것이다. 물론 둘을 비교할 수는 없다. 에너지는 천직과 관련된 복잡다단한 일보다는, 단순해보이지만 본인과는 맞지 않는 일을 하는 데 더 소요되는 법이다.

어찌 보면 천직을 추구한다는 것은 그 일과 친밀한 관계를 발전시킨다는 뜻과 같다. 성공은 천직과 깊은 유대를 맺고 그에 헌신해야 이룰 수 있으며, 천직이 어디로 데려가든 순순히 굴복할 수 있는 자질을 요구한다. 누군가는 사명이라 여기는 길에 들어서면 인생의 즐거움을 더는 누릴 수 없으리라 단정하기도 한다. 책임감에 눌려 항상 진지하게 살아야 한다고 생각하는 것이다. 그러나 천직을 추구한다고 해서 꼭 진지해야 한다는 법은 없으며, 즐거운 삶을 포기해야 할 이유도 없다. 사실, 인생은 원치 않는 직장에 다닐 때 훨씬 더 재미가 없다. 천직에 종사할 때 일상은 즐겁고 의미심장한 일로 가득하게 될 것이다.

15장

# 가슴이 시키는 일이 성공을 부른다

Believing in Yourself

천직을 창조하고 싶다면 스스로를 믿고 당당하게 행동하자. 내가 원하는 것을 친구나 남편, 아내, 고용주, 고용인 혹은 동료가 줄 때까지 기다린다면 주도권을 상대에게 넘기는 것과 같다. 이미 내 것인 천직은 스스로 구현해야 한다.

고용주가 업무를 바꾸어주거나 승진시켜주기를 기대한다면, 스스로 실망스러운 환경을 조성하고 있는 셈이다. 사내 규정에 따라 솔선하여 직장을 바꾸는 게 낫다. 자신의 생산성과 실적을 높이자. 아무리 노력해도 부족한 점을 채우지 못한다면 그럴 수 있는 직업을 찾아야 한다. 비전을 이룰 만한 대안과 직장을 면밀히 살펴보라.

누군가가 돈을 주기만을 바라고 있는가? 학업을 잇거나 회사에 취직하거나 혹은 변화를 일으키기에 앞서 남의 결정을 기다리고 있는가?

목표를 이룰 수 있는 결정권을 자신에게 넘기고, 이를 향해 몸소 달리겠다고 다짐하자. 직장을 그만두고 천직을 찾는 데 남의 허락을 기다려서는 안 된다. 주변 사람 때문에 목표나 비전을 포기하는 짓은 진정 그들을 배려하는 것이 아니다. 언젠가는 그들에게도 원하는 무언가를 포기하라고 주문하게 될 테니 말이다. 남을 진ㄴ심으로 사랑하고 싶다면 그가 발전할 수 있도록 도와주어야 하고, 그럴 수 있는 최선의 방안은 자신의 계발을 도모하는 것이다. 바라고 원하는 바는 무엇이든 할 수 있도록 허락하자.

나는 가능하다면 무엇이든 될 수 있다

진정한 사랑은 상대의 인격이 아니라 영혼을 섬기는 것이다.

아내가 직업을 갖는 데 회의적인 남편이 있었다. 아내는 직장일이 기쁨과 활력을 가져다준다고 믿었기에 취직하기로 결심했던 것이다. 반면, 남편은 가정을 부양할 만큼 재산이 넉넉하다는 이유로 아내가 집안일에 매진하기를 바랐다. 아내는 가족을 돌봐야 한다는 부담감에 직장과 가정 사이에서 갈피를 잡지 못하고 있었다. 마침 그녀는 영혼의 눈을 통해서 형편을 살펴보기 시작했고, 남편의 인격원대한 자아가 아닌 협소한 자아만 섬기고 있다는 것을 깨달았다. 그녀는 직장에 다니고, 행복과 성장 및 활력을 배가시키면 자신뿐 아니라 남편에게도그때는 믿지 않았지만 힘을 실어주리라는 점을 알고 있었다. 영혼의 입장에서 남편에게 줄 수 있는 가장 큰 선물은 자신이 최대한 성장하는 것이었다. 그러면 남편 또한 자연스레 성장하게 될 테니까. 타인의 발전을 막는 것은 곧 자신의 발전을 막는 것과 다르지 않다. 따라서 남편은 아내의 성장에 개입하여 본인이 발전할 기회마저 방해하고 있었던 것이다. 이를 깨달은 그녀는 직장을 포기하지 않기로 했다. 남편은 아내의 결정이 못마땅했다. 그래서 언성을 높여가며 이런저런 이유를 대는가 하면, 출근하는 아내를 두고 불평을 늘어놓기도 했다. 그녀는 이에 아랑곳하지 않고, 자신의 선택이 남편의 영혼을 섬기는 일임을 연신 되뇌었다. 부부 중 한쪽이 발전하면 배우자의 성장도 촉진시킬 수 있기 때문이다. 싫다는 일을 굳이 하겠다는 자신의 태도를 두고 이기적일지도 모른다는 회의감이 들었지만, 직장에서 느끼는 만족과 활기를 포기할 순 없었다. 그래도 아내는 남편을 사랑했다. 결국 부부는 아내의 수입으로 빚을 갚을 수 있었고, 오랫동안 미뤄온 휴가도 떠날 수 있었다. 남편은 직장에 다니는 아내를 더는 타박하지 않았으며 삶의 변화를 도리어 즐겼다. 취미생활에 지갑을 열자 살맛나는 인생이 펼쳐지기 시작한 것이다. 몇 년 후, 그는 억지로 다녔던 직장을 그만두고 창업을 결심했다. 적은 수입과 리스크가 부담되었지만, 아내의 월급과 대출 덕에 사업을 개시할 수 있었다. 진로를 끝까지 추구하려는 의지가 있었기에 남편 또한 천직을 만나게 된 것이다. 소신을 지키려는 의지력 덕분에 부부는 역동적인 삶을 영위할 수 있었다.

활력과 성장을 지향할라치면 주변 사람의 반대에 부딪칠지도 모른다. 변화나 성장을 선택할 때 가까운 지인이 위협을 느낄 수도 있다. 나의 사랑을 잃을까 봐 두려워하는 것이다. 그러므로 주변에서 계획을 반대한다면, 겁내지 말고 침착하게 더 많은 사랑과 동정을 보내야 한다. '반대'가

오히려 '약'이 되는 경우도 있다. 저항을 극복할수록 결심이 더욱 굳어지고 용기와 의지가 더 불타오르기 때문이다. 누군가가 불가능을 토로할 때 이를 반증하기 위해 마음을 다잡은 경험이 있을 것이다.

사려 깊은 친구가 나의 계획을 두고 "이루어질 수 없다."거나, 그러기가 "매우 힘들다."고 일러준다면, 이는 실제로는 나의 의구심을 반영하고 있는 것임을 깨달아야 한다. 즉, 타인이라는 거울을 통해 보이는 의구심을 간파하고 이를 털어버리자. 지인의 반박에 대처해 나간다는 것은 자신의 의심과 두려움을 극복해나가는 과정이라 볼 수 있다. 어떤 목표에 대해 확신이 있다면 주변 사람은 내 자신감을 되비춰줄 것이다. 남이 믿어주지 않는다는 이유로 화를 낼 필요는 없다. 오히려 자신의 의심을 드러냄으로써 결심을 굳힐 수 있도록 도와주니 감사해야 옳다.

## 나는 진로에 전념한다 나는 활력과 성장을 선택한다

레스토랑 개업 준비에 한창인 부부는 이미 구현을 위한 원칙을 익혔다. 천직의 표상을 찾아 그에 에너지를 발산했고, 내면의 안내에 따라 단계별 과정을 밟아나갔으며, 손님을 끌어당기기도 하고, 완벽한 점포를 얻기 위해 영상을 그리기도 했다. 풍요와 번영을 막는 생각은 털어내기 위해 적절히 연습도 했다. 그러나 친구들은 "불가능하지 않지만 성공하기는 아주 어려울 것"이라며 입을 모으는 것이 아닌가. 레스토랑은 실패할 가능성이 높고 경영하기도 힘들다는 것이 이유였다. 부부는 그들의 조언이 자신의 의구심을 반영하고 있다는 것을 깨달아 지인의 충고를 당연히 털어버려야 할 의심과 두려움에 대한 피드백으로 여겼다. 그들은 '레스토랑이 옳은 진로'라고 지적하는 내면의 메시지를 계속 확인했다. 마침내 조촐한 레스토랑을 열기로 결정한 그들은 적당한 상가를 발견했다. 그런데 매매계약을 마음에 그리고, 건물의 주인이 되리라는 것을 선언했지만 계약을 체결할 때 일이 꼬여 건물은 매입하지 못했다. 과연 친구의 말이 옳았던 것인지 아닌지 부부는 궁금해졌다. 그러나 계속 추진하라는 내면의 안내에 따라 다른 곳을 찾아냈다. 정말 레스토랑에 걸맞은 곳이었다. 그제야 부부는 적절치 않은 곳을 매입하지 않도록 보호를 받아왔다는 것을 깨달았다. 그 후로도 일은 잘 돌아갔다. 근방에 레스토랑이 없었기 때문에 입소문이 돌기 시작했고, 3개월이 채 되지 않아 직원을 추가로 채용할 수 있게 되었다. 매출도 기대 이상으로 올랐다. 사업 경험은 정말 소중했다. 부인은 아이를 낳기 위해 일을 그만두었고, 지금은 전업주부로 집에서 아이를 돌보고 있다. 꿈에 그리던 일이 실현된 것이다.

## 나는 가슴이 시키는 일을 한다

스스로 해야 할 목표에 대한 결정을 남에게 미뤄서는 안 된다. 사업가가 되기를 원하는 부모와는 달리 음악가가 되고 싶을 수도 있다. 부모도 자녀의 행복과 성공을 바라겠지만 성취하고픈 진로는 자신이 가장 잘 안다. 천직은 타인의 기대와는 다를 수 있다. 자신의 진로를 존중하는 것이 중요하다. 무슨 일이든 성공하려면 그에 애착을 느껴야 하는데, 자신만이 이를 알 수 있다. 내면의 메시지를 무시해가며 아무 직장에 들어가 남의 비위나 맞춘다면 즐거움과 활력은 맛볼 수 없다. 당장은 수입이 적더라도 마음이 끌리는 일이라면 무엇이든 결심해야 한다. 옳고, 소신에도 부합하고, 즐거움을 만끽할 수 있는 일이라면 당장 시작하자. 성공은 가슴이 시키는 일을 할 때 찾아온다.

자신의 지혜를 따르는 것이 가장 바람직하다. 결정대로 일이 잘 풀린다면 성취감도 생기고 자신감도 솟구칠 것이다. 행여 결과가 기대에 미치지 못했다 해도, 다음에는 좀 더 현명하게 선택할 수 있는 지혜와 경험을 얻게 될 것이다. 어쨌든 남이 시시콜콜 간섭하기보다는 자신의 지혜를 따르는 것이 훨씬 더 유익하다.

### 나는 목표를 이룰 수 있다

꿈을 이룬다고 말은 하지만 아무런 계획 없이 빈둥대면서 핑계를 대지는 말자. 목표는 있으나 남들 때문에 형편이 여의치 않다는 것을 토로하는 사람도 있다. "여유가 있어야 말이지. 남편이 가만 놔두질 않으니 어쩌겠어? 게다가 부모님하고 아이들 뒷바라지해야 하니 도리가 있나?"라는 등 자신을 합리화하기 일쑤다. 목표를 이룰 수 없는 이유를 계속 각인시키면 정말 그렇게 될 가능성이 크다. 그러니 지금부터는 목표를 이룰 수밖에 없는 까닭을 이야기하자. 꿈을 실현하기 위해 실천할 수 있는 계획은 얼마든지 있으며, 대안은 늘 나의 선택을 기다리고 있다. 형편이 여의치 않거나 궁지에 몰렸어도 이를 타개할 길은 반드시 존재한다.

잠시 여유를 갖고 애착이 가는 일을 떠올리자. 타인의 허락을 기다리고 있는가? 누군가가 도와주면 좋지 않을까 하며 망설이고 있는가? 천직을 발견하고, 내면의 메시지에 순응할 정도로 자신을 믿는 법을 배우는 과정은, 천직에 뛰어드는 것만큼이나 중요하다. 누군가가 따라붙어 뭐든 떠먹여준다면 자력을 기를 수 없다. 선장은 바로 나이며, 성공은 나에게서 비롯하는 것이다.

인생을 개선하고 싶다면 더 나은 상황이 존재한다는 사실을 믿어야 한다. 지금 누리고 있는 형편이 창조할 수 있는 최선이라며 변화를 두려워하는 사람이 많은데, 환경은 얼마든지 개선될 수 있고, 목표는 뭐든 이룰 수 있으며, 마음에 맞는 일은 마음껏 해도 괜찮다. 환경을 바꿀 수 있는 방편은 언제나 존재하기 때문이다. 원하는 대상을 손에 넣을 수밖에 없는 이유를 세 가지 이상 적어보자.

숙련된 기술을 활용하고 계발하기 위해 시간을 창조해야 할 때도 있다. 즉, 독보적인 기술이 필요한 일에는 시간을 투입하고, 나머지는 타인의 도움을 받으면 된다.

## 나는 좋은 일을 허락하고 삶으로 유도한다

한 여성은 중소기업을 대상으로 타이핑 서비스를 제공하는 사업을 차렸다. 하지만 사업을 확장하거나, 고객 서비스의 품질을 향상시킬 시간적인 여유가 없었다. 회사도 운영해야 하고 타이핑과 가사 및 요리 등으로 초주검이 될 지경이었다. 누군가가 도와주기를 절실히 바랐지만 수당을 지급할 형편은 못 되었다. 궁여지책 끝에 집안일은 가사도우미에게 맡기기로 했다. 그러고 나니 가사에 들어간 비용보다 최소 두 배의 수익을 챙길 수 있었다. 자신감을 갖게 된 그녀 내친김에 직원도 채용했다. 그제야 느긋하게 사업을 조직하고, 고객도 유치하고, 양질의 서비스도 제공할 수 있게 되었다. 그 전까지만 해도 고객 서비스에 주력하거나, 기업을 인수하는 일은 엄두조차 내지 못했지만 지금은 여유를 부릴 수 있게 된 것이다. 그러자 고객 들은 그녀의 세심한 배려와 탁월한 서비스를 의식하기 시작했다. 마침내 그녀는 수많은 단골을 확보하고 다수의 추천을 받기도 했다. 서비스와 매출이라는 두 마리 토끼를 잡았을 뿐 아니라, 가사도우미에게 일자리도 제공해준 셈이다.

어떤 사람은 천직에 뛰어들거나 전업을 결심하기에는 나이가 너무 많다고 걱정하지만, 환갑이 지난 나이에도 굵직한 회사를 세우는 사람도 많다.

수년간 직장에서 경력을 쌓아온 어느 여성은 좀 더 의미 있는 일을 염두에 두고 있었다. 직장생활을 오래한 만큼 퇴직일도 성큼 다가왔다. 직장에서 도전의식을 느끼거나 딱히 발전이 있지 않았지만 몇 년 정도는 더 버틸 수 있으리라 생각했다. 물론 이상적인 직업에 대한 소망은 항상 가슴에 간직해왔다. 그녀는 표상원을 그린 빛에 에너지를 주입하며 이상적인 목표를 창조하는 데 집중했다. 그러고는 천직을 얻을 수 있을 거라며 긍정하기 시작했다. 방법은 몰랐지만 말이다. 그러다가 멋진 신사를 만나게 되었다. 둘은 많은 일을 함께 했다. 그는 퇴직 후 회사를 차렸는데, 사업이 그렇게 빨리 성장할 줄은 기대하지 못했다. 아니나 다를까, 그녀의 기술은 비즈니스에 완벽히 들어맞았다. 결국 그녀는 정규 직원으로 채용되었고, 얼마 후에는 그와 백년가약을 맺었다. 상상 이상의 소원이 이루어진 것이다. 일에 애착을 느낀 그녀는 팀원으로서 기량을 십분 발휘했고, 도전의식을 느끼며 새로운 기술을 습득하기도 했다.

16장

# 부정의 흐름 속에도 답이 있다

Trusting the Flow

업무나 경력 혹은 형편이 예전과는 달리 순조롭게 돌아가지 않는가? 좋아서 하던 일이 의무가 되어버렸거나, 신선함과 활기를 잃었을지도 모른다. 매출과 고객이 감소하거나, 불타오르던 열정이 식지는 않았는가? 지금껏 풍요와 번영의 수준이 어떠했든 간에 당연히 누려야 하는 지위가 지금과는 많이 다르다고 느낄 때가 올 것이다. 사람이라면 누구나 백만장자뿐 아니라 다음 끼니를 걱정하는 사람도 이를 겪게 마련이다.

진로를 바꾸어야 할 시기를 간파하는 것이 중요하다. 어떤 직업이나 직장이나 생활도 한 단계 성장하지 않는 한 영원히 만족스러울 수는 없다. 소박한 변화도 좋을 때가 있지만 다음 단계로 올라가기 위해 자신의 모든 것을 포기하고, 전혀 다른 무언가로 새롭게 출발해야 하는 경우도 있을 것이다.

창조 과정에는 자연적인 단계가 있는데, 첫째는 아이디어 단계다. 창조할 방도는 몰라도 머릿속은 변화에 대한 아이디어와 참신한 발상 및 욕구로 가득할 것이다. 다음은 위상을 세우는 단계로, 아이디어를 실천하는 방법을 찾아 그대로 실시한다. 바라던 무언가를 구현해낸다는 것은 가슴 설레는 일이다. 이 단계를 거치면 위상을 완성하게 되는데, 아이디어가 작용은 하지만 더 확장되거나 발전하지 않는 '수평leveling off' 단계에 진입할 것이다. 마지막 단계는 한 주기를 마치고 또 다른 주기가 시작되는 단계다. 그간 이루어온 단계가 좀 더 확대된 목표로 진출하기 위한 수단이 아닌 까닭에 다소 실망할 수도 있다. 최종 단계를 두고는 '쇠퇴기downward cycle'라고 하지만, 사실 그것은 탄생과 죽음, 그리고 재탄생이라는 자연적인 주기의 일부이다. 옛것은 새것에 자리를 내주며 떠나게 마련이다. 일이 뜻대로 풀리지 않거나 예전과는 달리 직장생활이 즐겁지 않다면, 새로운 단계로 발을 내딛기 위해 준비해야 하는 시점이기 때문이다.

나 자신을 흐름에 맡긴다
모든 것은 숭고한
선을 위한다

현재 보유한 기술과 업무는 본래 목표를 실현하기에 적절했으나, 사고의 폭을 더욱 크게 넓히고 보다 원대한 이상을 추구하려면 그곳으로 인도할 수단이 필요하다. 똑같은 일이나 생각, 기술 혹은 태도를 고집한다면 현실에 안주할 수밖에 없다. 새 주기를 시작했으니 참신한 사고방식과 감정, 시각, 기술 및 아이디어를 스스로 찾아야 한다. 실패나 퇴보한 적은 없을 테니 성공한 자신의 모습을 그려볼 수 있다. 새로운 도약에 만전을 기하자.

진로가 정말 유익하다면 더디 실현되거나 닫히는 일은 없을 것이다. 진로를 따르기가 힘들고, 그 앞에서 맥을 못 춘다면 잠시 여유를 갖고 업무를 되짚어보자. 바람직한 해결책이 떠오르거나, 전혀 다른 길이 펼쳐질 것이다. 어떤 길이 궁지에 몰아넣는 방향이라면 진로를 바꾸면 된다. 풍요와 활력을 누리고 싶다면 힘든 길에 집착하지 말자.

## 나는 모든 기회를 놓치지 않고 선용한다

인류의 진화는 경로를 끊임없이 바꾸고, 환경도 항상 변모한다. 인류가 바라고, 사람의 관심을 끄는 대상은 1년 전과 같지 않다. 그러니 아무리 좋은 계획이라도 항상 수정·보완하는 작업이 필요할 것이다. 심상이 내면의 방향과 그리고 인류의 경로와 일치하는지 확인해야 한다. 인류의 진로와 병행하려면 일을 끊임없이 업데이트해야 한다.

일단 무언가를 창조한 뒤에 감안해야 할 점은 이를 성장·발전시킬 방안이다. 오늘 통하는 방법이 내일도 통하리라는 법은 없다. 지금은 내면의 안내를 따르는 일이라 해도 몇 달이나 몇 년 후에는 또 어떻게 달라질지 모를 일이다. 그러니 모험을 감행하고, 새로운 생활에 도전하며, 늘 에너지와 접촉해야 한다. 지금 하는 일에 흥미를 느끼지 못한다면 이는 신선한 무언가가 필요하다는 방증이다. 그런 경우라면 또 다른 진로를 개척해보자. 구습에 집착할 때와는 비교할 수 없는 풍요를 맛볼 수 있다. 늘 성장하고 끊임없이 달라지고 있다. 즐길 수 있는 일을 가까이한다면 본인의 개성에 부합하는 대상을 끌어당길 수 있을 것이다.

천직을 창조하는 데 있어 안위와 안락을 추구하는 생활로는 성장을 기약할 수 없다. 목표를 달성하는 데 보탬이 될 만한 생활 태도를 가져야 한다. 난관을 만나면 회피하지 말고 과감히 포용하는 법을 배우자. 조금만 뻗으면 닿을 수 있는 것부터 시작하면 좋다. 평소보다 난이도가 다소 높은 프로젝트에 도전하거나 신기술을 습득해보자. 좀 어렵다 싶은 일을 해냈을 때 만족감도 커지는 법이다. 그러고 나면 에너지가 충전되고 기운이 솟구칠 것이다. 처음에는 별 부담이 없는 모험에 도전하고 수준을 조금씩 높여가자. 성취의 기쁨을 맛보기 힘든 높은 단계는 권하지 않는다. 하지만 풍요를 유인할 수 있도록 위험을 감수하겠다는 마음가짐은 버리지 말자.

이 단계에서는 구습에 어떻게 대응하느냐에 따라 고통이나 고난의 정도가 결정된다. 태도나 신념을 포기해야 할 때가 있는가 하면, 기존의 직장을 그만두고 다른 일을 찾아야 할 때도 있다.

해묵은 일을 청산하는 것은 새로운 무언가가 자리를 잡을 수 있도록 공간을 창조함으로써 대상을 끌어당기는 요령이기도 하다. 즐겁고도 흔쾌히, 의식적으로 창조해온 것을 떠나거나, 위기에 맞닥뜨린 탓에 '하는 수 없이forced' 참신한 아이디어를 쓸 수밖에 없는 환경에 이르기까지 기다려도 좋을 것이다. 무언가 달라져야 하지만 구습을 포기하기가 망설여진다면, 그것이 더는 활개를 치지 못하는 환경을 영혼이 조성할 수도 있다.

목표를 이루는 과정은 성장과 변화를 수반한다. 목표는 규모가 더 커지거나 지금과는 사뭇 다를 수도 있고, 전과는 다른 모양으로 도전의식을 불러일으킬 수도 있다. 인생은 항상 이상적인 질서를 추구한다. 목표를 달성하면 시선은 이미 다음 목표를 주시하고 있을 것이다. 누군가는 기존의 틀이 적합하지 않은 듯싶으면 이를 과감히 털어버리고 다른 아이디어를 수용하는데, 기존의 틀을 끝내 고집하다가 엄청난 에너지를 허비한 후에야 새 틀을 받아들이는 사람도 있다. 성장과 활력을 지향하는 것은 인생의 섭리다. 한 단계를 넘어섰다면 이미 다음 단계에 발을 내디딜 준비가 된 것이다.

내면의 메시지에 귀를 기울이기 위해 불만과 불평을 어느 정도 해야 할지 결정할 수 있다. 몇몇은 이상적인 직업과 인생을 창조하여 활력에 보탬이 되는 환경을 조성하느라 안간힘을 쓰기도 한다. 내면의 속삭임을 경청하여 구습을 포기하고 새로운 지침을 포용할 때 환경을 바꿀 수 있다. 반면 불만과 두려움을 느끼기 전에는 달라질 기미가 전혀 보이지 않는 사람도 있다. 그런 경우라면 영혼은 불만이나 불안, 혹은 기존의 직장이나 환경에 내적인 반감을 불러일으켜 변화가 불가피하다는 사실을 일깨워줄 지도 모른다. 옛것은 날려버리자. 일에 흥미를 느끼지 못하거나 성장과 활력이 멎었을 때 이를 쇄신할 방도를 찾아야 한다.

최선이 아닌 일은
과감히 털어버리고
자유로움에 올라탈 것이다

털어내려는 대상을 혐오하지 말고 사랑하는 마음으로 바라보자. 목표에 정신을 집중하고 그쪽으로 진로를 바꾼다면 목표를 달성하게 될 것이다. 무언가를 증오할수록 그에서 벗어나는 것은 점차 어려워진다. 사업에 애착을 느끼지 못한다면 그것이 마음속에 오래 남을 것이 다. 우주의 원리 중 하나는 인생의 형편이 모두 사랑의 법도를 가르쳐준다는 것이다.

어떤 것을 사랑하기 전에는 그것을 떠날 수가 없다. 혐오하는 대상과 묶여 있기 때문이다. 무언가를 싫어한다면 마음이 바뀔 때까지 그리로 끌려갈 것이다 대상의 모양새나 사람이 달라지더라도. 사랑하면 해방될 수 있다.

한 남성은 사업을 시작했다가 1년이 지나서야 일이 별로 마음에 들지 않는다는 사실을 깨달았다. 장시간 근무해야 하고 수익성도 미미한 데다, 별의별 사람을 상대하리라고는 상상도 못했던 것이다. 업종을 바꾸고 싶던 그는 출근은 고사하고 고객과 연락도 거의 끊고 살았다. 그러자 매출은 곤두박질치기 시작했고 빚은 눈덩이처럼 불어만 갔다. 빚더미에 앉게 되니 업종을 바꿀 수 있는 선택의 폭 또한 줄어들고 말았다.

내가 창조한 모든 것을
사랑하고 존중한다

어느 날 친구 하나가 쓴소리를 건넸다. "일을 사랑하지 않는다면 거기서 자유로울 수 없을 걸세." 그는 절실한 심정으로 사업에 애착을 가져보기로 했다. 성의껏 고객과 소통하고 사무환경을 개선했으며, 비용과 시간을 절감할 수 있는 묘책을 도입했다. 그 결과 두 달이 채 안 되어 회사는 수익을 창출하기 시작했고, 만 1년이 되기 전에 적성에 맞는 다른 사업에 도전할 자금을 확보하게 되었다. 첫 사업에 애정을 느낀 덕에 기업의 평판도 좋아져 결국 그는 회사를 거액에 매각할 수 있었다.

내가 초연한 까닭은 무언가와 작별할 때
반드시 더 나은 것과 만날 거라는 진리를 믿기 때문이다

17장

# 원대한 길은 언제나 열려 있다

Moving to Your Higher Path

선택의 기로에 서있을지도 모르겠다. 구습을 버리고 새것을 창조해야할 시기라면 다음 단계에 진입하기 위한 최선의 대안이 무엇인지 궁금할 것이다. 직장을 떠날 것인가, 바꿀 것인가? 사업을 시작할 것인가, 직장을 옮길 것인가? 지식과 기술을 습득하기 위해 학교를 선택하겠는가? 굳이 직장을 그만두지 않아도 얼마든지 참신한 아이디어를 실현하거나 업종을 바꿀 수 있다. 계획을 실천한다는 이유로 자리를 이탈해서는 안 된다. 아이디어가 적당한 속도로 싹이 트고 자라도록 여유를 두어야 한다. 새로운 일이 든든한 버팀목이 될 때까지는 현재의 본분에 최선을 다하자.

앞으로 시도하려는 계획은 먹고사는 문제와 결부 짓지 않는 편이 낫다. 진로를 바꾸려 할 때 월수입이 적다는 사실이 어깨를 누르는 것은 바람직하지 않기 때문이다. 계획을 성취하는 기간 동안 나름의 경로를 통해 넉넉한 수입원을 찾는 것이 좋다.

직업에 만족하지 못한다면 직장을 그만두지 않고도 변화를 유도할 수 있다. 직업에 대한 태도를 바꾸거나 자신에게 적합하도록 업무를 바꾼다면 직장생활이 좀 더 만족스러워질 것이다.

직장이 마음에 들지 않는다면 구체적으로 무슨 불만이 있는지 조목조목 따져보자. 사장이나 동료, 혹은 업무와 관련된 사소한 불만을 느끼고 좋은 직장을 떠나는 사람이 있는데, 직장이 사회에 이바지하는 곳이며 성장의 발판이 되는 터전인 만큼 그에 적응할 수 있도록 노력하는 것이 바람직하다. 일이 즐겁지가 않다고 해서 영영 그러리라는 법도 없다.

마음에 들지 않는 환경도 자신을 바꾸면 변화시킬 수 있다. 타인이 나를 대하는 태도나 그와 소통하는 기회는, 나의 태도나 에너지 혹은 사랑이 결정한다. 직업이 자신의 발전과 무관하다면 스스로를 발전시키지 못 했다는 방증이다. 고용주나 동료가 자신을 무시하는 것 같다면 아직 스스로에게 감사할 줄 모른다는 뜻이다. 스스로를 육성하고 감사한다면 남도 나를 그렇게 대한다. 직장을 그만두기 전에 업무의 어떤 점이 마음에 들지 않는지 짚어보고, 현재 상황이 자신을 대하는 태도를 반영하고 있는 것은 아닌지 따져보자. 그렇게 몰고 간 자신의 행동을 바꾸지 않는다면 무슨 일을 하든 형편은 달라지지 않을 것이다.

무언가를 받고 싶다면 먼저 주어야 한다. 존경받기를 원한다면 자신과 남을 존경하자. 업무가 개선되기를 바란다면 고용주에게 무엇을 요구하기 전에 업무를 잘 처리하려면 어떻게 해야 할까? 생각해보자. 자신의 기량을 최대한 발휘하고, 성실히 일하며, 남이 기대하는 것 이상을 보여주고, 누군가가 시키기 전에 필요한 것을 미리 살핀다면, 직장에서 얻을 수 있는 결과는 완전히 달라질 것이다.

남을 섬기는 동시에 막대한 수익을 창출하는 사람은 일에 애정을 갖고 이를 즐긴다. 그들은 초과근무를 마다하지 않고 고객을 진심으로 챙긴다. 어디에 있든 최선의 자질을 계발해야 풍요를 맛볼 수 있다.

## 나를 바꾸면 세상을 변화시킬 수 있다

대기업에 근무하는 어느 여성은 입사할 때만 해도 업무가 즐거웠지만, 최근에는 과중한 스트레스로 일이 싫어졌다고 한다. 그녀는 직장을 그만둘 생각에 사장을 찾아가 자신의 고달픈 처지를 토로했다. 현명한 사장은 업무를 모두 적어보고 마음에 드는 일과 그렇지 않은 일을 구분해보라고 권했다. 그러고 보니 중요하거나 애착을 느끼는 업무보다는 사소한 일에 금쪽같은 시간을 허비했다는 점을 깨달았다. 아쉬운 소리를 듣기 싫다는 이유로 동료와 업무를 분담하거나 도움을 청하지 않았던 것이다. 그녀는 남들이 과중한 업무를 떠맡겼다며 불평했지만, 실은 자신을 배려하지 않았다고 봐야 옳다. 남이 자신을 배려해주기를 바라기 전에 자기부터 그래야 했다. 그녀는 마음을 고쳐먹기로 했다. 전공에 관련된 업무 중 선호하는 일과 그렇지 않은 일을 살펴보니 정이 떨어지는 업무는 모두 자신의 자질이 필요치 않다는 사실을 알아냈다. 즉, 적성에 맞는 직원에게 이를 맡기면 그만이었다. 모든 업무를 혼자 처리하려는 욕심을 버리고 자질을 발휘할 수 있는 일에만 집중하자, 그녀는 창의적이고 혁신적인 아이디어를 창출하는 인재가 되었다. 그제야 일이 즐거워졌다. 그녀가 자신을 키우자 직장일 덕택으로도 자신이 커간다는 점을 깨달은 것이다. 자신을 바꾸고 나니 일도 즐거움의 원천이 되었다.

매일 출근하기가 귀찮아졌다거나, 회사의 목표 및 방침에 동의하지 않는다거나, 업무에 최선을 다하지 않는다면 직업이 삶에 기여하지 않는 것이다. 즉, 다른 업종을 찾아봐야 한다는 말이다. 자신에게 솔직해지자. 직장 일에 매력은 느끼지만 마음에 들지 않는 구석이 있지 않은가? 출근길에 오를 때마다 업무가 지긋지긋하다는 생각뿐이라면, 사무실에서 불거지는 문제를 제힘으로는 감당할 도리가 없다고 느낀다면, 내면의 안내에 귀를 기울이고 더 나은 직장을 찾아보자. 현 직장이 자기발전에 도움이 되지 않는다는 사실을 알면서도 사표를 쓰지 못하는 까닭은 다른 곳도 매한가지라고 단정하기 때문이다.

### 내가 하는 일에 긍정적인 태도를 갖는다

업무가 만족스럽든 그렇지 않든, 이를 사랑과 긍정적인 태도로 보는 법을 배우자. 그러면 현 직장에서 여건을 개선하거나, 직장을 옮길 수 있는 기회를 얻게 될 것이다. 불편한 근로환경은 귀중한 교훈을 주는 스승이다. 현장에서 배워야 할 교훈을 무시하며 직장을 바꾼다 해도, 언젠가는 같은 교훈을 배울 수 있는 상황에 놓이게 될 것이다. 마음에 들지 않는 업무가 있다면 분명히 밝히고, 이 상황이 주는 교훈이 무엇인지 파악하자. 그러면 같은 상황이 되풀이 되지 않을 것이다. 업무가 베푸는 선물을 비롯하여, 그것이 가르치고자 하는 교훈과 직장에서 활용하고 있는 기술을 모두 열거해보자. 나의 일을 감사하고 사랑할 때 다음 단계는 좀 더 쉽게 창출될 것이다.

직장생활을 살펴보고 난 후 '지금이 달라져야 할 시기'라고 확신한다면 원대한 성장의 기회를 제공해줄 동종업체에 마음이 끌릴 수도 있다. 그렇지 않으면 전혀 다른 분야의 업종에 호감이 갈 수도 있다. 직장이 없다면 취업에 대한 열망이 솟구칠지도 모르며, 취미나 관심사를 계발하고 있다면 지금이 이를 생업으로 전환할 기회라 생각할 수 있다.

적성에 맞는 직업을 찾기 위해 안간힘을 쓸 필요는 없지만 자신이 원하는 바는 명확히 알아야 한다. 천직을 암시하는 표상에 에너지를 보내고, 안성맞춤인 일의 본질이 무엇인지 구체적으로 상상하자. 그러면 내면의 이상적인 자아는 퍼즐을 맞추듯 우연과 인맥과 기회뿐 아니라, 마음에 맞는 일을 가져다줄 것이다.

좋은 직업은 얼마든지 널려 있다. 많은 사람들이 좋은 직장을 찾는 요령을 모르고 있을 뿐이다. 마음이 끌리는 일을 분명히 파악한 다음, 가장 중요한 단계는 에너지를 활용하여 취직한 자신을 상상하며 그 직업을 끌어당기는 것이다.

이상적인 직업을 구하는 데 직책까지 미리 알 필요는 없다. 쉽고 자연스럽게 하는 일을 살펴보고, 마음이 끌리는 일에 보탬이 되는 직업을 끌어당기면 된다. 직업이 가져다줄 모델을 분명히 염두에 두고 있다면 이를 끌어당길 수 있는 에너지를 활용할 수 있다. 이상적인 자아는 그것을 찾는 데 동원되며, 적절한 직책이라면 무엇이든 제공할 것이다. 여태 생각해 본 일이 없거나 있는 줄도 몰랐던 일일지도 모른다.

그리고 내면의 안내를 경청하며 직관에 주의를 기울이자. 일에 파묻혀 메시지를 들을 여유가 없는 사람도 있는데, 그들은 길거리에 즐비한 구인 광고판을 기웃거려야 어렵사리 직장을 찾을 수 있다. 반면, 직관에 따라 가장 수월한 방법으로 이상적인 직업을 찾을 수도 있다. 내면의 안내를 따르는 것이다. 원하는 직업을 상상하고 끌어당기면 직관은 직업알선소를 소개해준다든가, 광고를 보라고 촉구할 것이다. 그런 노력은 결실을 맺기 마련이고 결국 이상적인 직장으로 인도할 것이다.

바라는 것이
무엇이든
힘들이지 않고
쉽게 창조한다

일자리를 찾던 어느 여성은 원하는 일을 분명히 알고 있었다 이를테면, 근무시간과 업종, 근무환경 및 동료직원 등. 직장을 구하기 위해 좀 더 열심을 내지 않는 것이 내심 걸렸지만, 내면의 음성은 별다른 주문이 없어 그저 기다리고 있는 것을 바라는 듯싶었다. 그래서 사직서를 미루고 나니 태도가 달라지기 시작했다. 내친김에 직장을 떠나지 않기로 결심하자 일이 즐거워지고 하루하루 보람을 느끼게 되었다. 얼마 전까지만 해도 일이 지루하고 따분했는데 말이다. 그렇게 마음을 고쳐먹자 직원들이 주변에 몰려들었고 생활의 다른 영역에서도 긍정적인 변화가 일어났다. 직장생활이 즐겁고 일도 열심히 했지만 천직은 계속 찾으려 했다. 그러던 어느 날, 옛 친구에게서 아주 오랜만에 연락이 왔다. 점심을 같이 하기로 했다. 무척 바쁜 날이었지만 내면의 목소리는 지인을 만나라고 주문했다. 그 친구는 이제 막 사업을 시작하려던 참이었는데 고객 하나가 사람을 구하고 있었단다. 공교롭게도 그녀가 찾고 있던 일에 일손이 필요했던 것이다. 결국 그녀는 친구의 고객을 만나 꿈에 그리던 직장에 들어갈 수 있었다.

남에게 고용되는 것보다는 몸소 창업을 마음에 두고 있을지도 모르겠다. 사업에 최선을 다하는 사람은 스스로 결정하고 거리낌 없이 책임을 감당하며, 독립적이고 자유로운 삶을 좋아한다. 그들은 모험과 혼자 하는 일을 즐길 뿐 아니라, 재능이 많아 관리나 판매, 회계, 인사, 교육, 조직 혹은 연구 등 직무를 가리지 않는다. 스스로 방향과 비전을 설정하고 어느 정도의 불확실성을 즐기는 사람이랄까.

나는 최선을,
최선은 나를 끌어당긴다

사업을 시작한다면 세상에 통용되고 있는 수익창출 기술도 터득해야 한다. 시중에는 경영에 관한 좋은 책이 많이 있다. 길잡이가 될 만한 책을 찾아 읽자. 사업을 시작하려면 의식과 주의를 그에 집중해야 한다. 신선한 아이디어가 봇물 터지듯 솟구치면 불가피하게 새로운 일을 시도하고 사고력도 전환해야 할 것이다. 목표에 도달하고 싶어 마음을 추스르기가 어려울지라도 그 과정에서 즐거움을 찾는 것은 어떨까? 과정이야말로 성장과 활력이 가득한 길로 인도하는, 가슴 설레는 모험일 테니 말이다.

창업에 흥미가 있다면 성공할 수밖에 없는 이유를 생각해보자. 성격과 기술 및 의욕이 있으니 성공은 떼 놓은 당상이 아니겠는가? 자신을 믿는다면 목표를 성취할 수 있을 것이다.

마음에 맞는 일을 시작할 때 자신의 기술과 지식이 부족하여 이를 강화해야 한다고 생각할지도 모른다. 발전을 위해 학업을 잇거나 특정 교육을 받아야겠다는 마음이 들 수도 있다. 그러나 직업을 얻는 데 자격이나 학위가 꼭 필요한 것은 아니다. 직업훈련 과정이 있는 직장을 찾아보면 어떨까? 학업 자체가 즐거운지, 학업을 마치고 직장에 들어가야 직성이 풀리는지 자문해보자. 학업이 천직을 위한 의무 과정인가?

학업이 즐겁고 이를 마쳐야 옳다고 생각한다면 그러는 편이 나을 것이다. 하지만 공부에는 전혀 관심이 없는데도, 구직에 도움이 되는 유일한 '스펙'이라는 이유라면 마음을 바꾸어야 한다. 천직은 학업을 요구하지 않기 때문이다. 열정이 식었다는 것은 영혼이 다른 길로 인도하고 있다는 방증이다. 천직은 학위가 없어도 얼마든지 시작할 수 있다.

고용주도 성실하고 의욕적인 직원을 채용하고 싶어 한다. 훌륭한 직원은 금쪽같은 인재인지라 귀한 대접을 받을 것이다. 태도는 직업을 끌어당기는 데 매우 중요하게 작용하는 변수다. 사실, 경력이나 자격증보다 태도가 중요할 경우가 더 많다. 회사는 대부분 경력은 있으나 의욕이 없는 사람보다는, 경력은 부족하지만 의욕이 있어 업무를 빨리 배우는 인력을 채용한다.

입학에 관심이 없다면 학업이 가져다줄 본질을 염두에 두고 어떤 길을 여는 게 나은지 자문해보자. 어느 여성은 의사가 되고 싶었지만, 의대에 들어가 몇 년 간 공부를 해야 한다는 것이 마음에 걸렸다고 한다. 그녀는 원하는 대상의 본질이 무엇인지 떠올리기 시작했다. 그에 대한 표상을 상상하여 에너지를 주입했다. 그러고는 내면의 메시지에 순응하자 몸이 보디워크로 이끌렸다. 결국 그녀는 강좌를 수강키로 하고 다양한 분야의 수업을 섭렵했다. 흥미가 솟구쳤기 때문이다. 좋은 스승 밑에서 몇 년간 공부한 끝에 개업에 성공, 계속 성장해나갔다. 그녀는 이웃과 소통하며 자가 치유를 돕고 천직의 보람을 누리며 살았다.

학업을 잇는 것이 자신의 길이라고 결정했다면 그러기 위한 시간과 돈을 마련할 방도도 고려해야 할 것이다. 학비는 얼마든지 마련할 수가 있지만 이를 확신하지 못하는 사람이 비일비재하다. 그들은 자금을 구하기 위해 시간을 투자하지도 않는다. 잠시 여유를 갖고 돈을 끌어당긴 후, 내면의 메시지를 몸소 실천하자. 내면의 음성이 입학을 권한다면 방법은 얼마든지 있다.

고등학교를 중퇴한 어느 청년은 몇 년간 창고관리인으로 일해 왔다. 그러다 문득 공대에 진학하고픈 마음이 들었다. 하지만 어떻게 학비를 마련해야 할지, 고등학교 졸업장도 없이 대학에 들어갈 방편은 있는지 고심했다. 그래도 무언가 방법이 있으리라는 믿었다. 우선 학교에 다니는 자신의 모습을 상상하고, 표상을 만들어 그에 에너지를 보냈다. 그러고는 한 대학을 선택하였고, 여섯 달 후 가을학기에 등록했다. 그는 학사일정 카탈로그를 구해 학업 계획을 세웠다. 그리고 교내 상담실을 최대한 활용할 요량으로 상담원과 친분도 쌓았다. 상담원은 고등학교 중퇴자를 위한 재정지원 프로그램이 있는데 장학금을 받으려면 몇 년의 실무경력이 있어야 한다는 점을 귀띔해주었다. 실무경력이라면 자격은 충분했다. 그는 고교 졸업자격을 취득하는 데 필요한 과정도 프로그램에 들어 있다고 덧붙였다. 청년은 애당초 바라던 대로 직장을 그만두고 진학했다. 공대를 졸업한 후에는 좋은 직장에 취직할 수 있었다.

창업이나 학업에 상당한 돈이 들 거라고 미리 겁먹을 필요는 없다. 필요한 돈은 모두 가지고 있는 것처럼 당장 일을 시작해보자.

가수가 되고 싶은 한 여성이 있었다. 그녀는 가수가 되려면 연습실과 설비가 있어야 하니 수백만 원이 필요할 거라 짐작했다. 또한 유명세를 타기까지 수입 없이 생활을 하려면 잔고에도 돈이 넉넉해야 한다고 생각했다. 하는 수 없이 오랫동안 마음에 들지 않는 일을 했다. 자금을 마련하면 가수의 꿈을 이룰 수 있으리라는 믿음 때문이었다. 어느 날, 그녀는 꿈과 멀어져가는 자신을 발견했다. 당장에라도 노래를 부르지 않으면 가수가 될 수 없을 것만 같아 밤에 가창 교습을 받기 시작했다. 가수와도 인맥을 넓혀나갔다. 1년 후, 평소 알고 지내던 밴드의 멤버 한명이 그만두게 되었다. 밴드는 그녀에게 공석을 채워달라고 부탁했다. 결국 값비싼 장비를 구입하지 않아도 된 덕분에 그간 모아둔 자금만으로도 그녀는 전업가수가 될 수 있었다.

진로에 순응할 때
필요한 것은
풍성히 채워진다

마음에 둔 일을 끌어당기기 위해 최선을 다했다면 그것이 실현되고 있다는 점도 믿어야 한다. 표상에 에너지를 보내고, 내면 깊숙이 자리 잡은 지혜로운 자아에게 신선한 아이디어와 통찰력을 바라보자. 그 통찰력과 아이디어에 귀를 기울여보자. 돈을 기다려서는 안 된다. 돈이 없어도 원하는 일을 할 수 있기 때문이다. 자신을 믿지 못하거나, 아이디어가 돈을 끌어당길 수 없다거나 혹은 목표를 이룰 자격이 없다고 미리 걱정할 필요는 없다.

아이디어를 또박또박 종이에 적어보자. 계획을 적어 이를 실천하다보면 도와주겠다는 사람이나 기회를 끌어당기게 될 것이다. 세상에는 투자할 만한 프로젝트보다는 투자할 돈이 더 많은 법이다. 의도와 비전만 분명하다면 목표를 이루는 데 필요한 것은 모두 끌어당길 수 있다. 천직으로 이어진 길을 가고 있다면 필요한 것은 풍성히 채워질 것이다.

4부

# 그 돈으로 무얼 할까?

18장

# 나의 가치를 제대로 인정받으려면

Honoring Your Value and Worth

가치에 걸맞은 보상을 받는 것은 중요하다. 가치가 될 만한 것은 얼마든지 있다. 시간과 에너지의 가치를 소중히 여기지 않으면 스스로 풍요의 흐름을 차단하는 모양새가 된다. 에너지는 돈이 자유롭고 조화를 이루며 쉽게 흐르게도, 그러지 않게도 한다. 흐름을 열 수 있는 방법은 얼마든지 있다. 자신과 타인을 존중할 때, 시간과 서비스를 두고 자긍심을 느낄 때 돈과 풍요는 자연스레 흐를 것이다.

많은 사람들이 보수에 실망하는 까닭은 서비스의 가치를 명확히 의식하지 못하기 때문이다. 자신이 제공한 서비스의 가치를 제공받은 사람이 알아주고 그에 좀 더 얹어주기를 바란다. 속내는 털어놓지도 않은 채 월급이 오르거나 고객이 무언가를 덤으로 해주리라 기대하는 것이다. 자신의 서비스 가치를 소중히 여겨야 타인도 그렇게 여기기 마련이다. 시간의 가치는 얼마나 되며, 수익이나 거래의 의미는 무엇인지 되짚어보자. 남에게 의존하지 말아야 한다. 제공자와 수용자 쌍방이 공정하다고 인정하는 것이 중요하다. 사람은 누구나 공정한 거래를 바라고 있기 때문이다.

"수수료를 깎으면 고객이 늘겠지."라는 사람이 적지 않은데, 당연히 받아야 할 대가를 정당한 가치 이하로 떨어뜨려서는 안 된다. 수수료를 낮춰 기분이 언짢아지면 두 가지 면에서 돈을 흐름을 차단한 셈이다. 첫째는 마음 밑바닥에서 불쾌한 감정이 솟구친다는 것이다. 정도가 심각하지 않다 해도 자금줄은 막힐 것이다. 둘째, 무의식에 "일의 가치가 별로 크지 않다."고 말해 기회를 끌어당기지 못하게 된다. 가치에 합당한 보수를 받아 스스로 사랑하는 마음을 키워야 한다.

나의 몸값은 내가 잘 안다
나는 나의 가치를 존중한다

일의 가치를 알아주는 고객 하나를 확보하는 것이 그러지 않은 고객 넷을 유치하는 것보다 낫다. 자신의 서비스에 대해 공정한 대가를 받아 기분이 좋을 때는 누구나 자긍심을 느낀다. 그래야 주변 사람들도 나의 당당함을 읽을 수 있다. 자격지심에 주눅이 든 사업가보다 열정과 번영 및 성공이 묻어나는 사업가가 고객을 위해 더 많은 일을 할 수 있다.

자신의 몸값을 돌려받겠다고 결심해보자. 보수를 올린다고 해서 사업이 망한다든가 고객을 만나지 못할 거라며 걱정할 필요는 없다. 서비스의 가치를 반영하는 만큼만 가격을 올리면 고객을 많이 잃지 않는다. 오히려 열정과 의욕이 솟아 서비스의 양과 질이 전보다 개선된다. 수수료를 올리든 올리지 않든, 서비스에 온힘을 다하고 고객이 지급한 수수료의 가치를 존중하자.

월급이나 수수료가 제공했던 서비스의 가치만큼 된다고 생각하는가? 수입은 어느 정도로 기대하고 있는가? 월급을 높이고 싶다면 회사에 더 많은 것을 주고, 어떻게든 기술력을 강화하며 능력도 높여야 한다. 의욕을 갖고 남이 부탁하기 전에 일을 찾자. 필요한 것은 사전에 파악해야 한다. 그런데도 몸값에 미치지 못한 대접을 받고 있는가? 그러면 앞으로는 그만큼 받겠다고 다짐하고 인상된 급여를 받을 날짜를 적어놓자. 남이 줄 때까지 기다려서는 안 된다. 몸값을 스스로 결정하면 인생의 기쁨과 활력을 만끽할 수 있으며, 그것이 이웃에게는 선물이 될 것이다.

가장 큰 보상 중 하나는 자신이 사회에 의미심장하게 기여하고, 이웃의 삶을 개선하는 데 일조하고 있다고 깨닫는 것이다. 보수는 적어도 그 일이 세상을 좀 더 살맛나는 곳으로 만들 수 있다고 믿기에 일을 마다하지 않는 사람들도 많다. 직장에 다니면 넉넉히 받을 수 있는데도 자원하여 지역사회를 돕거나, 어느 분야에서 적은 보수를 받고 있다면 금전과는 다른 보상을 받고 있는 것이다. 이는 다른 곳에서 받을 수 있는 경제적인 보상보다 훨씬 클 수도 있다. 세상에 기여할 때 돌아오는 에너지는 돈보다 더 위대한 보상이다. 영성과 동정심을 키워주고, 가슴을 열어주며, 가치와 보람이 충만한 삶을 약속한다. 자신의 가치를 존중한다는 것은 최선을 창조하는 데 시간을 쓴다는 뜻이다. 가치를 재는 잣대는 몸소 창조하는 선the good과, 사회나 이웃의 삶을 둘러싼 변화에 있다.

영적인 상담이나 치유와 관련된 일에 종사하는 경우, 자신의 능력이 영적인 탓에 서비스의 대가를 받는 것이 옳지 않다는 사람들이 많다. 하지만 꾀꼬리 같은 목소리나 수학적인 재능, 문장력 등 사람이 가진 재능은 모두 영적인 것이다. 물론 농부가 재배하는 농산물은 땅의 소산이나, 그는 자신의 노동력과 시간 및 노력에 대해 소비자에게 대가를 요구할 수 있다. 즉, 누군가가 재능을 발휘하여 유익한 서비스를 제공했다면 그에 대한 대가를 지급해야 마땅하다. 생계를 잇기 위해 돈이 필요하다면, 대가는 금전의 형태가 되어야 한다. 설령 돈이 필요 없다 해도 제공한 서비스에 대하여는 무언가 보답을 받아야 옳다. 서비스의 덕을 본 고객이나 의뢰인이 아무것도 되돌려주지 않는다면, 에너지의 흐름을 막아버리는 결과를 낳기 때문이다. 그리 거창하지 않아도 된다. 서비스를 두고 감사한 마음을 전하거나, 그로써 삶이 달라지거나, 시간을 내어 무언가를 돕는 것도 보답이 될 수 있다.

나의 일을 존중하는 사람을 위해서만 일해야 한다. 그렇지 않은 사람을 위해서 일한다면 자신감을 잃게 될 것이다. 직업을 바꾸기 전에 자신이 가치 있는 사람인지, 자신의 서비스가 중요하다고 믿는지 자문해보고, 현장에서는 무엇을 배우고 있는지 살펴보자. 무언가 배우고 있으며, 나의 환경을 창조한 신념은 무엇인지 이해하고 나면, 자신을 존중하는 일을 찾을 수 있을 것이다. 경영자도 나를 존중하게 될 것이다. 고용주가 그러지 않는다 해도 고객이나 의뢰인은 나를 존중할 것이다.

아울러 고객이나 의뢰인, 거래업체 혹은 개인이 내 서비스로 인생의 유익을 창출했다는 점도 중요하다. 보수가 당연히 받아야 할 액수에 미치지 못하거나, 자신의 일이 사회에 기여하지 않는 듯싶다면 자신의 몸값과 시간을 존중하는 법을 배워야 할 것이다.

가치를 인정하지 않는 사람을 위해 일한다면, 자신의 가치에 대한 의심만 커져 에너지의 흐름도 끊기고 풍요도 기대할 수 없다.

어느 화가는 직접 그린 친구의 초상화를 그에게 선물하기로 했다. 늘 우울해 했던 친구는 불평을 입에 달고 사는 부정적인 여성이었다. 매력이 없다며 주눅이 든 친구에게 초상화를 그려주어 돕고 싶었던 것이다. 초상화에는 매우 아름답고 미소가 밝은 모습을 담았다. 아이들이 잠든 후라야 그릴 여유가 있어 작업이 쉽지는 않았다. 몇 달 후, 그녀는 그림을 보기 좋게 완성하여 액자에 넣어두었다. 친구는 매사에 그렇듯 덤덤히 선물을 받았다. 아니나 다를까, 화폭에 담긴 모습은 마음에 들지 않았다. 그래서 진열을 안 했는데, 지인들은 그림이 탁월한 데다 진정한 아름다움을 표현해냈다고 입을 모았다. 한편, 초상화를 선물한 화가는 며칠 간 기분이 좋지 않았다. 그림을 계속 그려야 할지도 확신할 수 없었다. 몇 달이 지난 후, 다른 친구에게서 전화가 왔다. 값을 쳐줄 테니 초상화를 그려달라는 것이다. 처음에는 거절했지만 친구가 그림이 마음에 든다고 하기에 그러기로 했다. 완성된 그림을 본 친구는 흡족해 했다. 그림이 지닌 가치를 두고 의심하고 있었던 까닭에 그녀는 처음 그린 초상화를 통해 귀중한 교훈을 배웠다. 불만 일색인 친구가 그런 의심을 의식 표면으로 끌어올린 덕에 이를 자각한 그녀는 의구심을 해소할 수 있었다. 또한 일의 가치를 인정하지 않아 자신감을 잃게 하는 부정적인 사람과는 어울릴 필요가 없다는 점도 배우게 되었다. 그 후로는 자기 일을 존

사람들은 나의 일을
존중하고 있다

중해주고 가치를 인정하는 사람에게만 그림을 그려주겠노라 다짐했다. 이 사건은 이력의 전환점이 되었다. 작품의 만족도와 수익을 끌어올리는 계기가 되었기 때문이다. 자신이 제공한 서비스의 가치를 인정받지 못하면 자신감을 잃게 마련이며, 그런 경험은 자신과 일의 가치를 직접 매기는 데 전환점이 될 것이다.

일의 값어치를 알아주고 이를 사용할 줄 아는 사람에게만 서비스를 제공하자.

## 나는 최고의 서비스만 제공할 것이다

금전보다 서비스 교환을 선택할 경우, 기대하는 바가 무엇인지 분명히 파악해야 한다. 통화는 당사자 간에 공정한 거래를 합의하기 위해 제작된 것이다. 따라서 서비스를 직접 교환하는 것보다는 현금 거래가 훨씬 쉽고 투명하다. 물물교환에는 사랑뿐 아니라, 서로 윈윈win-win하려는 의지와 에너지의 원활한 흐름을 위해 상대에게 무언가를 주려는 마음이 필요하다.

상품이나 서비스를 타인과 직접 거래하는 경우에는 분명하면서도 에너지가 넘치는 흐름을 창출하는 데 효과가 있는 합의안을 설정해야 한다. 가령, 상대방의 서비스를 사용할 수 없다면 분한 마음이나 불공평하다는 기분으로 이를 수락하는 것보다는 똑 부러지게 거절하는 편이 바람직할 것이다. 거래를 수락한다면 주저하지 말고 넉넉히 보답하며 사랑을 보내야 한다. 거래가 불공정한 듯싶어도 감사와 사랑을 보내자. 최선을 다하면 에너지는 원활히 흐를 것이다. 설령 그에게서 정당한 대가를 받지 못한다 해도 다른 원천에서 갑절이 돌아올 것이다.

거래로 각 당사자가 유익할 수 있도록 최선을 다하자. 의도의 성실성이 풍요를 거듭 배가시킬 것이다.

19장

# 기뻐하자 그리고 감사하자

Joy and Appreciation

돈은 흐르고 순환한다. 돈이 좀 더 원활히 흐르고 순환할수록 사회는 더욱 풍요로워진다. 돈을 끌어당길 때 돈은 '창조된' 것이 아니라, 이미 존재하는 흐름을 이용한 거라고 봐야 옳다. 부를 창조한다는 것은 남의 것을 탈취하지 않고 흐름의 일부가 되는 것을 뜻한다.

내 안에 돈을 순환시키자. 재고의 회전률이 증가할 때 그렇듯이, 돈도 원활히 돌면 모두가 부유해질 수 있다. 주고받기가 원활히 흐를 때 번영이 이루어진다.

돈을 창조하는 데는 지출 관리도 빼놓을 수 없다. 사람들은 평소에 만족스러운 상품과 서비스, 식품 등을 산다. 대가를 지급할 때도 만족스러운 마음으로 흔쾌히 하자. 돈은 순환시킬수록 사회의 부에 기여하게 된다. 돈을 내보내는 데 기분이 좋다면 돈을 끌어당기는 자력도 증가할 것이다. 지출할 때마다 돈의 순환을 배가시키고 사회를 풍요롭게 키우고 있는 것이다.

나에게 흘러들어오는 어떤 흐름을 상상하자. 각 흐름은 나에게 금전이 유입되는 길을 열어주고 있다. 의심이 갈 때마다, 돈을 내는 것이 아까울 때마다, 번영을 믿지 못할 때마다, 흐름 중 하나가 끊어질 것이 다. 반면, 돈에 즐거움과 사랑을 실어 보낼 때, 또 하나의 길이 열린다.

내가 쓰는 돈은 모두 사회를 부유케하고 갑절로 되돌아온다

돈을 쓸 때는 열 배의 돈이 되돌아올 거라고 상상하자. 호주머니에서 나온 바로 그 돈이 이를 받는 기관이나 개인의 번영에 기여 하고 있다는 것을 의식하자.

기쁨은 번영을 키우는 중요한 자질이다. 비록 적은 돈이라도 기쁨을 주는 쪽으로 써야 한다. 그래야 거액이 손에 들어왔을 때 이를 기분 좋게 쓸 수 있다. 누구나 돈이 기쁨과 행복의 원천이 되기를 바란다. 하다못해 몇천 원을 쓰더라도 행복으로 이어지지 않는다면, 수백만 원을 쓸 수 있다 해도 행복을 느끼지 못할 것이다. 이제부터라도 돈을 기쁨의 '메신저'로 키워보자. 재산이 늘면 늘수록 기쁨도 점차 배가 될 것이다.

평소와는 다르게 써도 아깝지 않을 만한 금액은 얼마인가? 그 돈이 웃

음을 자아낼 수 있는 방법을 다섯 가지 이상 꼽아보자. 아주 생뚱맞기도 하고, 아무 유익이 없을 수도 있다. 될 수 있는 한 엉뚱한 것을 떠올려보자. 어떤 이는 작은 초를 다량 구입해 집에 가득 켜놓고 특별한 명상에 잠긴다고 한다. 돈을 봉투에 넣어 감사하고픈 사람의 차량 와이퍼에 쪽지와 함께 넣어두는 사람도 있다. 재미있는 아이디어를 택해 이번 주에 그렇게 돈을 써보자.

사랑이나 기쁨 없이 의무감이나 원한, 걱정, 혹은 주머니 사정이 쪼들린다는 기분으로 돈을 쓴다면 자신은 금전의 흐름에서 멀어지게 된다. 자신의 씀씀이를 면밀히 관찰하고, 그때의 기분을 가감 없이 적어보자.

내가 벌고 쓰는
돈은 모두
기쁨을 안겨준다

즐거움보다는 의무감으로 돈을 쓴 적이 있는가? 아무런 기쁨도 없이 의무적으로 돈을 쓰고 있다 해도 자신을 비난하지 말자. 그저 기쁨을 가져다줄 씀씀이에 주안점을 두면 된다. 흔쾌히 돈 쓰는 일이 많아질수록 의무감에 그러는 경우는 차차 줄어들 것이다.

내가 사는 물건은 당연히 누릴 자격이 있다는 메시지를 무의식에 전해준다. 진정 원하는 것을 사자. 값은 싸지만 마음에 들지 않는 옷을 여러 벌 사기보다는 몇 푼 더 얹더라도 기분 좋게 입을 수 있는 옷 한 벌을 사는 게 낫다. 이는 '원하는 것은 무엇이든 손에 넣을 수 있다.'라는 사실을 무의식에 귀띔해주는 행동인데, 이때 무의식은 더 많은 것을 가져다주기 위해 움직인다. 내키지 않는 아이템을 구입하며 돈을 아끼는 데 집중하지 말고, 진정한 기쁨을 줄 수 있는 것을 사야 한다. 물론 정말 마음에 드는 상품을 저렴하게 살 수 있다면 금상첨화일 것이다. 가격이 아니라 정말 좋아하는 물건을 사는 것이 중요하다.

자신에게 의미심장한 무언가를 샀으면 이를 즐기자. 어린아이가 오랫동안 갖고 싶어 했던 특별한 장난감을 받았을 때처럼 그것을 갖고 놀아보자. 그럴 수 있게 된 데 감사하자. 구입한 것에 익숙해지고, 그와 조화를 이루자. 그에 대하여 철저히 알아가자. 하루든 한 주나 한 달이든, 그 물건과 완전한 관계를 맺고 에너지를 쏟을 때까지 그렇게 해야 한다. 자신의 에너지가 새로운 아이템과 조화를 이루면 구입한 물건과의 관계가 조성되고, 만족감은 더욱 커질 것이다.

### 나는 활력과 에너지를 주는 대상을 주변에 둔다

모든 것에는 에너지가 있다. 주변에 산재된 모든 에너지는 미묘하게 감지되므로 사랑하고 소중히 여기는 물건만 주위에 놓아두자. 무용지물이나 망가진 것은 에너지를 교란시킬 뿐이다. 애물단지나 부서진 물건이 있다면 손을 봐서 주변을 조화롭고 질서 있게 가꾸어도 좋다.

어느 여성은 벼룩시장을 열어 몇 년 동안 쓰지 않던 물건을 처분키로 남편과 합의했다. 그녀는 각종 가재도구를 조목조목 살펴보고는 고마움과 즐거움을 누리게 한 물건만 남겨두고 나머지는 모두 팔아버렸다. 그러자 놀랍게도 삶은 무거운 짐을 벗어버린 듯 홀가분해지고 활력도 넘쳤다. 에너지의 짐을 처분한 것이다. 그뿐 아니라 사고방식도 긍정적으로 달라졌다.

소중하고 감사히 여기는 것만 주변에 놓아두자. 그러면 차원이 다른 에너지가 되돌아올 것이다. 잠시 여유를 갖고 집을 둘러보자. 아무도 쓰지 않는 물건을 계속 쌓아 두고 있지 않은가? 하나만 골라 처분하면 어떨까? 친구에게 주거나, 재활용하거나, 누구에게든 팔아버리자. 훨씬 더 좋은 무언가가 내 삶 속으로 들어올 공간을 마련할 수 있을 것이다.

"자신에게 감사하라."라고 말할 때, 감사의 진정한 의미는 무엇일까? 감사란 무언가를 창조할 수 있는 자신의 힘과 능력을 인정하는 것이다. 감사하는 순간 자신이 가지고 있는 것에 집중하고 주의를 기울이는 무엇이든 힘이 배가 된다. 감사는 우주가 얼마나 풍요로운지 일깨워주며, 그 풍요로운 흐름을 믿을 수 있게 해준다. 또한 감사는 자신에게 돈과 풍요를 끌어당기는 마음의 상태를 일컫기도 한다.

나의 됨됨이와 내가 가진 모든 것에 감사한다

무의식을 어린아이라고 치자. 아이가 칭찬을 받을 때 어떻게 반응하는지 본 적이 있는가? 칭찬을 받으면 기쁨으로 얼굴이 환해지고 눈이 반짝인다. 스스로에게 감사할 때마다 내면의 어린이는 기쁨으로 밝아지고, 자신을 위해 더 많은 것을 하고 싶어 한다. 그러나 '겨우 그 정도밖에 못하니? 아직도 멀었네.'라며 타박한다면, 아이는 실망할 것이다.

이때 무의식은 꾸중을 들은 어린아이처럼 자신감과 용기를 잃는다. 자신과 우주에게 감사한다는 것은 내면의 어린이가 더 좋은 것을 풍성히 가져다주도록 격려하는 것과 같다.

감사는 태도로 표출된다. 태도는 돈을 끌어당길 수도 있고, 밀어낼 수도 있다. 성공한 사업가는 자신을 도운 지인들에게 감사의 편지를 쓰거나 선물을 보낸다. 자신의 풍요에 대해 우주에 감사한다면 풍요를 갑절로 누릴 수 있을 것이다.

자신에게 "고맙다."라고 말할 때마다 창조력에 대한 확신을 갖게 된다. 우선 일상에서 부딪치는 소소한 일을 두고 감사하자. 지금껏 이룬 공로를 감사하자. 그러면 두려움과 의심을 극복할 수 있다. 살고 있는 집과 사랑하는 친구, 식탁에 차린 음식 등 당연하다고 치부했던 것에도 고마움을 전하자. 지금 가진 것이 부족하다고 폄하하지 말고 감사하자.

경사가 있을 때 이를 좀 더 누리고 싶다면 '증폭하기 amplifying' 과정을 연습해보자. 풍성히 만끽하고픈 무언가를 이미 겪었거나 손에 넣었다고 자신에게 말하자.

나 자신에게 감사한다
나의 멋진 삶이 고맙다

잠시 여유를 갖고 소유의 기쁨이 증폭되는 것을 느껴본다. 몸과 감정 및 마음으로 그러고 나서 그 에너지를 증폭시키는 자신을 상상한다. 그 기분은 마치 나선형의 에너지처럼 확대되는데, 우선 가슴속에서 출발하여 자신의 체구 이상으로 확대된다. 그러면 바람직한 것을 좀 더 끌어당길 수 있다. 더 풍족하게 누리려는 의도를 가지고 만족과 행복감이 점차 증폭되는 것을 느껴보자. 그러기만 하면 된다.

20장

# 흔쾌히 주고받는다면

Giving and Receiving

돈의 흐름을 대거 창조하려면 자유롭게 주고받는 법을 배워야 한다. 사람이라면 누구나 주는 것뿐 아니라 받는 것도 바란다. 베푸는 것은 좋아하나 받는 것을 꺼리는 사람도 있는데, 남이 무언가를 주도록 허락하는 것은 자신의 풍요를 입증할 기회를 주는 것과 같다. 사람들은 누군가에게 필요한 것을 건넬 때 보람을 느낀다. 아무도 받을 수 없다면 줄 수 있는 사람도 없어지게 마련이다. 그러면 풍요를 창조하는 데 필요한 에너지의 흐름이 막히게 된다.

무언가 받는 것을 이기적이라고 생각할 필요는 없다. 이는 에너지의 순환을 완성하는 일이기 때문이다. 돈을 주면 받자. 남이 주는 것을 감사한 마음으로 받아야 한다. 돈을 받을 때마다 그들에게는 열 배 이상의 돈이 되돌아갈 것이다. 타인의 성공을 그리면 풍요를 끌어당기는 자력이 증가할 것이다.

만 원을 받더라도 "쥐꼬리만하다." 불평하지 말고 감사하자. 사람들은 대개 돈을 받고는 "이걸로 얼마나 버틸지 모르겠는걸, 인심 좀 더 쓰지." 라며 불만을 토로하는데 그러면 다음에는 액수가 점차 줄어든다. 더 많은 돈이 유입된다는 상상과 함께, 기쁘고 감사한 마음으로 받는다면 풍요를 끌어당길 길을 더 많이 창조할 것이다.

나는 열린 마음으로 받는다

성실성을 존중하는 데서 주는 것은 열린 마음으로 받고, 당부한 것은 흔쾌히 얻으라. 때로는 결함이 있다거나, 무언가 숨긴 것이 있나 확인하려는 경우도 있다.

중고차를 찾고 있다고 치자. 적당한 가격에 외관도 멋있고, 주행거리도 적고, 상태도 양호한 차를 창조하기로 마음먹고 원하는 대상의 본질을 명확히 의식하여 이를 끌어당기기 시작했다. 그러던 어느 날, 모든 조건을 만족시킬 뿐 아니라 가격도 예상보다 낮은 차량이 눈에 들어왔다. 하지만 너무 완벽한 까닭에 좋아하기는커녕 왠지 문제가 있을지도 모른다는 의심이 든다. 이상적인 목표를 창조해내는 능력을 믿자. 구현하는 요령을 숙달한다면 믿기 어려울 정도로 좋은 대상도 창조할 수 있다. 창조한 것을 즐기면 그만이다.

한때 어느 방송국은 사람을 고용하여 뉴욕 한복판에서 만 원짜리 지폐를 나누어준 적이 있었다. 사람의 반응을 알아보기 위한 실험이었는데, 결과는 실로 놀라웠다. 돈을 가져간 사람은 열 명 중 단 한 사람뿐이었다. "뭐든 살 생각이 없으니 수작부리지 마쇼."라며 타박하는 사람이 있는가 하면, 돈을 유심히 살펴보고는 어깨를 으쓱하며 이를 뿌리치는 사람도 있었다. 물론 누군가가 돈으로 환심을 사려한다거나, 내키지 않는 무언가가 돈에 딸려온다면 받지 말아야 한다. 사람들이 자연스레 주는 돈만 받으면 된다. 돈을 받을 때 마음이 불편하면 안 된다.

현재 허용하고 있는 수입원을 빠짐없이 열거해보라이를테면, 직업과 투자수익, 부모 및 장학금 등. 수입을 얻을 수 있는 다른 길은 없는가? 익명의 수표나 예기치 못했던 환급, 혹은 기대한 액수보다 더 많은 은행잔고 등. 가능성이 희박한 것도 좋다. 가급적이면 생뚱맞게 상상력을 발휘해보자. '다른 원천으로부터 돈을 받을 의사가 있는가?'라고 자문해보자. 그리고 몇 주 후면 새로운 채널을 통해 돈이 들어올 것이라고 마음속에 그리자. 그렇게 전해진 돈을 흔쾌히 받고, 사뭇 다른 방도를 창조하여 풍요를 받아들인 자신을 축하하라.

돈을 창조하는 것보다는 원하는 대상을 직접 얻는 것이 좀 더 수월할 수도 있다. 갖고는 싶지만 수중에 없는 것을 하나 떠올려보자. 이를 손에 넣기 위해 돈을 창조하는 것보다는 대상을 소유하는 데 주안점을 두고, 가능한 방법을 모두 동원하여 그것을 끌어당기자. 그러고 나서 내면의 안내를 따르자. 자전거를 갖고 싶은가? 자전거에 계속 정신을 집중하다보면 친구나 지인이 집을 비워두는 동안 자전거를 맡아달라고 하든가, 중고 자전거를 갖게 될 것이다. 애당초 돈을 끌어당겨 목표를 성취하는 것보다, 이를 직접 손에 넣는 것이 더 빠른 경우도 종종 있다.

베푸는 것은 받는 것의 주요 부분이다. 남에게 주는 방법대로 받을 것이다. 타인에게 돈을 비롯한 유익을 주면 그것은 진정 자신을 위한 선물이 된다. 유익과 금전은 에너지를 순환시키는데, 순환하는 에너지가 많을수록 우리는 더욱 풍요를 누리게 된다.

어느 남성은 재미삼아 거리에 동전을 떨어뜨려 아이들이 줍게 했다. 아이들 입장이라면 "하늘에서 동전이 떨어졌다."며 운수 좋은 날로 여길 것이다. 얼마 후, 그는 부동산업자가 되었는데 부동산 투자금이 필요할 때마다 '마른하늘에서 떨어지듯' 돈이 쉽게 들어왔다고 한다.

남에게 베푸는 것이 곧 나에게 베푸는 것이다

무언가를 얻으려면 먼저 주어야 한다는 것이 우주의 법칙이다. 성취 하고픈 목표가 있다면 '목표를 위해 내가 베풀어야 할 것은 무엇인가?'라고 자문해보자. 소원을 이루려면 대가가 따르게 마련이다. 돈을 좀 더 벌고 싶다면, 그럴 수 있도록 무언가재능이나 기술, 시간 혹은 에너지 등를 제공해야 할 것이다.

삶이 그리 넉넉지 않다고 느낀다면, 무언가를 줄 수 있는 사람을 꼽아보자. 선물을 고맙게 받고 이를 유용하게 활용할 수 있다면 세상에서 둘도 없는 기쁨을 만끽할 수 있다. 주는 것은 풍요를 보장하고, 풍성해진 기분을 느끼게 해준다. 베풀면 강해진다.

베풀면 부족과 한계를 둘러싼 믿음을 내보내는 데 도움이 된다. 그럴 때 더욱 풍요로운 자신을 그리게 되기 때문이다. 물질적인 대상을 주는 것도 그렇지만, 사랑과 용서 및 친절을 베풀어도 좋을 것이다. 주는 것은 수량과 가치뿐 아니라 풍요의 기분, 그리고 베풀 때 느끼는 즐거움과도 관계가 깊다. 베풀면 내면에 잠재된 무한한 풍요를 우주로 흘려보내는 법을 습득하게 된다.

## 내가 주는 선물은 사람들에게 힘이 된다

내키는 대로 후히 퍼주고 싶을 때가 있는 것처럼, 타인의 이상적인 선에 보탬이 되는 식으로 베풀고 싶은 마음도 있을 것이다. 남에게 돈을 건네고 싶다면, 되풀이되는 상황을 타개하는 것이 아니라 번영을 창조할 수 있는 돈을 주자. 삶을 긍정적으로 변화시키는 데 돈이나 선물을 활용할 줄 아는 사람에게 베풀라는 것이다. 목표를 분명히 파악하고 치밀한 계획을 세워 적극 실천하려 할 때가 도움을 주어야 할 시기다. 그들이 이상적인 목적과 목표를 달성할 수 있도록 적극 베풀자.

빈곤이 가실 날이 없고 항상 부족한 사람에게 자금을 대준다면 구제는 가능할지는 모르나 자립은 기대하기는 어렵다. 사람들은 어떤 교훈을 배우기 위해 가난을 창조한다. 생필품이나 돈을 제공해도 형편이 개선되지 않는다면 자선을 재고해봐야 할지도 모른다. 가난이라는 교훈을 통해 터득할 수 있는 성장을 차단할 수도 있기 때문이다.

사정이 절박한 사람이 돈을 부탁할 때 이를 거절하면 어떨까? 상대가 마음을 다잡고 직장을 구한다거나 어떻게든 자립하게 될지도 모를 일이다. 빈궁하거나 넉넉지 않은 기분을 스스로 창조하여 의욕을 불러일으킴으로써 인생을 역전시키는 경우도 있다. 위기를 만난 사람을 '구조saving'

해주면 의존성만 커질 뿐, 형편은 계속 되풀이될 것이다.

타인의 삶에 기여하고 싶다면 돈을 보태는 것보다는, 내면의 힘을 발휘하도록 돕거나 문제해결력을 키워주는 편이 낫다. 문제를 해결할 방도를 그들과 함께 짜보자. 그러면 자립심이 강해지고 인생의 책임감을 심어줄 수 있을 것이다. 삶에 도움이 되는 새로운 방법이나 기술 혹은 그들이 터득하여 평생 활용할 수 있는 도구를 전수한다면, 그들에게 힘을 실어줄 수 있을 것이다.

지인이 경제적으로 어려워 구제해줘야 한다는 의무감이 든다면 그가 무력하다는 점을 확증하는 셈이다. 그에게도 풍요를 창조할 수 있는 능력이 있다. 스스로 그 힘을 발견할 수 있도록 돕는다면 '자립self-sufficiency'이라는 가장 좋은 선물을 베풀게 될 것이다.

물론 의식주를 해결해준다 해도 구제는 되지 않겠지만, 성장을 이어갈 수 있도록 결정적인 시기에 도우미가 되어야 할 경우도 있다. 그 차이는 내면의 감정으로 구별할 수 있다. 타인에게 진정 힘을 실어주고 있다면 무언가를 베푸는 즐거움에 보람을 느낄 것이다.

흔쾌히 줄 수 있는 것을 주자. 의무감이 든다면 아예 주지 않는 편이 낫다. 무언가 꺼림칙하다면 주는 것이 그를 위하는 일이 아니라는 증거다. 자녀가 장성한 뒤에도 의무적으로 도와주어야 한다는 사람들이 있는데, 부모에게 손을 내밀 때 거절해야 하는 시기가 올 수도 있다. 거절은 동의보다 더 큰 사랑에서 비롯한다.

어느 남성의 동생은 몇 달 간 집세를 내지 못했다. 형은 집세를 꼬박꼬

박 주었지만 달라지는 것은 아무것도 없었다. 결국 그는 동생 문제는 자기가 알아서 해결해야 한다는 생각에 더는 대주지 않았다. 계속 돈을 쥐여 주면 자신을 책임지는 법을 일깨워줄 수 없겠다 싶었다. 대신 그가 원하는 생업을 스스로 찾는 데 도움을 주려고 취업 관련 도서를 몇 권 사주었다. 얼마 후, 동생은 직장에 취직하여 집세를 낼 수 있게 되었다. 밤에는 컴퓨터 강좌를 수강했다. 학교에는 컴퓨터가 부족한 탓에 연습하기가 어려워 컴퓨터를 사는 데 얼마를 보태달라고 형에게 부탁했다. 동생이 천직을 찾는 데 컴퓨터가 필요할 듯싶어 흔쾌히 돈을 빌려주었다. 훗날 동생은 컴퓨터 매장을 열어 성공했다.

남에게 주는 것은
그들의 가치를 인정하고
존중한다는 의미이다

그에게 진정 필요한 것을 주어야 한다. 선물이라고 다 적절한 것은 아니다. 가령 아이에게 조그만 애완동물을 선물했다고 치자. 부모의 관심과 주의가 필요하지만 그럴만한 여유는 없을 테니 바람직한 선물은 아니다. 받는 이에게 적당하고, 잘 쓸 수 있는 것을 주는 편이 낫다. 마음이 가는대로 주되 정말 그에게 보탬이 될 만한 것을 주어야 한다.

자신에게 베푸는 비결을 배우는 것은 풍요의 흐름을 유지하는 데 중요한 요소다. 그러지 못하면 흐름이 막힌다. 무언가 부족하다는 기분이 든다면, 평소와 달리 많은 시간과 에너지를 자신에게 쏟아야 한다. 그러지 않으면 에너지의 고갈을 느껴 업무에 대한 열정도 사그라질 것이다.

타인에게 무언가를 베풀 때 미련을 갖는 경우가 적지 않다. 선물은 묻지도 따지지도 말고 주어야 한다. 미련이 있으면 풍요의 흐름을 차단해버리기 때문이다. 입던 옷을 남에게 주고 나서 후회하거나, '내가 그냥 입을걸.' 하며 푸념을 늘어놓는다면 새로운 옷이 오는 것을 막을지도 모른다. 옷을 진정으로 놓아버리지 않았기 때문이다. 거리낌 없이 주자. 그럴수록 돈도 쉽게 끌어당길 수 있을 것이다.

최선을 다하려는 마음가짐이야말로 고객이나 경영자에게 줄 수 있는 최고의 선물이다. 협력과 사랑의 정신으로 일하자. 에너지를 쏟고 업무에 헌신할 때 좀 더 많은 수익을 창출할 수 있다. 잔머리를 굴리거나, 직무의 가치를 무시하거나, 그에 반감을 드러내거나, 입에 풀칠할 만큼만 일하는 것은 바람직하지 않다.

### 나는 자신에게 후하게 베푼다

어느 화가는 작품 활동만으로는 돈이 되지 않을 거라며 걱정했다. 앞으로 만날 기회를 돈이라는 잣대로만 판단한 것이다. 좋은 기회는 있었지만 수입이 넉넉지 않을 거라는 이유로 부탁을 여러 번 거절했다. 물론 형편은 나아질 기미가 보이지 않았다. 반면, 그의 친구는 훌륭한 화가가 되기 위해 최선의 노력을 기울였다. 레슨도 받고, 내면의 충동과 기쁨에 순응하고 최선을 다했다. 또한 수입보다는 '작품을 보러 오는 사람들을 어떻게 섬기며, 그들에게 무엇을 베풀 수 있을까? 나는 정말 이 기회를 선용하고 싶은가? 최고의 예술가가 되려면 어떻게 해야 할까?' 자문해보았다. 결국 그의 작품은 유명해졌고 안락한 삶을 영위할 수 있게 되었다. 남을 섬기기보다는 수입에 치중했던 친구는 돈은커녕 작품도 인정받지 못했다.

타인에게 보탬이 될 수 있는 기회인지, 자신의 진로를 이탈하지 않는지, 즐거움을 누릴 수 있는지 가늠해보고 판단하자. 돈은 특기와 재능을 십분 발휘하고, 무슨 일이든 최선을 다할 때 창조할 수 있는 것이다.

최선을 다해 남을 섬기면 풍요와 기쁨이 넘친다. 섬김이란 타인고객이나 고용주, 동료, 친구, 애인 등의 입장을 고려하고, 가장 좋은 것을 베푸는 행위를 일컫는다. 가장 밝은 표정을 세상에 비추고 순수한 마음을 가질 때 타인을 섬길 수가 있다. 지도자나 세계적인 유명인사가 되거나, 인류에 이바지하기 위해 지대한 업적을 달성해야 할 필요는 없다. 의도와 의식을 갖고 사랑으로써 업무를 이행한다면, 모두에게 기여하고 세상에 빛을 더할 수 있을 것이다.

## 나는 최선을 다해 남을 섬긴다

어느 영업사원 이야기다. 돌연 판매실적이 감소하기 시작하는데 당최 이유를 몰랐다. 업무도 마음에 들고, 판매하는 아이템의 품질도 좋은 데다, 이상적인 목표를 달성하고 있는 중이라고 자부했기 때문이다. 하루는 친구와 이야기를 나누다가 자신이 고객을 섬기고 베푸는 데 인색했다는 사실을 깨닫게 되었다. 그들은 단지 수입원이었으며, 그가 섬겨야 할 대상이라기보다는 주머니를 채워줄 돈줄에 불과했다. 돈을 버는 데 급급하다보니 서비스업에 종사하고 있다는 사실을 망각하며 살았던 것이다. 그는 마음을 고쳐먹기로 하고, 실적보다는 고객을 어떻게 섬길지 고민하기 시작했다. 고객과 친분을 쌓고 부족한 점을 직접 들으며 진심으로 그들을 도우려고 노력했다. 그는 흔쾌히 사랑과 시간과 에너지를 베풀었고, 그제야 매출 실적이 크게 올라갔다.

섬김에 관심을 둘수록 실적은 훨씬 더 늘게 되어 있다. 일을 통해 이웃에 기쁨과 빛을 가져다줄 대안을 모색한다면 기쁨과 빛을 맛볼 수 있을 것이다. 섬김이란 베풀 수 있는 최선을 남에게 주는 행동을 일컫는다. 이는 업무능력이 탁월하고 남을 배려할 줄 알며 의식이 깨어 있다는 뜻이기도 하다. 또한 기쁨과 조화의 마음가짐으로 일을 처리하고 남들과 협력하려는 자세를 가리키기도 한다.

섬김은 항상 갑절의 번영으로 돌아온다.

최고의 선물은
술술 풀리는 삶을 보여주는 것이다

21장

# 창조의 통로를 닦는 명확성과 조화

Clarity and Harmony

돈이 원활히 흐르기를 바란다면, 노력과 시간의 대가로 얻고 싶은 것을 솔직하고 분명히 염두에 두어야 한다. 이는 남들로부터 받고 싶은 것과 그들에게 흔쾌히 베풀 수 있는 것을 두고 서로 명확히 합의하는 것을 뜻한다.

개인이나 사업상 재정적인 문제가 원만하고 조화롭게 풀리기를 바란다면, 기대expectation와 가정assumption을 분명히 감안하는 것이 중요하다.

에너지의 교환과 사업상 거래의 결과에 만족하려면 얼마만큼의 시간과 노력이 투입되는지, 자신이 해야 할 일은 무엇인지, 대가는 어느 정도가 될지 처음부터 분명히 규정하자. 자금을 계좌에 예치하거나, 신규 사업이나 부동산, 주식 혹은 채권 등에 투자할 때도 얻고자 하는 바를 명확히 밝혀두어야 한다. 은행 구좌를 개설한다면, 이자를 산출하는 법을 정확히 알아야 나중에 실망하거나 갈등이 일어날 소지가 없을 것이다.

계약서를 작성하는 이유도 당사자가 모두 조건에 동의하고, 구두로 표현하지 않은 것은 기대하지 않는다는 점을 밝히기 위해서다. 합의에 이르는 과정은 당사자 사이에 명확성을 창조함으로써, 갈등이나 입씨름이 아닌 사랑과 조화를 불러일으키는 경우가 많다. 계약이 잘 체결되면 문제가 생기는 법은 거의 없다. 자타간의 명확성을 창조하는 기회가 바로 계약인 셈이다.

에너지를 교환할 때마다
명확성과 조화를 경험한다

조건과 합의사항 등은 상대뿐 아니라 자신의 권리와 이해득실도 반영해야 한다. 서명하기 전 이해하지 못한 대목이나 동의하지 않은 항목이 있다면, 이를 좀 더 명확히 밝혀달라거나 수정을 요구하는 데 주저해서는 안 된다. 무언가를 교환한다면 언제든지 — 계약서를 쓰든, 쓰지 않든 — 합의사항을 분명히 밝혀두자. 합의가 분명할수록 좀 더 밝은 빛과 조화가 삶에 투영될 것이다. 명확성은 일상에서 부딪치는 모든 이에게 주는 선물이기도 하다.

친구와 매일 거래하고 있다면 때마다 계약서를 작성하여 서명할 수는 없을 것이다. 그렇다고 구두로 합의하지 않은 점에 대해서 애매한 구석이 있어서도 안 된다.

친구 한 명을 떠올려보라. 암묵적으로 합의한 바가 있는가? 연락은 얼마나 자주 하는가? 형편이 어려울 때 도움을 기대할 수 있는가? 돈을 꾸기도 하고, 꾸어주기도 하는가? 시간과 에너지를 투입하며 이웃에 어떤 권리와 특권을 제공하는 만큼 그들과의 비언어적인 합의도 적지 않다. 서로 어떤 조건에 동의하지 않는지, 기꺼이 주려는 것이 무엇인지 명확히 규정하지 않으면 갈등이 일어나기 십상이다. 방금 떠오른 합의안 중 분명치 않은 점이 있다면 잠시 시간을 갖고 이를 명확히 밝히자. 기꺼이 베풀 만한 것을 비롯하여 계약을 두고 기대하는 바를 결정하자.

## 나는 항상 기분 좋게 돈을 쓴다

자신을 두고 합의하기도 한다. 씀씀이에 대해 자신과 합의한 바가 있을 것이다. 무언가를 사는 데 얼마까지 쓸 수 있는가? '먹거리라면 아낌없이 써도 좋지. 먹고 싶은 게 있으면 얼마가 들든 상관이 없다구. 반면, 정말 중요하고 특별한 행사에 입을 게 아니라면 명품 옷에 돈을 쓰지 않지. 혹시라도 행사와 상관없이 비싼 옷을 산다면, 그건 자주 입을 수 있는 옷이라 입는 기간을 따지고 보면 그리 비싸지도 않아.'라고 자신에게 이야기하지 않는가?

잠시 여유를 갖고 '돈을 써도 좋다.'는 점에 대해 자신과 합의한 바를 생각해보자. 돈과 관련하여 정해둔 내적 가이드라인이 정말 많다는 사실에 놀랄 것이다 다른 영역도 마찬가지다. 자신이 규정한 합의안을 하나라도 어기면 금세 알게 된다. 씀씀이에는 죄책감이 따르기 때문이다.

기쁨과 풍요 및 명확성을 창조하려면 돈에 대해 자신과 합의하자. 돈을 쓸 때 죄책감이 가시지 않으면, 합의사항을 다시 살펴보고 변경안을 고려하자. 합의안이 제 기능을 하지 못할 수도 있기 때문이다. 합의안이 적당한지, 타인 부모나 사회 혹은 친구 등의 가치관에 근간을 둔 것은 아닌지 확인해도 좋을 것이다. 유익한 쪽으로 합의안을 다시 규정하자.

돈을 쓰고 나서 죄책감을 느끼거나 후회했던 때를 떠올려보자. 어떤 조항을 위반했는가? 인생에 합의가 도움이 되는가? 자신을 사랑하는 데 보탬이 되는가?

장식물을 살려고 하면 왠지 죄책감을 느끼는 여성이 있었다. 실용적인 세간을 사는 데는 거리낌이 없지만, 주변을 아름답게 꾸미는 그림이나 예술품은 구매하기 꺼림칙했던 것이다. 그래서 일정 액수 미만으로 장식품을 살 수 있다는 데 합의하기로 결정했다. 그제야 동의한 예산을 초과하지 않는 한도 내에서 예쁜 장식물을 마음껏 살 수 있게 되었다.

가장 좋은 해결책으로
나를 이끄는
무언가가 있다

돈에 대한 합의안이 분명치 않으면 분쟁이 일어날 수 있다. 애인도 예외는 아니다. 가령, 한쪽은 '먹거리라면 돈을 얼마든지 써도 좋다.'고 자신과 합의했으나, 다른 쪽은 먹거리에 대해 지출 한도를 정했다면 언젠가는 싸움이 벌어질 것이다. 음식에 두는 가치는 개인마다 다르기 마련이다. 이처럼 안건을 두고 서로의 가치가 다를 경우라면, 돈에 대한 합의사항을 살펴보는 것보다는 애정 어린 마음으로 조곤조곤 의논하는 편이 낫다. 이런 문제가 벌어지면 힘겨루기로 발전하는 경우가 상당히 많다.

많은 사람들에게 돈은 곧 힘이다. 돈을 두고 이런저런 명분을 내세운다는 것은 힘을 갖겠다는 뜻이다. 돈이 얽힌 갈등은 대개 권력다툼이 되고 만다. 돈을 꾸고도 갚지 않았다거나, 애인이 돈을 헤프게 쓰는 게 못마땅하다거나 서비스에 합당한 보답을 받지 못해 속이 상했다면, 진짜 문제는 힘에 있을지도 모른다.

금전적인 문제를 합의하지 못해 사이가 멀어졌다면 사랑을 품고 상황을 바꾸어보자. 마음에서 불편한 에너지가 느껴진다면 이는 누가 옳고 그른지 승자와 패자를 놓고 힘을 겨루고 있다는 방증이다. 그렇다면 결코 승자가 될 수 없다.

나는 가슴이 들려주는 지혜에 귀를 기울인다

상황을 바꾸려면 에너지 차원에서 이를 다루어야 한다. 먼저 내면에 들어가 분노와 상처를 털어버리자. 상대에게 사랑을 보내고 자신이 옳다거나 제멋대로 굴겠다는 욕심도 버리자. 그렇다고 가치관이 폐기된다거나 이상이 희생되는 것은 아니다. 단지 밖으로 끄집어낸 에너지가, 진정한 해결책이 숨어 있는 가슴으로 이동할 뿐이다. 그를 사랑하고 용서하고픈 마음이 들 때까지 계속하자. 분노를 털어버리고 사랑을 느끼기까지는 며칠이 걸릴지도 모른다. 그 사이 별다른 행동을 삼가자. 말다툼을 일으키거나 전화를 걸어서는 안 된다. 행여 그러면 그에게 보내는 사랑의 에너지를 흐트러질 수 있다. 때가 되면 마음이 달라지면서 상대를 사랑하게 될 것이다. 이심전심으로, '더는 힘겨루기를 원치 않는다.'고 고백하자. 승자와 패자가 갈리는 상황에서 모두가 승리하는 상황으로 바뀔 것이다.

해결책을 찾기 위해 내면에 들어간다면, 새롭고 이상적인 해답이 보일 수 있도록 문을 열게 된다. 힘든 상황을 보내고 나면 신선한 아이디어가 불현듯 떠오를 것이다. 이때 사람들이 에너지가 달라졌다는 사실을 의식하게 된다. 그들에게 사랑을 쏟아 부으면 환경과 형편이야 어떻든 기적적인 변화를 불러일으킬 수 있을 것이다.

아무개가 돈을 빌리고도 갚지 않는다 해도 그에게 사랑을 보내보자. 돈이 다른 곳에서 반드시 되돌아오리라는 것을 믿어도 좋다. 빌려준 돈에 집착하지 않으면 돈이 돌아올 것이다. 빚을 지고도 갚지 않으면 대인 관계를 '힘겨루기'로 바꾸어 사랑을 차단하게 된다. 싸움에 말려들고 싶지 않다면 상대방에게 사랑을 보내자. 변화를 불러일으킬 것이다. 에너지를 바꾸면 상대도 에너지를 바꿀 수밖에 없다. 분야를 막론하고 금전적인 갈등이 벌어지면, 그에 대한 합의안과 가치 및 신념 등을 차근차근 되짚어보자. 상대는 살펴 볼 문제를 제기한 것이다. 어디에 동조하고 있는가? 사람은 어떤 신념이나 가치를 확신하지 못할 때 동조하게 된다. 신념이 확실하다면 이를 변론할 필요는 없을 것이다.

최근 돈 문제에 대해 지인과 합의하지 못했던 적이 있는지 생각해보자. 가치나 신념에 대해 석연치 않은 점이 있었는가? 상대의 가치나 신념은 무엇인가? 상대방의 신념 가운데 내게 도움이 될 법한 것은 없었는가? 도움이 되지 않아 버려야 할 신념이 있다면 무엇인가? 이상적인 자아는 신념과 가치 및 합의사항 등을 다시 짚어보자.

갈등은 물질이 넉넉지 않다거나, 세상의 부가 지구촌 사람들에게 골고루 돌아갈 수 없으리라는 믿음에서 비롯하기도 한다. 최근 돈 문제로 불거진 불협화음이나 갈등을 생각해보라. 자신이 부유해지지 못할 거라는 염려 때문에 갈등을 겪지는 않았는가? 우주가 정말 풍요롭고 원하는 것은 무엇이든 이룰 수 있다고 믿었어도 불화가 일었겠는가? 우주에도 부족한 것이 있다는 두려움이 작용하지 않도록 주의하자.

쌍방이 모두 이길 수 있는 방법은 얼마든지 있다. 승자와 패자가 불가피하다고 치부한다면 아직 진정한 해결책을 찾지 못한 것이다. 진정한 해결책이란, 양자가 목적을 이루는 동시에 승자가 되는 대안이다. 그런데 이 같은 해결책을 찾으려면 '진짜 문제는 무엇이며, 내가 갖추어야 할 중요한 자질은 무엇인가?' 자문해봐야 한다. 목표를 달성하기 위해 필요한 것이 무엇인지 솔직히 물어보자. 지엽적인 문제로 싸우는 경우도 종종 있기 때문이다. 그런 다음에는 상대방과 함께 해결책을 강구하면 된다.

상대방이 이길 수
있는 길을 찾는다
그래야 나도 승리하기
때문이다

상대가 악감정이 있을 거라고 단정해서는 안 된다. 서로 고민하고 있는 문제는 쌍방이 지혜를 모아 해결하는 것이 바람직하다. 해결책을 아직 찾지 못했다 해도, 양자가 모두 만족할 수 있는 해결책은 있게 마련이다. 상대방이 이기는 동시에 자신도 승자가 되는 비결을 목표로 삼자.

새로운 패러다임이 도래하고 있다. 구태의연한 방식이 더는 통하지 않기 때문이다. 새로운 방식을 찾는 것이 풀어야 할 숙제다. 마음을 열고 새것을 수용하자. 진정한 해결책이 있다는 것을 믿자.

사랑과 의지력을 통해 해결책이 모습을 드러낸다면 기존의 문제를 해결할 답안을 인류에 선사할 것이다.

22장

# 돈은 이미 계획되어 있다

Having Money

돈은 좋은 것도, 나쁜 것도 아니다. 돈은 에너지일 뿐이다. 자신과 다른 사람들에게 이로움을 주는 긍정적인 에너지인지, 그렇지 않은지는 돈이 어떻게 사용되느냐에 달려 있다. 돈으로 가장 숭고한 성품을 지닌다면 의식을 바꾸거나 이웃을 섬기고 도우며 최선을 다해 남을 존중하고, 현직에 주의와 의식을 기울인다면 자신과 인류에 기여하고 있는 것이다. 이상적인 목표를 달성하고 자신과 남에게 기쁨을 선사하기 위해, 돈을 쓰고 있다면 빛이 충만한 자금을 창조하고 있는 셈이다. 고결한 마음과 빛으로 돈을 벌고 쓴다면 빛의 위력도 증가할 것이다.

진정한 풍요는 천직에 종사하는 데 필요한 모든 것이를테면, 도구와 재원 및 생활환경 등을 갖추고 기쁨과 활력이 충만한 인생을 영위하는 것이다. 활기와 천직에 보탬이 되지 않는다거나, 과시하기 위해 호사스럽고 방탕하게 사는 것은 풍요가 아니다.

영성의 본질 중 하나는 시간과 사랑 및 에너지가 풍성하다는 사실에 대한 신념이다. 스스로 본을 보임으로써 남들을 가르칠 수 있다. 자신이 삶의 풍요를 깨닫지 못한다면 남을 풍요로 인도한다는 것은 불가능하다. 적당한 돈이 있고 그것이 평소에 바르게 쓰이고 있다는 점을 보여준다면, 사람들은 풍요를 배울 것이다.

내 인생 모든 영역이 풍요롭다

분쟁과 갈등은 대개 무언가가 부족하다는 생각에서 비롯한다. 넉넉지 않다고 믿는 그들은 자원을 낭비하며 점점 더 많은 것을 짜내기 위해 안간힘을 쓰고 있다. 평화에 기여하고 싶다면 우선 자신과 타인의 풍요를 믿어야 한다. 우주에는 전 인류가 누릴 수 있는 풍요가 있다는 사실을 신뢰할 수만 있다면, 공해도 사라지고 고갈되지 않는 무한한 에너지와 자원이 공급될 것이다. 그러면 전쟁을 치러야 할 이유는 거의 없어진다. 지구는 인류를 풍요롭게 할 수 있는 능력이 있다. 우리가 지구촌 사람들이 누릴 풍요를 믿는다면 이는 곧 실현될 것이다. 우선 모든 사람이 풍요를 누릴 수 있다고 믿는 것이 먼저다.

돈이 잘못은 아니다. 돈이 많다는 것에 죄책감을 느끼는 사람도 있는데,

특히 이웃의 형편이 넉넉지 않을 때 그렇다. 하지만 물질적인 초점을 갖고 성장하고 배우는 사람이 있는가 하면, 빈곤을 통해 그러는 사람도 있다. 가난하다고 해서 영적으로 풍요로운 것은 아니며, 부유하다고 해서 그런 것도 아니다. 지갑이 두둑하다는 것이 영적이지 않다고 생각했을 때를 떠올려보자. 그 당시 씀씀이는 어땠는가? 그 돈으로 이웃을 더 많이 도와주지 않았던가? 형편이 넉넉하면 마음도 넉넉해져 이웃의 풍요에 기여하고 싶었을 것이다.

돈을 두고 분명한 소신을 갖기엔 갑부나 빈털터리보다 돈이 적당히 있는 게 유리하다. 재산이 적당한 사람은 갑부의 부담을 모르며 산다. 돈의 노예가 되지 않기 때문이다. 그들은 자기계발을 위해 써야 할 에너지와 시간을 재산증식이나 관리에 허비하지 않는다. 재산이 너무 많으면 이를 관리하느라 정말 하고 싶은 일을 못하게 될지도 모른다. 반면, 돈이 없어 끼니를 걱정하며 산다면 성장에 투입되어야 할 에너지와 시간이 적잖이 빼앗길 수도 있다. 생활에 더도 말고, 덜도 말고 적당해야 한다는 점이 중요하다. 형편이 넉넉지 않아 끼니와 집세를 걱정하며 세월을 허송한 다면 에너지와 시간은 궁극적인 사명을 감당하는 데 쓰일 수 없을 것이다.

나의 번영이 타인을
풍요롭게 한다

'부유함'이란 천직에 필요한 만큼 부를 누리는 것을 가리킨다. 물질이 많아야 부유한 것은 아니다.

인생의 목표가 자연과 공조하는 것일 수도 있다. 통나무 오두막에서 살고, 돈은 거의 쓰지 않아도 삶의 목표를 이루는 데 필요한 자원을 넉넉히 쓸 수 있다면 진정한 부자다. 이 땅에 태어난 목적을 성취하는 데 필요한 만큼 자산을 확보하는 것이 중요하다. 갑부가 되어 목적이 실현되지 못하면 곤란하다. 필요한 자산을 확보한다는 것은 비전을 이루고, 주변 에너지를 이상적인 질서로 바꾸는 것을 뜻한다. 물론 어떤 사람은 목적을 이루는 데 물질이 적잖이 필요할 수도 있다. 부와 권력이 있는 사람 앞이라야 귀를 기울이고 존중하려는 옹졸한 집단과 어울려야 할 때도 있을 테니까.

물질이 영성체험으로 이어지는 경우도 있다. 물론 '소유'를 통해 살면서 배워야 할 교훈을 깨닫는 사람이 있는가 하면, '무소유'를 스승으로 삼는 사람도 있다. 때로는 돈이 불어난 덕에 성장과 자유를 누리기도 하고, 돈을 버리고 나서야 해방감을 느끼기도 한다.

필요한 돈의 액수는 사람마다 다르다. 그러니 재산의 유무로 사람을 판단해서는 안 된다. 지금은 이웃을 돕는 데 관심이 없어 보이지만, 나중에는 인류의 풍요를 위해 돈을 모으는 사람도 있다. 타인의 궁극적인 목표는 누구도 알 수가 없다. 재산의 규모보다는 인생의 목적은 얼마나 달성했고, 삶은 얼마나 행복하며, 경제적인 형편은 적당하며, 자신은 얼마나 신뢰하는가를 잣대로 삼아 사람의 성공을 가늠하자.

번영에 이른 사람과 성공한 다른 사람들은 서로 끌어당긴다. 성공한 사람이라면 이런 사람들을 주변에서 자주 만나게 된다. 타인의 성공에 배아파할 필요는 없다. 성공한 사람과 가깝게 지내면 성공의 파동에 편승하게 될 것이다. 누군가가 거액을 쥐었다는 소식을 들으면 진심으로 그를 축하해주자. 그가 성공했으니 우리도 풍요를 확신할 수 있다.

자기 분야에서 최고가 되어야 한다고 역설하는 사람들이 많다. 물론 업무에 최선을 다하는 데 보탬이 된다면 경쟁심도 그리 나쁘지 않을 것이다. 하지만 내 전공분야에서 누군가가 성공했다는 이유로 내가 이룰 성공을 탈취했다며 역성을 내서는 안 된다. 성공은 누구나 누릴 수 있기 때문이다. 성공한 동료가 손해를 끼칠까 걱정되는가? 그렇다면 그가 상상 이상으로 성공하는 모습을 그려보자. 그리고 타인의 성공이 나에게 이로운 까닭을 곰곰이 생각해보자.

업무 분야가 비슷하다 해도 내가 맡은 업무는 유일무이하고 특별하다. 그 누구도 내가 하는 일과 같은 것을 할 수는 없다. 그런 것처럼 보인다 해도 업무상 연락을 주고받는 사람은 다를 것이다. 행여 같은 사람을 만나더라도 그러는 방법까지 같을 리는 없다. 어쨌든 자신의 잠재력을 최대한 발휘하는 데 주안점을 두는 것이 중요하다. 고객의 필요를 먼저 생각해보자. 명예를 추구하거나 남이 알아주기를 바라지 말고, 업무를 처리하는 과정을 즐겨보자. 굳이 최고가 되지 않아도 좋다. 최다 고객을 유치하거나, 거액을 손에 넣거나, 혹은 일을 혼자 완수해내지 않아도 하늘이 무너지지는 않는다.

타인의 성공은 곧
나의 성공으로 이어진다

동료가 일을 더 잘한다거나, 내 아이디어를 빼앗을지도 모른다는 염려는 붙들어 매도 좋다. 업무에 온 힘을 다하고, 품질이 탁월한 물건을 만들고, 가장 유익한 서비스를 제공한다면 넉넉한 보상이 기다리고 있을 것이다. 남이 무엇을 하는지는 별로 중요하지 않다. 누군가가 공로를 가로채려한다 해도 나는 자신의 본분에 최선을 다하면 그만이다. 결국에는 그에 걸맞은 보상을 받을 것이다. 토끼와 거북이의 경주 우화를 봐도 남을 이기려고 지름길을 택한 토끼보다는 자신의 본분에 충실한 거북이가 승리하지 않았는가.

구직이나 고객을 관리하는 비즈니스를 두고 경쟁을 벌인다거나, 보조금이나 기금의 수혜자가 되고 싶다면 타인을 경쟁자로 취급해서는 안 된다. 돈이든, 고객이든, 일자리든 내가 차지하는 것이 옳다면 결국에는 그렇게 될 것이다. 무슨 일이든 최선을 다하자. 내면의 메시지가 인도하는 대로 인맥을 넓혀나간다면 돈이나 직업을 얻게 될 것이다. 물론 타인의 것을 탈취했다고 걱정할 필요는 없다.

세상은 풍요롭고 온전하다. 사람들은 자신에게 최선인 것을 얻게 될 것이다. 남에게서 무언가를 빼앗을 수는 없다. 사실, 나에게 온 기회는 애당초 설계된 계획의 일환이다. 제 것이 아니라면 남에게 돌아갈 것이다. 직업이나 대출, 장학금 혹은 아파트 등을 두고 타인과 경쟁하고 있다면, 걱정은 모두 털어버리고 자신과 타인을 위해 실현될 최선의 결과를 기대하자. 내 소유로 점지된 것은 정말 그렇게 되리라고 믿자. 우주는 어김없이 최선의 결과를 베풀기 위해 움직이고 있다.

직장동료나 지인을 경쟁자로 생각할 필요가 없다. 친구로 봐야 옳다. 경쟁보다는 협력으로 훨씬 더 많은 것을 얻을 수 있기 때문이다.

직장에 다니던 어느 남성은 단기간에 부사장으로 승진하고 싶어 했다. 그래서 자화자찬 일색에 본인의 야심을 직원들에게 털어놓고는 그것도 모자라 동료를 깎아내리면서까지 자신의 공로를 부각시키기 위해 안간힘을 썼다. 반면, 다른 직원은 자신의 업무에 최선을 다했다. 그는 항상 동료를 배려했고 업무 외의 일도 마다하지 않았으며, 기회가 되면 상급자를 적극 돕기도 했다. 결국 승진에 실패한 전자는 회사가 '고마움을 모른다.'며 홧김에 사직서를 제출했고, 후자는 부사장이 되었다.

자신과 타인에 대해 부와 번영과 성공 및 최선의 결과를 기대하자. 긍정적인 기대는 부와 번영과 성공을 누리는 데 보탬이 된다. 점점 더 많은 수익이 모두에게 돌아간다고 상상해보자. 그들이 성공한 훗날을 그려보자. 타인의 딱한 형편을 걱정하다보면 자신도 그런 곤란을 겪을 수 있다. 정신을 집중하는 대상은 뭐든 끌려오기 때문이다. 남의 빈궁한 삶을 이야기하지 말고 그에게 사랑과 빛을 보내자. 고난을 극복하여 풍요를 누리는 그를 상상하자. 타인에게 긍정적인 이미지와 사랑을 보낸다면 그의 몇 곱절은 돌려받게 될 것이다.

풍성한 번영을
마음에 담아
그에게 보낸다

어느 매장 주인은 고객 모두에게 사랑과 성공의 이미지를 보냄으로써 매출을 크게 끌어올렸다. 고객들이 매장에 이끌려 왔다고 해야 옳을 것이다. "돈이 쪼들린다."며 불평을 입에 달고 사는 친구가 있다면 그가 누리고 있는 것을 일깨워주자. 지인이 불황을 운운하며 아우성친다면, 화제를 바꾸거나 이미 창조한 풍요에 감사하도록 돕자.

복권이 당첨되어 거액을 손에 넣고 싶어 할지도 모르겠다. 그러려면 당첨금을 받을 준비가 되어 있어야 한다. 당첨되기를 바라면서도 정말 그렇게 되리라고는 기대하지 않는 사람이 비일비재하다. 그러나 당첨된 주인공을 살펴보면 그렇게 돈을 챙기는 것이 불로소득이라거나, 그런 행운은 실현되기가 어렵다는 고정관념을 털어버렸다는 것을 알 수 있다. 무엇보다도 갑자기 떼돈을 벌었을 경우 직장을 그만둘 심산이라면 내면의 자아가 당첨을 적극 막을 것이다. 거액을 쥐게 되면 생각보다 많은 시련이 찾아올 수 있다. 돈은 모름지기 나의 그릇만큼 있어야 한다. 홀연히 찾아온 거액이 삶의 균형을 깨뜨린다면 내면의 자아는 이를 차단할 것이다.

돈방석에 앉게 될 미래를 얼마나 준비하느냐에 따라 인생은 크게 달라진다. 보조를 맞출 수 있을 정도로 천천히 돈을 손에 넣는 것은 선물이다. 더 많은 에너지의 흐름을 균형 있고 안정적으로 다루는 데 차차 익숙해질 것이다. 액수가 급증하기 전에 나름대로 준비할 시간이 있기 때문이다. 거액을 취급할 역량이 미흡한 상황에서 그것이 쥐여졌다면, 내면의 자아는 이를 털어버리게 하는 방편을 찾을 것이다. 돌연 갑부가 되거나 상속을 받은 사람이 몇 년이 채 되지 않아 가산을 탕진하는 경우가 더러 있는데, 이는 자신의 에너지와 금전이 서로 조화를 이루지 못한 탓에 벌어진 결과다. 거액을 잘 관리하는 사람은 직장과 거처에 지그시 자리를 잡고, 은행에 자금을 예치하여 차차 부에 적응해나간다.

돈은 모두를 위한
선의 원천이다

자신도 그렇게 성장할 수 있다면 복권을 사도 좋다. 복권은 많은 사람들에게 풍요로운 자신을 그려볼 기회를 제공할 뿐 아니라, 여러 방법으로 풍요를 끌어당기는 데도 도움이 된다. 복권을 살 때마다 당첨의 기쁨을 상상하고, 이는 곧 삶의 변화로 이어진다. 영혼이 계발하려는 '감feeling'이 바로 그런 것이다. 성공을 마음에 그리고, 원하는 대상을 상상하되, 최대한 생생하고 실감나게 떠올린다면 같은 경험을 창조할 수 있을 것이다.

돈이 생기면 이를 선의 원천으로 여겨야 한다. 구체적인 물질과 형태로는 아직 전환되지 않은 잠재적인 대상으로 보는 것도 좋다. 계좌와 지갑에 든 돈은 출동명령이 떨어지는 즉시 선을 창출할 것이다.

풍요에 감사하라. 무한한 우주의 풍요를 활용하는 법은 이미 터득했다. 돈은 본인에게 선을 이루어내고, 자신과 타인의 삶을 개선할 기회를 기다리고 있다.

23장

# 저축: 부를 선언하라

Savings : Affirming Your Abundance

빚이 있다 해도 수입의 일부를 저축하는 것은 매우 중요하다. 저축은 돈이 사회에서 원활히 흐를 수 있도록 돕는 윤활유 역할을 한다. 저축한 돈이 돌고 돌아 부를 창조하는 데 쓰이기 때문이다. 또한 저축은 자립할 수 있는 재원이 될 뿐 아니라, 기대 이상의 넉넉한 부를 누릴 수 있으리라는 긍정적인 선언이기도 하다. 풍요를 느끼면 훨씬 많은 돈을 끌어당길 수 있을 것이다.

돈은 유동적인 투자자본의 형태로 저축해두면 필요할 때 즉시 사용할 수 있다. 돈을 모아두면 수입이 없는 시기에도 타격을 거의 받지 않을 것이다. 저축해 놓은 돈이 있어야 기회를 이용할 수 있다. 그런 의미에서 저축은 좀 더 방대한 선택권과 자유를 허용하는 '가능성 계좌possibilities account'로 봄직하다. 모아둔 돈이 있으면 물건을 구입할 시기도 마음대로 정할 수 있다. 어떤 것은 목돈이 들어가기도 하는데, 저축해 놓은 돈이 있어야 사고픈 물건을 원하는 때에 살 수 있다.

"언제든 돈을 창조할 수 있다는 점을 믿지 못해 저축하는 것이 아니냐."며 반박하는 사람도 있다. 그러나 저축을 다른 관점으로 해석하면 어떨까? 서비스의 대가를 받았을 때 이를 탕진해버리지 않는 한 일부는 은행에 맡긴다. 형편이 가능할 때 저축을 하는 것이다. 보수를 받고 이를 지출하는 사이에 습관적으로나마 저축해왔으니 이제는 평소보다 액수를 늘리기만 하면 된다.

저축은 더 많은 돈을 끌어당긴다

저축하는 돈은 더 많은 부를 끌어당기는 '돈 자석money magnet' 노릇을 톡톡히 할 것이다. 저축을 늘리면 자력도 증가한다.

가장 큰 돈을 모았다가 쓴 적이 있다면 그 액수는 얼마였는가? 예금 잔고 중 가장 큰 액수는 얼마인가? 예전보다 더 많은 돈을 저축해야 비로소 지출하는 사람이 많은데, 저축을 늘리려면 지출한 후의 잔액을 늘리는 것이 바람직하다. 과거의 한계에 근접했을 때 자신을 관찰해보고 저축의 '한계'를 극복하려는 의지를 마음에 품자. 한계를 의식하는 것만으로도 이미 절반은 극복한 셈이다.

저축량을 의식적으로 늘리면 돈이 흐를 때 잉여자본을 창출할 수 있다.

돈이 많아야 저축을 시작할 수 있는 것은 아니다. 매달 떼어 두는 돈이 얼마 되지는 않아도 5~10년 후에는 엄청난 액수의 현금이나 투자자본이 되어 있을 것이다. 저축의 최대 이점은 점차 규모가 커진 돈의 흐름과 그것이 표상하는 에너지에 익숙해진다는 것이다. 그래야 풍요를 누릴 수 있다.

많은 사람이 돈과 풍요를 창조하는 기술을 숙달하여 적시에 적절한 만큼의 물질적 풍요를 창출해내고 싶어 할 것이다. 돈이 없어도 무언 가를 손에 넣는다거나, 평소 때는 엄두도 못 낼 것을 '즉시' 구매하기 위해 큰 돈을 끌어당기는 법도 배울 것이다. 그러려면 꾸준히 흐르는 돈을 매달 생활비를 충당할 수 있도록 끌어당기는 요령을 터득해야 할 뿐 아니라, 급증한 돈도 목돈이 필요할 경우를 대비 그럴 수 있어야 할 것이다. 매순간 원하는 대상을 창조하고 싶다면, 끊임없이 변하는 에너지 흐름에 자신의 에너지를 맞출 수 있어야 한다. 그러나 대개는 특정한 범위의 에너지에만 익숙해 있어, 더도 말고 덜도 말고 월수입만큼만 끌어당긴다.

저축을 생활화하면 점점 더 큰돈에 익숙해져 자금의 흐름을 능숙하게 관리할 수 있다. 새로운 흐름에 친숙해진다면 목돈이 드는 물건도 수월하게 끌어당기거나, 저축한 돈에 손을 대지 않고도 다른 수입원에서 돈을 얻을 수도 있다. 돈을 원하는 만큼 끌어당기지 못할지라도 저축은 든든한 안전망이 되어줄 것이다.

누구나 돈 걱정에서 벗어나 적성에 맞는 일을 자유롭게 하고 싶을 것이다. 누구나 경제적인 자유를 갈망한다. 경제적 자유를 이룰 수 있는 방법에는 여러 가지가 있는데, 첫째는 좋아하는 일을 통해 수익을 창출하는 법을 배우는 것이다. 마음에 맞는 일이 번영의 원천이 되게 하자. 그래야 목표를 원하는 때에 좀 더 능숙하게 끌어당길 수 있다. 둘째, 목돈을 저축해두고 이자로 생활하는 것이다. 방법이야 아무래도 상관없다. 원하는 대상의 본질을 만족시키는 방법을 결정하여, 이를 창조하는 데 필요한 기술을 연마하면 된다. 그러는 동안 저축을 시작한다면 돈의 큰 흐름과 풍요를 창조하는 데 보탬이 될 것이다. 저축은 원대한 변화를 유도하는 데 소요되는 에너지를 축적시킨다. 자신에게 정말 중요한 것이라면 손에 넣을 수 있게 해준다.

본인이 가난하다고 생각한다면, 당장은 돈이 많든 적든 빈곤을 창조하게 된다. 풍요를 누릴 자격이 있다고 믿는 것이 중요하다. 생계를 잇는 데 급급하지 않고 더 큰 풍요를 누리고 있다는 점을 확인하고 싶다면 저축을 적극 권한다. 저축한 돈을 어떻게 사용할지도 염두에 두라. 더 많은 돈을 끌어당길 수 있을 것이다.

나는 경제적 독립과 자유를 누리고 있다

은행에 예치하고픈 금액은 얼마인가? 액수는 가급적이면 생생하게 그려보자. 은행구좌에 입금하는 자신을 상상하자. 통장에 찍힌 금액을 확인했을 때의 그 짜릿한 기분을 만끽해보자. 혹시라도 형편이 어려울 때 쓸 돈이라고는 생각지 말자. 그러면 그 돈이 필요하게 될 사태를 끊임없이 유도하게 될 테니까 말이다. 저축을 부유함의 표상으로 여기자. 예금한 돈은 원대한 번영을 누릴 수 있도록 일깨워준다.

돈을 인출할 때는 정말 원하는 목표를 이룬다는 명분이 있어야 한다. 그럴 때 돈은 생명력을 얻고, 자력도 점차 증가하여 더 많은 돈이 유입된다. '예치한 돈을 인생의 진정한 목적에 쓰려면 어떻게 해야 할까?' 저축한 돈을 지혜롭게 사용하고 싶다면 천직에 보탬이 되도록 쓰자.

현명한 사람은 자신의 이상을 실현하는 데 모아둔 돈을 흔쾌히 투자한다. 낯선 분야보다는 전념해온 일에 투자를 아끼지 않는다. 업무를 잘 감당하는 데 도움이 되도록 돈을 쓰자. 책이나 각종 설비를 구매하거나, 업무에 적합한 옷을 구비하고, 사무실을 꾸미고 확장하는 데 투자하자. 본업에 돈을 쓰면 수익도 그만큼 늘게 마련이다. 업무에 필요한 비품이 갖춰졌다면 별도의 경비가 필요할 때까지 돈은 계속 저축해두자.

돈은 명령이 떨어지는 즉시 삶에 이로움을 창조해내는 에너지다

잔액을 보관하는 방법도 다양하다. 이를테면, 언제든 필요할 때 쓸 수 있도록 계좌에 예치하거나, 유동성이 낮은 곳에 투자해도 좋다. 투자를 고려하고 있다면 '여기에 투자하면 시간과 에너지를 선용할 수 있는가?' 물어보자. 저축도 에너지와 시간이 가장 적게 드는 투자인 셈이다.

투자는 관리하는 데 시간과 노력이 적잖이 든다. 게다가 기술도 겸비해야 할 것이다. 주식시장의 현황을 파악해야할 뿐 아니라, 정보도 수집하고, 뉴스도 매일 꼼꼼히 분석해야 한다. 부동산에 투자하고 싶다면 투자가치가 있는 매물을 면밀히 살펴봐야 한다.

돈을 남에게 맡기지 말아야 한다. 번영을 의식하지 못하는 사람이라면 더욱 돈을 건네서는 안 된다. 투자금에 대한 책임을 남에게 넘긴다면, 그는 자신의 본분을 분명히 알아야 하며 그들의 실적을 평가할 수 있어야

한다. 투자의 수단은 금전이자 에너지이기 때문에, 투자금이 에너지와 연결되어 있도록 지켜봐야 한다. 자금을 투자하는 방식은 자신의 성격과 선호하는 일과 시간을 활용하는 타입에 따라 달라진다.

어디에 돈을 투자하든, 그것이 관리되는 과정에 신경을 쓰고 자주 확인해야 한다. 누구든 에너지와 맞지 않는 곳에 돈을 묶어두고 싶은 마음은 없을 것이다. 계좌를 개설하거나 기타 프로젝트에 자금을 투자하려면 사업경력이 튼실하고, 자본원리에 밝은 사람을 찾아야 한다. 그런 지식이 없는 사람은 아무리 좋은 아이디어가 있어도 투자에 성공할 수 없다. 돈을 두고는 가급적이면 신념과 생각이 비슷한 사람과 손을 잡는 것이 좋다. 자금을 관리하는 사람이 나를 정중히 대하는가? 에너지가 나와 어울린다고 생각하는가? 철학이 비슷하고 믿음직스러운가? 당사자가 모두 승리할 수 있으리라 믿는가? 투자에 성공하고 싶다면 이를 모두 감안해야 한다.

내 돈은 풍요와 즐거움 및 활력을 배가하는 데 쓰인다

투자금을 관리하는 데 너무 많은 시간을 쓰고 있다면, 그 일이 최고의 즐거움이자 천직이라고 간주하자. 에너지를 지나치게 빼앗지 않는 안전한 투자처에 자금을 맡겨두고 업무에 충실하면 그만이다. 결국 천직에 시간과 돈을 투자하는 것이 가장 큰 보상을 안겨줄 것이다. 투자금에 투여하는 에너지와 천직과 인류에 이바지하는 데 투입하는 에너지 사이에 균형을 맞추자. 5~10년 후, 자신의 현주소는 어디가 되면 좋을지 상상해보고 이를 위해 돈을 일부 투자하자.

타인의 사업이나 자본에 투자하고 싶다면, 그 또한 비즈니스라는 것을 명심하자. 풍요를 실현한 사람이라면 프로젝트를 평가하는 데 엄청난 시간이 필요하다는 것쯤은 잘 알고 있을 것이다. 어쩌면 그것이 천직일지도 모른다. 낯선 프로젝트보다는 친숙하고 잘 맞는 데 투자하는 편이 낫다. 훤히 꿰고 있는 분야에 투자하자. 투자 대상에 대한 아이디어에 연결되면 좋은 결과를 기대할 수 있을 것이다.

경제적으로 독립하게 되면 감당해야 할 최대 과제는, 자금을 최대한 활용하여 이 땅에 긍정적인 변화를 불러일으킬 수 있는 방편을 찾는 것이다. 투자처는 얼마든지 선택할 수 있는 데다, 이 땅을 존중하고 인류에 보탬이 되며 선을 창조케 하는 투자처도 많이 있다. 잠재적인 배당수익뿐 아니라 세상에 빛을 밝힐 수 있는 가능성을 가늠하고 싶다면, 각 투자처에 영혼의 빛을 비추자. 자금의 용처를 분명히 파악하고 그의 가치를 믿어야 한다. 적당한 프로젝트가 눈에 띄지 않으면 좋은 기회가 찾아올 때까지 가슴이 이끄는 곳에 자금을 계속 투자하자.



부와 풍요는 하루아침에 탄생하지 않는다. 부와 풍요를 창조하는 사람은 마음이 가는 일에 정신을 집중하고, 익숙지 않은 일에는 투자하지 않는다. 또한 애당초 시작했던 일이 도중에 달라질 수도 있지만 그래도 업무에 몰입하여 수년간 자리를 지킨다. 그들은 기회가 올 때마다 자신을 계발·육성하고 숱한 지식과 경험을 습득한다. 천직에 헌신하는 까닭에 경제적인 번영은 자연스레 찾아온다.

수입도 변변치 않고 풍요도 누려본 적이 없는 사람들은, 천직에 필요한 돈을 모으기 위해서라면 싫은 일도 마다해서는 안 된다. 그들은 단기간에 거액을 쥘 수 있다고는 하나, 실현 가능성은 거의 없는 투자에 눈을 돌리기 일쑤다. 지속적인 부와 풍요를 누리고 싶다면 천직을 찾고, 돈을 둘러싼 영적인 원칙에 순응하며, 목표를 끌어당기는 에너지와 자력을 발휘해야 한다. 그리하면 흡족하고 즐거운 인생을 영위할 수 있다.

부록

# 부의 창조 실습

Play Sheet

구현을 이루기 위해서는 적절한 기술이 필요한데 어떤 기술이든 숙달하려면 연습이 동반되어야 한다. 기술의 숙달을 통해 에너지와 호흡을 맞춘다는 것의 미묘함뿐 아니라 자신의 온전함에 대해서도 배우는 기회가 된다. 꾸준한 연습을 통해 소소한 것이나마 창조하는 즐거움을 맛보면 좋다. 그것이 바로 구현 능력을 발휘할 수 있다는 방증이기 때문이다. 목표를 끌어당기는 속도보다는 그에 만족하는 정도가 평가의 기준이 되어야 한다. 풍요를 창조하려면 '돈과 목표는 창조하기 어려울 것'이라는 편견을 떨쳐버리도록 하자. 실은 그렇지 않기 때문이다. 부의 창조 실습을 통해 만족스러운 삶을 창조하고, 가슴이 시키는 일을 하며 풍성한 삶의 기쁨을 만끽할 수 있기를 바란다.

PLAY SHEET 01_ 3장 참고

# 무엇을 바라는가?

창조하고 싶은 대상을 머릿속에 그려보자. 손을 뻗기만 하면 잡히는 것을 상상하면 된다.

1. 창조하고픈 것을 가급적 구체적으로 적는다.

2. 그보다 더 좋은 것을 상상할 수 있는가?

3. 의도는 어느 정도가 적절한가 시간과 에너지 및 의욕의 수준?

4. 돈을 비롯한 어떤 대상을 손에 넣었을 때 표현하고 싶은 자질은 무엇인가

5. 자질을 당장 표현할 수 있는 방법을 몇 가지 열거해본다.

6. 마음에 그린 대상을 통해 기대할 수 있는 본질은 무엇인가? 예를 들면, 넓은 공간, 사생활 보호, 혹은 조용한 분위기를 위해 집을 구할 수도 있다.

7. 본질을 이룰 수 있는 대안은 없는가? 본질을 제시할 만한 다른 대상이 있다면 무엇인가?

바라는 대상을 구체적으로 밝힌다면 무언가를 강력히 끌어당기면서도 만족과 풍요를 느낄 수 있을 것이다. 자력의 효율성을 증대시키기 위해서라도 대상을 명확히 규정하자. 대상이 제시하는 본질과 지향하는 자질 및 대상 자체에 자력을 발휘하는 방법을 배워보자.

PLAY SHEET 02_ 6장 참고

# 성공이 문을 두드릴 때

1. 수중에 없는 것 중, 원하는 것을 하나 그려본다.

2. 원하는 대상을 이루는 데 전보다는 좀 더 가까워진 이유를 생각해본다.

3. 잠시 여유를 갖고 성공했을 때 어떤 기분이 들지 경험해보자. 예전이나 지금 이룬 공적을 떠올리고 앞으로 성공하면 어떤 기분이 들지 생각해본다. 육체적으로나 정신적으로 이를 생생하게 경험해보자. 잠시나마 성공을 깊게 음미해본다. 지금 잘하고 있다고 생각되는 일은 모두 자축한다.

4. 성공을 불러일으키는 한 가지 비결은 개인사를 두고 이야기할 때 좋은 경험을 강조하는 것이다. 약 3분간 아래 질문에 대한 답을 생각해보자. 과거를 달리 이야기하면 그것은 새로운 현실이 될 것이다.
   a. 매우 유복하게 자란 사람처럼 개인사를 이야기한다. 부유한 형편에, 원하는

것은 모두 누릴 수 있었다거나, 부모님이 경제적으로 넉넉했다고 여겼던 때를 상기시켜본다. 그러면 자신 또한 경제적으로 풍요했던 적이 많았다는 점을 알고 놀랄 것이다.

b. 수호천사가 동행하듯, 신이 항상 인도해온 경위에 초점을 두고 개인사를 말해본다. 아울러 이를 증명할 수 있는 사건도 두어 건 정도 떠올려보자.

c. 바라던 일이 쉽게 이루어진 경위에 초점을 두고 개인사를 이야기해본다. 아무런 노력도 하지 않았는데 무언가가 제 발로 찾아온 적이 있을 것이다.

일이 술술 풀리던 과거의 경험에 기억을 집중할 때 기분은 한결 좋아질 것이 다. 예전에 누렸던 풍요에 주안점을 두면 더욱 풍족한 번영을 맛볼 수 있다. 에너지는 생각을 좇아가게 되어 있다. 정신을 몰입하는 대상은 무엇이든 점차 성장하고 증가하므로, 성공한 경험에 주의를 기울인다면 성공적이고 긍정적인 미래가 펼쳐질 것이다.

PLAY SHEET 03_ 7장 참고

# 신념을 바꿔라

1. 현재의 경제적 형편을 살펴보고, 이런 환경을 창조하려면 어떤 신념이 필요할지 모색해보자. 가능한 답안을 몇 가지 나열해본다. 적절한 답이 있다면 직관적으로 이를 찾을 수 있을 것이다.

2. 돈에 대한 바람직한 신념을 아래 적는다.

3. 원하는 대상을 떠올리고 이를 손에 넣기 위해 가져야 할, 자신에 대한 신념은 무엇인가?

참신한 신념을 메모지에 적어 자주 볼 수 있는 곳에 붙여두면 도움이 된다. 눈에 띌 때마다 그 신념에 에너지를 보내면 이를 실현하는 데 보탬이 될 것이다.

PLAY SHEET 04_ 8장 참고

# 돈은 돌아야 한다

1. 삶을 되짚어볼 때, 기대한 만큼 일이 잘 풀리지 않는 영역이 있는가? 잠시 여유를 두고 그 영역이 어떻게 되기를 바라는지 그려보자. 이때 형편을 마음대로 제어하려면 어떻게 해야 할지 내면의 안내에 경청한다. 그에 순응하기 위해 내일이라도 흔쾌히 실천할 수 있는 대안은 무엇인가?

2. 조용히 앉아 몸에 주의를 기울이자. 내면은 공급 에너지를 늘리거나 좀 더 건강해지기 위해 무엇이라 조언하는가? 내일이라도 흔쾌히 실천할 수 있는 대안은 무엇인가?

3. 자신과의 관계를 비롯한 대인관계를 생각해보자. 기대와는 달리 소원해진 관계가 있는가? 바라는 대인관계를 상상한다남을 바꿀 수는 없다. 자신을[태도, 시각, 행동 등] 바꾸면 타인의 것도 달라지는 법이다. 대인관계를 개선하기 위해 나는 무엇을 바꿀 수 있는가? 잠시 여유를 갖고 할 수 있는 대안을 떠올려보자. 생각은 기분 좋게 실천하자.

PLAY SHEET 05_ 9장 참고

# 빠듯한 삶을 넘어

1. 삶이 너무 빠듯하다면 아래와 같이 자문해보자.

a. 빠듯한 삶을 통해 무엇을 배우고 있는가?

b. 나는 어떻게 강해지고 있는가?

c. 계발하고 있는 자질은 무엇인가?

d. 일상에서 발견한 정말 중요한 것은 무엇인가?

2. 삶이 너무 빠듯하고, 사방이 꽉 막힌 상자에 갇혀 있는 기분이 든다면 다음과 같이 상상해보자.

a. 상자에 갇혀 있거나, 목표를 가로막고 있는 벽을 상상한다.

b. 상자는 어떤 모양인가? 재질은 무엇이며, 두께는 얼마나 되는가?

c. 상자에 문과 창을 낸다. 자유롭고 편안해질 때까지 원하는 만큼 문과 창을 만든다. 벽을 상상했다면 허문다. 벽을 부수는 데 필요한 연장은 무엇이든 손에 넣을 수 있다. 건너편으로 쉽게 드나들 수 있을 때까지 부순다. 상징물을

활용해도 근본적인 변화를 창출할 수 있다. 상상력 연습을 통해 상자나 벽을 상징하는 대상은 달라질 것이고, 아울러 새로운 기회도 찾아올 것이다.

PLAY SHEET 06_ 10장 참고

# 믿음

1. 약 3분간, 마음으로 바라고 그리고 상상했다가 결국 손에 넣은 물건을 가급적 많이 열거해보자.

2. 앞서 나열한 물건을 얻는 데 믿음의 수준은 어떠했는가? 신뢰의 느낌과 대상이 끌려오기를 기다릴 때의 기분은 어떠했는지 이야기해보자. 반드시 손에 들어오리라는 믿음을 다잡기 위해 무엇을 했는가?

3. 지금 갖고 싶은 물건을 될 수 있는 한 많이 열거해보자. 창조해내리라 믿는 것은 무엇인가?

4. 목록에서 하나를 꼽은 뒤, 이를 손에 넣을 수 있다는 믿음을 입증하기 위해 할 수 있는 일은 무엇인가?

PLAY SHEET 07_ 11장 참고

# 기적

1. 돈이나 어떤 목표를 기적처럼 받거나 이루었을 때, 전혀 예기치 못했다는 기분이 들었던 경우를 적어보자.

2. 당장 일어나면 좋을 법한 기적이 있는가? 기적을 받아들일 만큼 열려 있는가? 기적이 이루어지게 해달라고 요청하자.

PLAY SHEET 08_ 13장 참고

# 천직 찾기

즐겁고 유쾌한 삶을 살고 있다고 상상한다. 정말 그렇다면 다음 물음에는 어떻게 답변하겠는가꿈속의 삶이라는 점을 염두에 두고 상상력을 마음껏 발휘하자?

1. 어떤 활동을 하고 있으며 어떤 기술을 활용하고 있는가? 이를테면, 독서나 말하기, 상담, 협상, 명상, 작문, 조직, 관리, 보육, 달리기, 스포츠, 건설 혹은 설비수리, 동식물 관련 작업이나 정보 취급 등에서 선호하는 것을 다섯 가지 이상 열거한다.

2. 주당 몇 시간씩 직장 일에 투자하는가? 근무시간은? 주당혹은 매월 근무일 수는?

3. 분주하고 신속하게 움직여야 하는가, 여유 있는 분위기에서 느긋하게 일하고 있는가?

4. 매일 같은 직원과 일하는가? 그들은 어떤 사람들인가? 내 역할은 무엇인가? 혼자 근무하는 시간은 얼마나 되는가?

5. 근로환경은 어떤가? 실내인가? 실외인가? 재택이나 센터, 혹은 사무실은 아닌가? 출장은 다니는가? 어디로, 얼마나 자주 다니는가? 근무지가 도시인가, 시골인가?

6. 나의 지위나 역할은 무엇인가? 어떤 책임을 감당하고 있는가? 승진할 기회가 있다면 무엇인가? 팀의 일원인가? 회사는 대기업인가, 중소기업인가, 1인 사업장 인가? 고용주 밑에서 일하는가, 집단을 위해 일하는가? 여러 의뢰인과 고용계약을 체결했는가?

이처럼 즐거운 삶을 좀 더 구체적으로 그려나가면서, 답을 다듬고 덧붙여 나간다. 가능성과 대안을 더욱 깊이 살펴보고, 과거보다는 더 많은 것을 누리게 될 줄로 믿는다. 정신을 집중하고 가능성을 둘러싼 한계를 초월할 때 비전을 점차 분명히 의식하게 될 것이다. 스스로 만들어내고 있는 이상적인 삶의 모형을 또 다른 자아에게 귀띔해주고 있는 셈이다. 답변이 마무리될 즈음이라면 이상적인 자아는 이미 그러한 삶을 가져다줄 방도를 찾고 있을 것이다. 이를 누릴 준비는 되어 있는가?

PLAY SHEET 09_ 14장 참고

# 자질은 충분하다

1. 천직을 좀 더 신속히 끌어당기기 위해 계발해야 할 자질에 어떤 것이 있는가? 이미 천직에 종사하고 있다면 한 단계 더 발전하기 위해 계발해야 할 자질은 무엇인가?

2. 내면의 자질과 힘을 발휘하기 위해 다음 주에 밟을 수 있는 단계는 무엇인가?

3. 지금 당장이라도 즐길 수 있는 활동을 가급적 많이 열거해본다. '천직 찾기'의 실습에서 첫 질문의 답을 찾아봐도 좋을 것이다.

4. 그 중 하나를 고른다. 취미로 수익을 창출할 수 있는 비결을 다섯 가지만 적어본다. 시시콜콜 따지지 말고 창의력을 발휘해보자.

PLAY SHEET 10_ 15장 참고

# 자신을 믿어라

1. 10년 후를 상상해본다. 가능한 것은 무엇이든 될 수 있도록 하자. 자신을 제한하지 말자. 나는 지난 10년간 자신을 신뢰했고, 이상적인 진로를 따르기 위해 적절한 단계를 밟아왔다. 나 자신의 인생에 대해 느낀 점이 있다면 무엇인가? 지난 10년간 성공한 모습을 상상한다.

2. 지난 10년을 다시 떠올린다. 진로를 따를 수 있는 길을 스스로 막았고, 자신을 신뢰하지 못했다. 그런 인생을 회고할 때 느끼는 기분은?

3. 어떤 진로를 선택하겠는가? 바로 지금 결정하자.

PLAY SHEET 11 _ 16장 참고

# 흐름을 믿어라

1. 인생이나 경력이나 직업의 일면 중 한때는 술술 풀렸지만 지금은 그렇지 않다거나, 작별을 고하려는 것이 있는지 생각해본다. 이를테면, 하락한 매출이나 부담이 느껴지는 업무라든가, 혹은 마무리 단계를 앞둔 프로젝트일 수도 있다. 무언가를 털어버리거나, 떠나거나, 끝낼 만한 여지가 없다면 다음 장을 읽자.

2. 일을 시작할 당시 자아상은 어땠으며, 이후에는 어떻게 변모했는가? 목표가 확대되거나 좀 달라졌는가? 목표의 방향과 자신에 대하여 새로 품게 된 비전은 무엇인가?

3. 내면의 자아가 촉구하는 변화는 무엇인가? 이는 본인이 즐길 생활에 대한 아이디어나 꿈, 발상 혹은 영상으로 표출될 수 있다.

4. 새로운 비전과 내면의 자아가 촉구하는 의도를 감안해볼 때, 앞으로 떠오를 성

싶은 아이디어는 무엇인가? 그것이 현 구조 내에서 조성될 수 있는가, 아니면 다른 구조가 필요한가?

5. 조만간 떠오를지 모를 아이디어를 하나 꼽은 뒤, 1년 후를 그려본다. 아이디어를 계속 발전시켜 생활의 일부로 삼고, 충돌을 일으키는 것은 과감히 털어버렸을 것이다. 이 같은 미래를 기준으로 삼고, 정신을 집중하여 새로운 방향에 순응했을 때 인생은 얼마나 윤택해졌고, 기분은 어떻게 달라졌는지 구체적으로 기술해본다.

PLAY SHEET 12_ 17장 참고

# 원대한 길에 편승하라

1. 경력이나 직업과 관련하여 내린 결정이 있다면 이를테면, 학업이나 구직, 전업, 업종 변경 등 아래에 적어본다.

2. 가능한 대안을 모두 적는다. 생각의 폭을 넓히고, 이상적인 삶을 그린다.

3. 조용히 앉아 내면의 소리에 귀를 기울인다. 위의 리스트 가운데 가장 즐거울 것 같은 일은 무엇인가? 방법은 걱정할 필요가 없다.

4. 활력과 즐거움을 줄 대안을 떠올려본다. 한편에는 그 일을 할 수 있는 이유를 모두 적고, 다른 편에는 그럴 수 없는 까닭을 모두 적는다.

5. 이번에는 부정적인 이유를 긍정적인 선언으로 바꿀 차례다. "돈이 없어 입학이 불가능하다."는 "돈이 넉넉하기 때문에 입학할 수 있다."로, "마케팅 수완이 없

어 취직할 수 없다."는 "경험과 기술 및 능력은 유용하고 가치가 있기 때문에 취업은 떼 놓은 당상이다."로 바꾼다. 이로써 긍정적인 확신을 창조해낸다.

PLAY SHEET 13_ 18장 참고

# 자신의 가치와 몸값을 존중하라

1. 자신의 가치를 좀 더 존중하기 위해 당장 할 수 있는 일은 무엇인가? 의뢰인이나 고객을 바꿀 수도 있고, 서비스의 대가를 올릴 수도 있다.

2. 위에 적은 것 중 하나를 고른 후, 경험하고픈 상황을 상상해본다. 영상은 가급적이면 구체적으로 실감나게 그린다.

PLAY SHEET 14_ 19장 참고

# 기쁨과 감사

## 기쁨

1. 일상에서 기쁨을 증폭시킬 수 있는 대안을 열거해본다.

2. 그 중 하나를 고른다. 기쁨을 배가시키는 데 활용할 수 있는 수단이 돈이라면 이를 어떻게 사용할 것인가?

## 감사

1. 지난 5년간의 자신의 공로를 다섯 가지 이상 나열한다. 크고 작은 목표도 좋다. 스스로 의식했던 것보다 훨씬 대단한 업적을 이뤘을지도 모른다.

2. 감사하고 싶은 사실을 다섯 가지 이상 적어본다 한 여성은 매일 밤, 잠자리에 들기 전에 감사한 것을 되짚어보았는데 그제야 부가 급격히 증가했다.

3. 도움을 받은 데 대해 고마움을 전하고 싶은 사람을 셋 이상 떠올려본다. 어떻게 감사 할지 구체적으로 적어보고 그대로 실천한다.

PLAY SHEET 15_ 20장 참고

# 주고받기

## 주기

1. 무언가를 주고픈 사람이 있는지 곰곰이 생각해본다. 베풀려는 것이 단순한 필요인가, 번영인가?

2. 풍요를 느끼지 못하고 있다면 번영을 믿고 있다는 것을 보여주기 위해 타인에게 줄 수 있는 것이 있는가? 있다면 그것을 준다.

## 받기

1. 받고 싶은 선물을 가급적 많이 열거해본다. 될 수 있는 한 구체적으로 서술한다.

2. 선물을 살펴본다. 기꺼이 받으려는 마음이 있는지 자문해보자. 각각 답변이 다른가?

3. 가장 열린 마음으로 받고 싶어 하는 선물을 꼽아본다. '열린 마음으로 받는' 느낌은 어떤지 관찰한다. 그것이 몸으로 느껴지는가? 감정이나 생각으로 느껴지는가?

4. 위 목록에서 별로 내키지 않는 선물을 고르자. 마음이 열렸을 때의 기분을 기억하면서 이를 받을 때 마음이 좀 더 열릴 때까지 생각과 기분과 감각을 살펴본다.

PLAY SHEET 16_ 21장 참고

# 명확성과 조화

1. 씀씀이를 두고 자신과 합의한 점이 있다면 무엇인가? 지출 내역의 목록을 만들고, 각 항목 옆에는 자신이 따르고 있는 가이드라인을 적어보자한도액이나 구입할 수 있는 빈도 등.

2. 긴장을 풀고 잠시 명상의 시간을 갖는다. 방금 쓴 합의사항을 다시 살펴보자. 좀 더 풍요를 느끼려면 그 중 무엇을 고쳐야 하는가? 변경된 점을 반영하여 합의안을 다시 적어본다.

PLAY SHEET 17_ 22장 참고

# 돈을 쥔다는 것

1. 놀이와 오락에만 쓰고 싶은 돈은 얼마인가?

2. 통장의 잔액은 얼마였으면 좋겠는가?

3. 희망 순수입은?

4. 희망 연봉은 얼마인가?

5. 1~2년간 어디에 돈을 쓰고 싶은가? 생각나는 대로 적어본다.

6. 5번의 답 중, 가장 두드러진 것 하나를 골라 아래 물음에 답한다.

a. 이상적인 선에는 어떻게 도움이 되는지 세 가지 이상 쓴다.

b. 타인의 선에는 어떻게 도움이 되는지 세 가지 이상 쓴다.

PLAY SHEET 18_ 23장 참고

# 돈을 끌어오는 42가지 자질

아래는 돈을 끌어당기거나 밀어내는 자질을 요약한 것이다. 눈을 감고 1부터 42사이의 숫자 하나를 떠올리고 나서 그에 해당되는 항목을 다음 표에서 확인하자. 하루 동안 끌어당기는 자질을 계발하자. 돈을 밀어내고 있다면, 인력을 촉진하는 긍정적인 생각이나 행동을 그 옆에 두자.

| | 돈을 끌어오는 자질 | 돈을 밀어내는 자질 |
|---|---|---|
| 1 | 자신의 가치와 시간을 존중한다 | 가치와 시간을 존중하지 않는다 |
| 2 | 자유롭게 주고받는다 | 주지도 않고 흔쾌히 받지도 않는다 |
| 3 | 마음을 연다 | 마음을 닫는다 |
| 4 | 최선의 결과를 기대한다 | 최악의 결과를 걱정한다 |
| 5 | 마음에서 우러나온다 | 힘 싸움에 집착한다 |
| 6 | 최선을 다한다 | 잔머리를 굴린다 |
| 7 | 모두가 성공하기를 바라고 협력한다 | 경쟁한다 |

| | | |
|---|---|---|
| 8 | 이웃을 섬기는 데 주안점을 둔다 | 남이 무엇을 줄까만 바란다 |
| 9 | 성공할 수 있는 이유를 상기한다 | 실패할 수밖에 없는 이유를 암시한다 |
| 10 | 지조로 판단한다 | 가치관이나 이상을 타협한다 |
| 11 | 자각하고 주의를 기울인다 | 타성으로 움직인다 |
| 12 | 타인의 성공에 박수를 보낸다 | 타인의 성공에 위협을 느낀다 |
| 13 | 난관을 겸허히 받아들인다 | 안일한 마음으로 몸을 사린다 |
| 14 | 대상을 쉽게 풀어준다 | 대상에 집착한다 |
| 15 | 아직 늦지 않았다는 믿음으로 꿈을 실현한다 | 너무 늦었다며 포기한다 |
| 16 | 자유롭게 이상을 실현한다 | 남의 허락을 기다린다 |
| 17 | 진로의 중요성을 믿는다 | 진로의 중요성을 믿지 않는다 |
| 18 | 매력을 느끼는 일을 생업으로 삼는다 | 돈만을 위해 일한다 |
| 19 | 초연한 마음으로 최선에 양보한다 | 무언가를 꼭 손에 넣어야 한다고 생각한다 |
| 20 | 타인의 번영에 보탬이 된다 | 타인을 착취한다 |
| 21 | 이상적인 목적을 우선순위에 둔다 | 여유가 있을 때까지 보류한다 |
| 22 | 풍요의 원천을 자신이라고 여긴다 | 남을 풍요의 원천이라고 여긴다 |
| 23 | 풍요로운 미래를 믿는다 | 가난한 미래를 믿는다 |
| 24 | 자신의 가치를 믿고, 자신감과 자애를 느낀다 | 걱정과 두려움, 의심과 자아비판이 가득하다 |
| 25 | 의도와 의지가 분명하다 | 목표가 애매하다 |
| 26 | 즐거움을 추구한다 | 의무 조항을 만들어 자신을 강요한다 |
| 27 | 활력을 반영하는 대상을 주변에 둔다 | 활력을 반영하지 않는 대상을 둔다 |
| 28 | 감사를 표현한다 | 세상이 감사해야 한다고 자만한다 |
| 29 | 풍요를 창조하는 역량을 믿는다 | 재정을 걱정한다 |
| 30 | 내면의 안내에 순응한다 | 내면의 안내를 무시한다 |
| 31 | 모두에게 유익한 해결책을 찾는다 | 남에게는 관심이 없다 |

| | | |
|---|---|---|
| 32 | 자신이 주인이 된다 | 내면의 지혜를 믿지 않는다 |
| 33 | 목표실현과 행복을 기준으로 풍요를 판단한다 | 재력만이 풍요의 잣대다 |
| 34 | 목표뿐 아니라 과정도 즐긴다 | 목표를 달성하기 위한 일만 한다 |
| 35 | 분명히 합의한다 | 암묵적으로, 애매하게 합의한다 |
| 36 | 지나온 길을 되짚어본다 | 가야할 길만 집중한다 |
| 37 | 풍요를 이야기한다 | 문제와 부족한 점을 이야기한다 |
| 38 | 과거의 성공을 기억한다 | 과거의 실패를 기억한다 |
| 39 | 무한한 사고력을 발휘한다 | 유한한 사고력을 발휘한다 |
| 40 | 돈을 창조하는 비결을 생각한다 | 부족한 돈만 걱정한다 |
| 41 | 애착과 매력을 느끼는 대상에 집중한다 | 싫어하는 대상에만 집중한다 |
| 42 | 당연히 누리며 산다 | 자격지심에 빠진다 |

# 추천의 글

『크리에이팅 머니Creating Money: Attracting Abundance』의 개정판 소식이 매우 반갑다. 초판이 발행된 이후, 수많은 독자가 편지와 증언을 통해 이 책에서 밝힌 과정과 실습 및 선언을 그대로 지켰더니 삶이 달라지고 형편도 넉넉해졌다고 입을 모았다. 이처럼 『크리에이팅 머니』는 실생활에서도 효과가 컸기에 자기계발서의 고전이자, 26개 언어로 번역 출간되어 명실공히 베스트셀러가 되었다.

이 책에서 가르치는 것들은 경제력을 개선하고, 한계와 부족한 형편 에서 벗어나고, 걸림돌을 극복하고, 넉넉한 부를 끌어당기기 위해 이미 각계각층 사람들이 활용해 온 것이다. 경영진은 직원에게, 마케팅부는 영업사원에게, 이 땅에 발을 붙이고 사는 세상 사람은 가족과 친지, 고객 및 제자에게 이 책을 권했다.

이 책은 부를 창출하는 사고방식을 둘러싼 패러다임의 변화를 제시한다. 원하는 감정에 몰입하는가 하면 끌어오고픈 에너지와 본질을 자각하고, 이를 위해 자기코일을 창조함으로써 부를 무한하게 끌어당기는 법을 배우게 될 것이다. 간단한 단계별 과정을 제시하고 있어 지금 당장 활용해도 일상의 부를 만끽할 수 있을 것이다.

이 책은 단순히 부의 창조나 윤택한 삶의 비결에 그치는 것이 아니라, 마음이 이끄는 일을 하면서 번영과 풍요를 창출하는 법을 가르친다. 그야말로 원대한 핵심이자 만족과 희열을 누리는 삶의 비결이 아닐까 싶다.

독자 여러분이 이 책의 가르침을 수월하고 가볍게 터득하기를 바란다. 인생이란 모름지기 힘겹게 살아갈 필요가 없다. 경이로운 풍요의 원천은 이미 여러분 안에 있다. 이 가르침을 주의 깊게 몰입하고 내면의 지시를 따른다면 발견할 수 있을 것이다.

풍요의 열쇠는 여러분이 쥐고 있다. 이 책은 전혀 도움이 안 되는 기존의 신념을 바꾸고, 먹고 사는 일에 목을 매며 분투하는 삶을 벗어나 창조력을 발휘하고, 풍성하며 만족스러운 삶을 창조해낼 수 있는 문을 열게 해줄 것이다. 여러분은 좋아하는 일을 하면서도, 만족스럽고 번영하는 인생을 누릴 수 있다.

강력한 힘을 발산하는 이 책은 번영뿐 아니라 그보다 훨씬 중요한 교훈도 일러줄 것이다. 이를테면, 좋아하는 일을 하고 매순간 내면의 소리에 귀 기울이고 잘 사는 것뿐 아니라, 기쁨과 만족을 누리는 삶의 비결도 아울러 제시할 것이다.

내면의 인도를 따라 마음이 가는 일을 함으로써, 원대하고도 지속적으로 인류와 세상에 기여하고 삶의 풍요를 창출하는 묘안을 수많은 독자에게 공개해온 사나야 로만과 듀앤 패커가 터득한 보화를 마음껏 즐기라.

"여러분은 특별하고 유일한 사람으로서, 이 세상에 의미 있게 이바지할 수 있다. … 중략 … 이 땅의 어느 누구도 대신할 수 없는 역할을 감당하기 위해 여러분이 태어난 것이다. 인류를 위한 특별한 헌신이 바로 천직이다. 그럴 때 여러분은 비로소 진정으로 원하는 길을 따르게 되며 삶은 기쁨과 풍요와 행복으로 가득할 것이다."

_마크 앨런

『백만장자 코스 The Millionaire Course』의 저자
뉴월드 라이브러리 New World Library대표

# 오린과 다벤이 전하는 말

이 책은 풍요와 부를 창조하는 비결을 가르치고 있다. 당신이 돈과 풍요에 연결되어 있다는 사실을 발견하고, 아울러 물질과 모든 것을 다루는 비결이 담겨 있다. 돈은 타고난 재주나 천부적인 재능을 지닌 특별한 사람에게만 쏟아지는 것이 아니다. 자신을 위한 풍요를 창조하자. 일상에서 물질로나 영적으로 필요한 것을 누리는 데 겸비해야 할 해답과 자질은 모두 당신에게 있다.

위대하고 능력 있는 사람은 바로 당신이다. 당신은 우주의 무한한 풍요를 활용하는 법을 배울 수 있고, 땀을 흘리지 않고도 돈을 창조할 수 있다. 머리를 굴리고 몸을 움직이며 남들처럼 사는데 저절로 그렇게 된다는 것이다. 마음에 품은 것은 무엇이든 끌어올 수 있고, 기분 좋은 꿈도 얼마든지 실현할 수 있다.

돈만으로 모든 것을 다 해결할 수는 없을 것이다. 돈에 대한 가치관에 신선한 차원을 덧붙였으면 좋겠다. 아울러, 주변에 널린 무한한 풍요를 마음껏 쓸 수 있어야 한다. 책에 수록된 많은 아이디어와 착상은 독자 여러분을 위한 사랑의 선물이다. 그러니 내면의 깊은 곳에 와 닿는 말만 받아들이면 된다. 그렇지 않다면 버려도 좋다.

당신은 종이에 찍힌 활자 그 이상을 읽은 것이다. 책을 읽으면 각자가 가진 무한한 보고를 열 수 있는 풍요를 의식을 만났길 바란다. 또한 삶의 각처에서 영혼과 이상적인 자아에 연결되어 숭고한 선에 이끌렸길 바란다. 이 책을 통해 얻는 지침을 실천한다면 풍요를 끌어당기고 꿈을 구현해내는 비결을 깊이 이해하게 된다. 『크리에이팅 머니Creating Money』를 읽을 때마다 신선한 아이디어가 눈에 띄는 까닭은 풍요를 끌어당기는 법을 깨달을수록 켜켜이 쌓인 층이 한 꺼풀씩 벗겨나갔기 때문이다.

책에서 습득한 지침은 정신적인 개념에 국한되지 않는다. 원리가 작용하려면 이를 몸소 실천하여 실제로 구현된다는 것을 오감으로 체험해야 한다. 무엇보다도, 이 책에 수록된 원리와 영성이 풍요로 이끌 거라는 믿음을 가져라. 한두 가지 성공하다보면 믿음은 확신이 되고, 모든 풍요를 유인하는 힘은 배가 될 것이다.

돈은 모든 영역에 존재하는 에너지이다. 돈을 둘러싼 영적인 법칙은 곧 풍요를 창조하는 우주의 에너지 법칙과도 같다. 이를테면, 간조와 만조, 무한한 사고력, 주고받기, 감사, 자신의 가치존중, 분명한 합의, 자력磁力, magnetism, 끌어당기는 힘 등처럼 말이다.

풍요는 물질을 갖는 것, 그 이상의 의미가 있다. 자신을 만족시키는 무언가를 소유하는 것이 진정한 풍요이며, 돈은 그 일부이다. 구현에 좀 더 능숙해질수록 꿈이나 비전을 의식적으로 선택하여 이를 창조하고 끌어당기는 요령을 습득할 수 있는데, 그러면 환경과 물질은 필요할 때마다 실현된다. 또한 돈의 노예가 아니라 주인이 되는 법도 터득하게 된다. 이를 숙달하면 필요치 않은 환경이나 물질은 쉽게 털어버리고, 득이 되는 다른 것을 둘 공간을 마련할 수 있다. 돈과 사람 및 그 밖의 물질은 자연스레 드나들 뿐 아니라, 가장 적절한 시기에 구현되어 숭고한 목적도 이룬다.

이 책에서 이상적인 자아 존재의 가장 심오한 부분을 일컫는 영혼에 접속하는 요령을 배웠다면, 자신이 창조하는 모든 일상에서 이상적인 자아를 드러내고 싶어질 것이다. 이상적인 자아와 영혼에 연결되면서 의식이 확대되면 더 높은 이상과 가치관을 반영하는 보금자리와 물질, 인간관계 및 라이프스타일을 바라게 된다. 아울러 돈을 벌고 쓸 때마다 심오한 내면의 존재를 의식하고, 사랑과 행복, 평안과 생동감이라는 자질을 구사하게 된다. 영혼과 이상적인 자아를 몸소 경험하면 무한한 창조력과 아이디어가 따라온다.

돈의 영적인 법칙을 실천할 때, 돈과 풍요는 더 많이 밀려와 쉽게 얻을 수 있으며, 더 큰 기쁨을 선사할 것이다. 천직에 종사하며, 이웃을 존중하고 섬기는 일이야말로 돈의 영적인 법칙을 따르는 것이다. 남과 경쟁하기보다는 그와 협력하고, 모든 에너지와 물질의 교환이 당사자 모두에게 득이 되는 상황이 될 때, 이 땅에 흠이 되지 않는 한도 내에서 돈을 벌거나 쓰거나 투자할 때도 여러분은 돈의 영적인 섭리에 부합하는 셈이다.

이상적인 자아와 영혼에 결합하려면 무엇보다도 감정에 충실해야 하고, 모든 흐름에 몸을 맡기며, 적극적으로 도전할 때와 포기할 때를 알아야 한다. 명확성과 즐거움, 조화 및 신실한 성품을 발휘하고, '모든 것이 항상 더 나은 결과를 유도한다.'고 믿는다면 돈과 물질의 흐름을 배가시킬 수 있다.

영적인 원리를 이해한다면 구태의연한 환경을 미리 감지하고 벗어날 수 있을 것이다. 새로운 기회와 사상, 의식 및 감정에 마음을 열 때 영혼의 숭고한 에너지는 통하게 되어 있다. 그러면 부와 풍요는 땀을 흘리거나 전전긍긍하지 않고도 자연스럽고 손쉽게 찾아올 것이다. 무엇을 창조하든 성장과 발전과 재도약과 생동감을 선물로 받게 되리라 믿는다.

천직을 발견하고 창조한다면 세상의 어떤 일도 족히 비교할 수 없는 풍요를 얻는다. 천직이란 적성에 맞으면서도, 인류의 공익에 이바지하는 일을 두고 하는 말이다. 돈은 천직의 부산물로, 별 생각이나 노력 없이도 흘러들어온다. 대개는 '그래봤자 무슨 돈이 들어오겠느냐.'며 지레 포기하는 탓에 무한한 창조력과 즐거움 및 생동감을 누리지 못하고 있다. 마음에 맞는 일을 하면서도 얼마든지 풍요를 만끽할 수 있다는 것을 믿기 바란다.

보탬이 되지 않는 직장이라면 굳이 매여 있지 않아도 된다. 정말 다니고 싶은 직장으로 자리를 옮겨야 한다. 진로에 대한 비전을 창조하고, 천직을 끌어올 수 있는 법을 이해하고 이상적인 진로를 구현하는 에너지 기술을 습득한다면 어려운 일은 아니다. 그렇다면 당신은 개인의 발전에 가속페달을 마음껏 밟아도 좋다. 본인이 의식하든 안 하든 인류에 베풀 것이 아주 많은 사람인 것이다.

지금 이야말로 내면의 메시지를 듣고 각자의 특별한 일을 발견해야 할 때다. 이를 세상으로 꺼내라. 이웃을 섬기고, 그에게 힘을 실어주고, 천직을 발견하고, 수입이 짭짤한 일보다는 마음에 맞는 일을 해야 부를 끌어당기는 자력을 키울 수 있다.

물리적인 노력보다는 에너지와 발상을 활용하여 원하는 바를 이루는 법도 배울 수 있는데, 이는 물리적인 노력으로 성취할 수 있는 것 이상의 결과를 가져다준다. 에너지의 작용 원리를 이해하면 헛수고를 하지 않고도 약간의 조치만 취해도 최선의 결과를 유도할 수 있다.

숭고한 선에 기여하고, 영혼의 진로와 궁극적인 삶의 목적에 마음을 열며, 즐겁고도 조화롭고 풍족한 삶으로 인도할, 부와 물질과 사람 및 환경을 유도하는 능력을 배가시키려면 이 책에서 제시한 수많은 요령을 느긋한 마음으로 정신을 집중하여 수행하고, 이상적인 자아와 영혼에 접속하며, 풍요를 끌어당기는 에너지를 발휘함으로써 물질을 유인하는 법을 실천하자. 이 방법의 효과는 매우 강력하다.

지금까지 시도해온 기술은 일상의 부와 풍요를 더욱 끌어당기는 데 필요한 다음 단계의 '전주곡'이다.

비전을 구현해내는 법칙을 얼마나 이해하고 있는가. 다년간 몸소 체험하고 구현해내고 깨달은 바는 다음 단계의 토대가 된다. 지금까지 잘 해왔다고 인정한다면 성공률은 계속 증가할 것이다.

책에서 밝힌 원리를 적용하고 활용할 때는 경제나 인위적인 형편에 휘둘릴 필요가 없다. 여러분 나름대로 경제적으로 번영하는 환경을 창조할 수 있기 때문이다. 내면의 안내를 듣고 그에 순응한다면 경제 사정이야 어떻든 부를 누릴 수 있다. 풍족하고 넉넉히 사는 데 필요한 지침은 불황중에도 전달되고 있다. 누군가가 직장을 잃거나, 경제적인 손해를 보았다면 그것은 이상적인 선이 아니었다는 방증이며, 환경은 삶을 이로운 쪽으로 바꾸어놓을 것이다. 궁극적인 선에 부합하다면 무엇이든 실현되지 않을 이유가 없으니 말이다.

돈을 창조하고 보전하기 위해 지켜야할 법칙에는 두 종류가 있다.

영적인 법칙Siritual laws을 실시하면 돈과 풍요를 끌어당기고 이는 최고의 선을 가져다줄 것이다. 다른 하나는 '인간이 만든 법칙human-made laws'이다.

예로 재정계획과 시간관리, 유동자산관리, 마케팅, 세금 및 사업계획을 들 수 있다. 인간이 만든 법칙을 이해하고 활용하는 데 보탬이 된다면 그것이 무엇이든 습득해둘 필요가 있다. 인간이 만든 법칙은 이 책에 담지 않았다. 다른 책에서 잘 다루고 있기 때문이다. 돈은 영적인 법칙만으로도 창조할 수가 있으나, 사회가 규정해둔 법칙도 알아두면 피가 되고 살이 될 것이다. 영적인 법칙과 인간이 만든 법칙에 화합할 수 있다면 적은 에너지로도 돈을 끌어당기고, 저축하고, 더 많은 돈을 창출할 수 있을 것이다.

영적인 궤도와 물질적 풍요의 조화에 노력하는 사람들이 있다. 돈을 벌고 쓰는 가운데 자신의 성실과 동정과 사랑을 드러내기 위하여 재물에 마음을 둘지도 모르겠다. 어쨌든 영적인 원리는 재물이 많아도 얼마든지 지킬 수 있다. 영혼의 지혜에 주파수를 맞추고 이웃을 섬기며 주변 에너지를 이상적인 질서와 조화, 그리고 좀 더 아름다운 상태에 귀속시킨다면 돈은 자연스레 딸려올 것이다.

번영의 토대는 세상에 기여한 선에 두라. 부족한 삶이 '더 숭고한 것higher'은 아니다. 천직을 성취하려면 종종 돈이 필요하기 때문이다. 영적인 성장은 풍요를 구현하는 힘을 증진시키고, 무언가를 구현해내는 힘은 영적인 일을 세상에 펼치는 데 도움을 줄 것이다.

돈의 위력은 실로 강력하다. 돈은 어떻게 벌고, 쓰고, 모으느냐에 따라 자신과 이웃에게 약이 되기도 하고, 독이 되기도 한다. 돈이 이 땅에 선한 영향력을 발휘하는 주체로써 사용되도록 그에 대한 사고방식을 바꾸는 것이 중요하다. 형form은 관념thought을 따른다. 즉, 생각이 달라지면 자신과 이웃에 유리한 방향으로 현실을 재창조할 수 있다. 사람은 누구나 돈에 대한 긍정적인 아이디어를 전파하고, 돈이라는 숭고한 비전에 기여함으로써 유력한 방송사의 역할을 감당할 수 있다.

부족하다는 믿음은 전쟁을 비롯하여, 자연을 필요 이상으로 착취하는 풍조를 낳았다. 선천적인 권리인 풍요를 누구든 창조할 수 있다면 전쟁을 일으키거나 이 땅에 해를 끼칠 이유는 크게 줄어들 것이다. 따라서 신념을 바꾸면 이웃을 위한 풍요를 창출하고, 생각해본 적 없는 재생자원을 활용 하는 기술에 대한 신종 아이디어가 제 발로 찾아오게 마련이다. 우주의 공급량에는 한계가 없으므로 지구촌 인류는 기술문명 안에서 의식주를 누릴 것이다.

믿지 않으면 이를 체험할 수 없으니 '부족한 것은 모두 채워지리라' 는 신념으로 출발하라. 여러분은 무엇이든 누릴 수 있다.

부와 풍요를 끌어당기겠다는 목표를 염두에 둔다면 당장에라도 풍요를 유인할 수 있다. 돈과 풍요를 창출하겠다는 의사야말로 이를 실현하는데 중요한 디딤돌이다. 잠시 여유를 갖고 돈과 풍요에 대한 의도를 점검해 보자.

풍요를 누리고 싶은가? 성공하고 꿈을 이루며 돈을 다스릴 준비는 되어 있는가?

의도를 확정했다면 앞으로 벌어질 사건의 도화선에 불을 붙여보자. 의도를 실현하는 데 필요한 감흥과 기회, 열정, 아이디어, 에너지, 수단 및 인맥을 끌어당기라. 새로운 환경이 세상에 자리를 잡으려면 시간이 필요할 수도 있다. 무엇보다도 마음을 다잡는 것이 중요하다. 의사를 꾸준히 그려 보고 약간의 의심도 단호히 물리쳐라. 넉넉히 살겠다는 의도는 확정되는 즉시 내면의 현실이 되고, 그것이 세상에서 구현되는 것은 단지 시간문제일 뿐이다.

무언가가 부족하다거나 잃고 있다는 염려는 떨쳐버려라. 잠시 여유를 갖고 지금까지 누리던 모든 것에 감사하라. 마음을 열어, 당신이 직접 선언하기까지 기다리고 있는 우주의 선물을 받아라. 바로 지금 대기하고 있는 복이든, 기회든, 사고력이나 아이디어, 에너지 혹은 감흥이든, 지침이든 가리지 말고 다 담을 수 있도록 마음의 빗장을 열어라.

창조력을 비롯하여 무한한 사고력과 부족했던 모든 것을 추구할 수 있는 위력을 온전히 끌어안아라. 새로운 무언가가 밀려올 수 있도록 의지력과 융통성을 발휘하고 마음의 문을 열어라. 자아를 존중하고 키우며, 가능하리라 여기던 그 이상을 가질 수 있도록 자신을 포용하는 법을 배워도 좋다.

모쪼록 이상적인 세계에서 우리와 어울리고, 마땅히 누려야 할 풍요를 스스로 주장하기 바란다. 인생의 즐거움과 번영을 누리고, 창조력을 발휘하는 기회가 찾아올 것이다.

# 감사의 글

오린과 다벤의 끊임없는 인내와 지도편달 및 지혜에 감사의 마음을 전한다. 특히 오린·다벤 시리즈가 출간되도록 도와주고, 우정을 나눈 할과 린다 크레이머에게 감사드리며 『크리에이팅 머니Creating Money』의 개정증보판이 나올 수 있도록 지원해준 뉴월드 라이브러리와 마크 앨런에게도 고마움을 전한다. 아울러 이 책을 26개 언어로 번역·출간하여 귀한 정보를 세상에 전파해온 각국의 출판 관계자와, 본서를 널리 보급하는 데 기여한 출판유통업체 및 서점관계자에게도 감사드린다.

가이드의 자료를 정리하여 책의 구색을 갖추는 데 도와준 분들도 소개할까 한다. 섬세하게 편집해준 일레인 라트너Elaine Ratner와 그를 도운 린다 메릴Linda Merrill, 구성에 그레그 암스트롱Greg Armstrong, 탁월한 아이디어를 가미한 필립 웨버Phillip Weber, 표지를 깔끔하게 디자인해준 이쇼니 패스트선더Ishoni Fastthunder 및 메리 앤 캐슬러Mary Ann Casler에게도 사랑과 감사의 마음을 전하고 싶다.

오린・다벤과 수년간 호흡을 맞춰온 에드워드 앨펀Edward Alpern을 비롯하여, 오린・다벤 시리즈를 출간하는 데 협력해준 사무직원 캐런 물라 닉스Karen Mullanix와 트리샤 스투더Trisha Studer, 마티 파이터Marty Piter도 고맙다. 전 세계에서 돈을 끌어당기는 원리를 지도하는 강사와, 오디오 파일을 제작해준 빌 아이드슨Bill Eidson과 애나 하라다Ana Harada, 롤런드 베르샤브Roland Verschaeve 및 도리스 패쿨라트Doris Packulat에게도 감사의 마음을 전한다.

풍요를 삶에 끌어당기는 원리를 적용해온 독자에게 격려의 메시지를 보낸다. 여러분은 돈의 영적인 법칙에 순응함으로써 인류의 번영에 기여하고 있다. 풍요를 끌어당기고 이를 몸소 체험한다면, 지구촌 사람들이 풍요를 경험할 수 있는 가능성을 높여줄 것이다. 즉, 여러분은 단순히 길을 따라갈 뿐 아니라, 타인을 위해 길을 창조하고 비추는 역할을 감당하고 있는 셈이다.

# 개정판을 펴내며

『크리에이팅 머니Creating Money』는 1998년에 처음 출간된 『돈을 끌어오는 마음의 법칙』의 개정판으로, 지금까지 독자들이 꾸준히 찾고 있고, 읽고 나서 지인에게 소개하는 책입니다. 한 권의 책이 20년 넘게 장수하는 데는 이유가 있습니다. 개정판을 준비하면서 독자 한 분과 짧은 인터뷰를 진행했는데, 이 책이 사랑받는 이유를 짐작할 수 있었습니다.

"1999년 1월 18일에 이 책을 만났어요. 나는 책을 읽을 때마다 그 감상을 적어 놓습니다. 2014년까지 스물일곱 번 읽었네요. 그 뒤로는 틈틈이 읽고 있어요. 여덟 번째 읽었을 때 책의 내용이 새롭게 느껴졌어요. 아홉 번째는 어렵게 읽었어요. 읽을 때마다 새로운 깨달음을 주는 책이라고 생각합니다. 그렇게 읽고 나니 책의 내용이 몸에 체득되는 걸 알 수 있었고요. 삶에 대한 태도가 바뀌더니 저뿐만 아니리 주변 사람들까지도 행복해졌어요. 돈은 물론이고요. 너무 멋지고 귀한 책이에요."

이 책은 우리나라를 비롯한 26개 언어로 번역 출간되어 명실상부 국내외 베스트셀러가 된 자기개발서의 고전입니다. 부와 성공을 다룬 수많은 책들과 여러 면에서 다른 점이 있습니다.

저자가 직접 상담하여 풍요에 이른 사람들의 사례를 풍부하게 제시합니다. 간접 경험이지만 마치 자신이 상담을 받은 것처럼 유익한 깨달음을 얻을 수 있습니다. 또한 선언문 활용과 단계별 실습을 통해 부와 풍요를 구현하는 방법을 체화할 수 있습니다. 부의 창조 원리에 동조된 사람들은 삶을 대하는 방식이 달라지며, 무엇보다 풍요롭게 바뀌고 호의적으로 변한 주변 환경에 더 놀라게 것입니다.

### 선언문 활용법

책 전반에 걸쳐 풍요를 배가시키는 데 활용할 수 있는 선언문을 본문 행간에 삽입했습니다. 선언은 내가 원하는 바를 이루어낼 수 있는 힘과 자신의 역량을 자각하는 데 도움이 되는 긍정적인 문장입니다. 이 선언을 마음으로 반복해서 말하면 그대로 실현되기 시작합니다. 이를 통해 일상에서도 긍정적이고 풍요로운 환경을 창조할 수 있으리라 믿습니다.

첫째, 자신에게 적합할 듯싶은 선언만 활용하십시오. 그것이 편안하고 자신과 어울린다고 느껴지는 것이 중요합니다. 문장이 편안하고 의미가 있어야 선언의 힘이 증가합니다. 자신만의 선언문을 지어도 좋습니다.

둘째, 선언은 대개 '나'로 시작합니다. 전인격을 일컫는 주체로서 '나'를 의미합니다. 에고와 자아의 개성뿐 아니라, 좀 더 원대한 자아-이상적인 자아나 영혼, 내면의 신the God-within, 혹은 존재의 심오한 영역에 결속된 자아의 일면-도 이에 해당됩니다. 이러한 영역이 조화롭게 어우러져 공동의 목표를 지향할 때 선언은 더욱 강력해집니다.

긍정적인 뉘앙스로 선언을 느껴야 합니다. 마음으로 선언은 하지만 정작 머리로는 현실에서는 어렵다는 생각이 든다면 결과는 이루어지지 않을 것입니다. 예를 들어, "계좌에 1억 원이 있다."면서 그만한 돈이 들어올 리 없다고 단정해버리면 문장은 아무 효력을 발휘하지 못합니다. 그럴 때는 "최소한 수입의 10퍼센트씩이 증가하고 있다."는 선언으로 시작하는 편이 낫습니다.

책장을 넘기면서 마음을 끄는 선언을 선택하고, 책을 읽으면서 아니면 느긋하게 앉아서 혼잣말로 반복합니다. 반복하는 말의 위력은 실로 강력합니다. 비전을 현실로 간주하기 위해 무의식을 다시금 프로그래밍하면 무의식은 새로운 내면의 현실과 조응하면서 삶의 변화를 창조합니다. 숨을 들이쉴 때 '나는 선언을 내면 깊은 곳에까지 보낸다.' 하고, 내쉴 때는 '이를 바깥세상으로 내보내면 현실이 된다.'라고 상상하면서 실행합니다. 선언문을 쪽지나 카드에 적어 자주 보이는 곳에 놓아두는 것도 좋은 방법입니다.

코로나 팬데믹으로 전 세계가 어려운 환경에 놓여 있습니다. 그러나 이런 상황 속에서도 오히려 지금이 기회라며 성공한 사람들도 있습니다. 어떻게 기회를 만들 수 있었을까요? 이 책을 통해 창조의 원리를 습득하고 구현하고 응용한다면 어떤 상황에서든 그 기회를 스스로 만들어 낼 수 있습니다. 자신에 대한 신뢰와 풍요의 구현으로 상상 그 이상의 결과를 만들어봅시다. 어려운 시기 아무렇지 않은 듯 당당하게 돌파하시기 바랍니다.

부디 『크리에이팅 머니Creating Money』가 독자 여러분께 새롭고 마르지 않는 힘의 원천이 될 수 있기를 바랍니다. 감사합니다.

_물병자리

Attracting Abundance

Creating Money

사람, 직업, 돈을 끌어오는 마음의 법칙

# 크리에이팅 머니

**1판 1쇄 인쇄일** 2020년 12월 5일
**1판 1쇄 발행일** 2020년 12월 21일

**지은이** 사나야 로만, 듀앤 패커
**옮긴이** 유지훈
**펴낸이** 류희남
**기획** 김영수
**펴낸곳** 물병자리
**출판등록일**(번호) 1997년 4월 14일(제2-2160호)
**주소** 서울시 종로구 새문안로5가길11 옥빌딩 801호
**전화** 02-735-8160
**팩스** 02-735-8161
**이메일** aquariuspub@naver.com
**홈페이지** aquariuspub.com

**isbn** 978-89-94803-75-3 03190